Gestão empresarial em gotas

Agite depois de ler

Dados Internacionais de Catalogação na Publicação (CIP)
(Câmara Brasileira do Livro, SP, Brasil)

Gassenferth, Walter
   Gestão empresarial em gotas: agite depois de ler/Walter
Gassenferth, Maria Augusta Soares Machado, Walther
Krause. - São Paulo: Cengage Learning, 2012.

   Bibliografia.
   ISBN 978-85-221-1298-2

   1. Administração - Teoria 2. Administração de
empresas 3. Desenvolvimento organizacional
4. Gestão empresarial I. Machado, Maria Augusta
Soares. II. Krause, Walther. III. Título.

12-12329   CDD-658.8

Índices para catálogo sistemático:

1. Gestão empresarial : Administração de empresa   658.8

Gestão empresarial em gotas

Agite depois de ler

Walter Gassenferth
Maria Augusta Soares Machado
Walther Krause

Austrália • Brasil • México • Cingapura • Reino Unido • Estados Unidos

Gestão empresarial em gotas – Agite depois de ler

Walter Gassenferth
Maria Augusta Soares Machado
Walther Krause

Gerente Editorial: Patricia La Rosa

Supervisora editorial: Noelma Brocanelli

Supervisora de Produção Editorial: Fabiana Alencar Albuquerque

Editora de aquisição: Tania Binato

Copidesque: Olívia Frade Zambone

Revisão: Rosangela Ramos e Isabel Aparecida Ribeiro da Silva

Pesquisa iconográfica: Renate Hartifiel

Analista de conteúdo e pesquisa: Milene Uara

Editora de direitos de aquisição e iconografia: Vivian Rosa

Diagramação: Alfredo Carracedo Castillo

Capa: Sergio Bergocci

© 2013 Cengage Learning Edições Ltda.

Todos os direitos reservados. Nenhuma parte deste livro poderá ser reproduzida, sejam quais forem os meios empregados, sem a permissão, por escrito, da Editora. Aos infratores aplicam-se as sanções previstas nos artigos 102, 104, 106 e 107 da Lei nº 9.610, de 19 de fevereiro de 1998.

Esta editora empenhou-se em contatar os responsáveis pelos direitos autorais de todas as imagens e de outros materiais utilizados neste livro. Se porventura for constatada a omissão involuntária na identificação de algum deles, dispomo-nos a efetuar, futuramente, os possíveis acertos.

A editora não se responsabiliza pelo funcionamento dos links contidos neste livro que possam estar suspensos.

> Para informações sobre nossos produtos, entre em contato pelo telefone
> **0800 11 19 39**
> Para permissão de uso de material desta obra, envie seu pedido para
> **direitosautorais@cengage.com**

© 2013 Cengage Learning.
Todos os direitos reservados.
ISBN-13: 978-85-221-1298-2
ISBN-10: 85-221-1298-3

Cengage Learning
Condomínio E-Business Park
Rua Werner Siemens, 111 – Prédio 11 – Torre A
Conjunto 12 – Lapa de Baixo
CEP 05069-900 – São Paulo – SP
Tel.: (11) 3665-9900 – Fax: (11) 3665-9901
SAC: 0800 11 19 39

Para suas soluções de curso e aprendizado, visite **www.cengage.com.br**

Impresso no Brasil
Printed in Brazil

Sumário

PREFÁCIO xi

I. INTRODUÇÃO

I.1. OS QUATRO Ps DA GESTÃO EMPRESARIAL 3
I.2. COMO ALINHAR ESSES QUATRO Ps 5

II. PLANEJAMENTO

II.1. VISÃO SISTÊMICA 9
    Como desenvolver uma visão sistêmica da empresa? 9
    Como realizar uma gestão eficaz? 10
    Por que é importante estudar o sistema de valor de uma indústria? 12
    Estratégia: cada "macaconceito" em seu galho 14
    Mas quem é esta aliada redentora chamada inovação? Parte I 15
    Mas quem é esta aliada redentora chamada inovação? Parte II 16
    O que é uma controladoria estratégica? 18
    As competências essenciais de uma empresa 20
    Fluxo vertical de trabalho *versus* gestão por processos 23
    Princípios da administração estratégica 25
    O que é gestão por competências? 27
    Um paralelo entre a velha e a nova física e as empresas 29
    Tipos de liderança de uma empresa no mercado 31

II.2. ESTRATÉGIA EMPRESARIAL 33
    Oceano azul ou sincronismo organizacional: do que as empresas mais necessitam? 33
    Testando cada estratégia da empresa sem se expor ao mercado 34
    Tratando de forma proativa os picos e vales pessoais e da empresa 35
    Às pequenas empresas são recomendados saltos transformacionais periódicos 37
    Estratégias de internacionalização: solução de crescimento para empresas de
        países em desenvolvimento 38
    Os fatores críticos de sucesso, as estratégias e os processos da empresa 40

Estratégias para segmentos com alto grau de rivalidade 41
Descrição estratégica de um negócio 42
As escolas de estratégia e os cinco Ps de Mintzberg 43

II.3. PLANEJAMENTO ESTRATÉGICO 47
Planejamento estratégico em empresas familiares: requer estratégia! 47
Explicitando as ameaças e oportunidades do mercado 48
Explicitando as forças e fraquezas da empresa 50
Mitos e lendas sobre o modelo e a matriz SWOT 52
Mitos e lendas sobre a missão da empresa 54
BSC: Tradução da estratégia ou controle de desempenho? Parte I 55
Processo para desenvolver um planejamento estratégico 56
Diferenças entre o planejamento estratégico, o tático e o operacional 58
Como se faz a análise estrutural de uma indústria? 59
Desenvolvendo um plano integrado de negócios 61
Como operacionalizar o relacionamento entre a *holding* e suas controladas 63
O que é empreendedorismo? E intraempreendedorismo? 65
O desdobramento da estratégia na área de marketing: matrizes BCG e de Ansoff 66

II.4. Referências 69

III. PROCESSOS

III.1. ARQUITETURA ORGANIZACIONAL 75
Entendendo o conceito de arquitetura organizacional 75
Organograma, cadeia de valor e mapa estratégico: diferentes
   funções complementares 77
Recomendações para uma boa gestão da mudança 78
Estruturas organizacionais tradicionais: tipologia e aplicações 80
Estruturas em rede: formas modernas de organizar uma empresa 81
Estamos preparados para trabalhar em uma estrutura em rede neural? 83
Além do sincronismo organizacional 85
Mas, o que é eTOM? 87
O que é um *organigraph*? 90
Um olhar pragmático na cadeia de valor de Porter 92

III.2. GESTÃO DE PROCESSOS 95
Mas, afinal de contas, o que é um processo? 95

O que é na prática uma organização orientada a processos?...................................... 97
Passos para um redesenho adequado de processos 99
Da cadeia de valor aos subprocessos da empresa.. 101
Montando o escritório de processos da empresa 102
Processo para desenvolver um novo produto 104
O encontro dos quatro Ps da gestão na área de processos 106
Gestão por processos *versus* gestão de processos 109

III.3. CONTROLE DE DESEMPENHO.. 111
Como os KPI podem ajudar a gerenciar uma empresa 111
Acertos e erros nas medições de desempenho 112
As perspectivas de controle... 115
O que realmente tem mais valor em uma empresa? 116
Controle de desempenho de forma simples e objetiva....................................... 118
BSC: tradução da estratégia ou controle de desempenho? Parte II 119
O conceito de lógica Fuzzy... 121
O que são fuzzificação e defuzzificação de um valor numérico?......................... 123
Sistema de inferência nebuloso 123
Regras Fuzzy... 125
O que são métodos quantitativos?.. 126
Como a programação linear pode ajudar no controle de desempenho? 128
O que é um teste de hipóteses? 129
Como definir um indicador de desempenho 131

III.4. REFERÊNCIAS 135

IV. PESSOAS

IV.1. MOTIVAÇÃO.. 141
Este grande desafio da gestão chamado motivação.. 141
Esta carência gerencial chamada autoconhecimento... 142
O trabalhador superqualificado 143
Relação, envolvimento ou compromisso com a empresa?.................................. 145
Agentes do conhecimento: instrumento de motivação e resultados 146
Estamos preparados para integrar as novas gerações ao ambiente de trabalho?........ 148
A teoria da expectância nos dias de hoje 149
Resiliência: a ductilidade do ser humano 151
Os quatro Cs do bom relacionamento empresa-empregado.............................. 152

Pesquisa de clima: instrumento de motivação? 155
Cultura organizacional brasileira e motivação 157
A individualidade e o comportamento motivacional 159

IV.2. LIDERANÇA 163
Liderança situacional ou transformacional: o que demandam as organizações? 163
Quais são os papéis de um líder? 165
A saudável transformação do gerente em líder? 166
Qual o tipo mais moderno de liderança? 168
Competências são feitas de CHA ou de CAFE? 169
Incentivando a geração de talentos no mercado 170
A barca de Caronte nas empresas: alternativas para as demissões em série 172
A chegada de um novato 175
A saída de um veterano 177
O que é gestão estratégica de pessoas? 179
O que é caminho-meta de liderança? 180
A alternativa à barganha posicional 181

IV.3. TRABALHO EM EQUIPE 185
Buscando a máxima eficiência no trabalho de equipe 185
As equipes e os três Cs do bom ambiente 186
As necessidades de muitos 187
O que é uma equipe? 189
Construindo equipes campeãs 190
Entendendo o trabalho em equipe por meio do produto 192
Desvendando os conceitos das racionalidades substantiva e instrumental 193
O fator humano 195
O princípio da incerteza e o trabalho em equipe 197
Relação entre os indicadores organizacionais e os de gestão de pessoas 198

IV.4. REFERÊNCIAS 201

V. PROJETOS

V.1. GERENCIAMENTO DE ESCOPO: COMEÇANDO UM BOM PROJETO 209
O que se deseja fazer? 209
Escopo ou desejo? 209
Organizar o escopo 210

Iniciando um projeto 211
Capturando e validando o escopo 212
WBS, OBS, EPS... 215
Mudou. O que fazer? 216
Conclusão 218

V.2. QUEM NÃO SE COMUNICA... 221

V.3. REDES SOCIAIS EM PROJETOS 225
Introdução 225
As redes sociais 225
A contribuição das redes sociais para gerenciamento de projetos 226
PMI Rio e as redes sociais 227

V.4. A NORMA ISO 21.500 PARA O GERENCIAMENTO DE PROJETOS 229
Normas técnicas 229
Uso das normas 230
Normas internacionais 231
A normalização no Brasil 232
Participação nos trabalhos da ISO 232
Estágios do processo de elaboração de normas ISO 233
Comissão ABNT/CEE-93 gestão de projetos 234
Impactos da norma 235

V.5. RISCOS EMPRESARIAIS E O GERENCIAMENTO DE PROJETOS 237
Introdução 237
"E tudo muda" 237
Paradigmas do gerenciamento de riscos 239
Fontes de riscos em projetos 241
O PMBOK – *Project Management Institute* 241
Conclusão 243

V.6. GERENCIAR PROJETOS É ASSUNTO PARA LÍDERES 245

V.7. PROJETOS: SÓ OS SUSTENTÁVEIS 247

V.8. REFERÊNCIAS 251

VI. GLOSSÁRIO DE VERBETES COMUNS À GESTÃO EMPRESARIAL 255

VII. CONHECENDO OS AUTORES 263

VII.1. WALTER GASSENFERTH 263

VII.2. MARIA AUGUSTA SOARES MACHADO 264

VII.3. WALTHER KRAUSE 264

Prefácio

Em novembro de 2010 começou a ser publicado o blog "Gestão empresarial em gotas", na página www.quanticac.com. A ideia era prover um conjunto de informações empresariais para profissionais modernos, que necessitam de conteúdo diversificado, mas com alguma profundidade, visando a um mosaico de informações sobre um assunto e escolher em que parte se deseja aprofundar. Portanto, o princípio dos artigos publicados no blog era o mesmo de um remédio em gotas: concentrar conteúdo em pouco espaço, de forma que gerasse um efeito de alívio ao leitor sobre seu grau de conhecimento dos temas que envolvem Gestão Empresarial. Para tanto, as matérias tinham de ser concisas e com bom conteúdo.

Os temas tratados no blog satisfaziam a três dos quatro Ps da Gestão Empresarial: planejamento, processos e pessoas. A parte que trata dos processos corporativos contemplava o controle do desempenho empresarial, que não ficaria completo sem a apresentação de algumas ferramentas avançadas, como a lógica Fuzzy e os métodos quantitativos. Como um dos autores é doutor no tema, resolveu-se incluir algumas seções que definissem e exemplificassem a aplicabilidade desses métodos. Os resultados foram excelentes com o público do site, que, no início, era basicamente composto por alunos dos programas de pós-graduação de três das maiores escolas de negócio brasileiras, bem como por gerentes de uma grande empresa nacional da área de energia. Com o tempo, outros internautas foram se juntando aos leitores das matérias, publicadas duas vezes por semana. Contudo, havia ainda a carência de material sobre o quarto P da Gestão Empresarial: projetos. Em função disso, em maio de 2011 o site criou uma coluna quinzenal sobre Gerenciamento de Projetos intitulada *Gerenciamento de projetos: agite sua empresa depois de ler!* A junção desses quatro Ps e dessas duas publicações deram origem a este livro, que subdivide os Ps da gestão em alguns subtemas, como: estratégia empresarial, visão sistêmica, gestão de processos, arquitetura organizacional, controle de desempenho, liderança, trabalho em equipe, motivação, definição do escopo de um projeto, normatização em projetos, entre outros.

A ideia básica do livro é levar ao leitor informações sobre os diversos temas que desfilam nas mesas de reunião do ambiente empresarial, bem como metodologias e soluções para as principais dificuldades de uma organização com ou sem fins lucrativos. Enfim, é uma coletânea do que de melhor pode ser encontrado na academia, nas empresas, nas consultorias e na mídia. Cada capítulo ou item pode ser lido de maneira autônoma dos demais, mas sempre guardam uma inter-relação entre os conceitos, como em um seriado de TV. Ao final de cada capítulo, uma bibliografia é apontada para os que desejarem conhecer de forma mais profunda cada tema. Não há ordem ideal para a leitura. Não há início, meio e fim do livro; o que existe, a exemplo da lógica quântica, é "um conjunto de regras para o raciocínio relativo a uma classe de proposições para as quais os princípios da teoria são considerados", é um conjunto de informações e proposições interligadas por sua natureza, mas apresentadas de forma estanque e única para que o leitor as aproveite de acordo com sua afinidade com o tema e com o momento empresarial que está vivendo.

Os autores da obra são dois professores e um doutor de programas de pós-graduação de três das mais renomadas escolas de negócio brasileiras, que acumularam anos de experiência no mercado, em postos gerenciais de grandes empresas brasileiras e multinacionais e em atividades de consultoria, como pode ser visto nos respectivos currículos no final do livro. Consequentemente, os textos têm conteúdo metodológico, mas com viés muito prático e de aplicação já testada, em grande parte de seu conteúdo. Daí a ideia de que o leitor agite sua empresa, melhorando a forma de realizar suas atividades, depois de ler cada tema e cada capítulo do livro. O princípio fundamental deste livro – além do blog, da coluna, do site dos quais ele deriva – é levar conhecimento metodológico sobre os quatro Ps da gestão empresarial aos profissionais que vivem grande parte de seus dias em um ambiente corporativo, de forma que os faça entender o porquê de alguns resultados, por meio de ferramentas e métodos. Duas frases de Albert Einstein ilustram este princípio: uma que cabe antes da leitura do livro "Cada dia sabemos mais e entendemos menos", e outra para depois da leitura "O dia está na minha frente esperando para ser o que eu quiser. E aqui estou eu, o escultor que pode dar forma a este dia". É esperado pelos autores que esta obra forneça algumas ferramentas metodológicas para você, escultor dos seus dias.

INTRODUÇÃO

- Os quatro Ps da gestão empresarial
- Como alinhar esses quatro Ps

Os quatro Ps da gestão empresarial

O conhecimento de como gerir uma empresa está contido no repertório de quem possui o domínio da gestão de quatro atividades cujos nomes começam pela letra P: planejamento, processos, pessoas e projetos. Mas, qual a definição de cada um desses Ps e como eles se desdobram?

O primeiro P, **planejamento,** é o lado racional da ação. É um processo que possibilita perceber a realidade, avaliar os caminhos, construir um referencial futuro, estruturando o trâmite adequado para esse futuro e publicando-o sob a forma de diretrizes e orientações. Ele se subdivide em uma série de disciplinas, das quais as mais importantes são a **estratégia,** que, segundo Michael Porter, é um conjunto de ações políticas, econômicas e logísticas para atingir objetivos, a partir da análise criteriosa do meio ambiente; o **planejamento estratégico,** para o qual não existe uma definição universalmente aceita, mas que poderia ser descrito como um processo que gera as estratégias de uma organização, desdobra-as em objetivos estratégicos para cada uma de suas áreas e as implementa por meio de ações estruturadas em um plano; e a **visão sistêmica,** que consiste na habilidade em compreender os sistemas de acordo com o conhecimento do todo, de modo que permita sua análise ou interferência. Por sua vez, **sistema** pode ser definido como um conjunto de elementos interconectados, de modo que forme um todo organizado.

O segundo P, **processos,** do verbo em latim *procedere* – que indica a ação de avançar, ir para a frente (pro+cedere) –, é um conjunto sequencial de ações para atingir uma meta. É usado para criar, inventar, projetar, transformar, produzir, controlar, manter e usar produtos, serviços ou sistemas. Podem ser considerados como desdobramentos dos processos os **controles de desempenho,** que, segundo o Institute of Management Accountants (1998), devem interligar sistematicamente a estratégia organizacional aos recursos e aos processos, de forma estruturada, por meio de um sistema de gestão orientado à satisfação do cliente, visando obter melhorias contínuas e sinalizando aos *stakeholders* onde se está e aonde se quer chegar. Quando consideradas em separado, as palavras controle e desempenho têm seus significados próprios. Segundo o dicionário *Aurélio*, **controle** é a fiscalização e o domínio de alguém ou alguma coisa; **desempenho** é definido como o rendimento total que constitui um dos principais fatores determinantes da produtividade. Outro componente é a **gestão de processos**, que, segundo Antonio Dutra Junior (2011), é a habilidade de obter total visibilidade e controle de ponta a ponta sobre todas as etapas de uma transação que viaje por múltiplas aplicações, interaja com diversas pessoas, em uma ou mais companhias. Por fim, a **arquitetura organizacional** também faz parte do bloco de processos, definida como os princípios, as estruturas e os padrões de uma empresa que a orientam quais processos executar e decisões tomar, para que possa alcançar uma estratégia preestabelecida.

O terceiro P, **pessoas**, é o lado humano da gestão empresarial. Muitas vezes, a letra "r" da sigla RH é escrita e considerada maiúscula e o "h" minúsculo (Rh); neste caso, a sigla passa a ser um fator sanguíneo, que em muitos casos parece ser a única parte visível do recurso humano. Melhor seria se os gestores de empresa pensassem na sigla de forma contrária (rH), dando ênfase ao fator humano como principal alavanca para uma gestão de sucesso. Este será o tema das seções deste capítulo do livro, que serão as seguintes: **liderança**, a capacidade de influenciar pessoas, transformando-as de um simples grupo em uma equipe geradora de resultados; **trabalho em equipe**, o desenvolvimento de uma tarefa ou tarefas por um grupo organizado de pessoas articuladas, com perfis complementares e que operam de forma alinhada; e **motivação**, o conjunto de fatores que determina a conduta de um indivíduo. Neste livro, a motivação será encarada como uma força interna que emerge, regula e sustenta todas as ações mais importantes do indivíduo; trata-se de uma experiência interna que não pode ser estudada diretamente.

O quarto e último P é o de **projetos**, que, segundo Paul Dinsmore e Adriane Cavalieri (2012), em seu livro *Como se tornar um profissional em gerenciamento de projetos*, é um empreendimento único, com início e fim determinados, que utiliza recursos e é conduzido por pessoas, visando atingir objetivos predefinidos. O gerenciamento de projetos prevê em suas etapas as disciplinas de gerenciamento da integração, do escopo, do tempo, dos custos, da qualidade, dos recursos humanos, da comunicação, dos riscos, das aquisições, da ética e da estrutura do projeto.

Todos esses Ps e seus desdobramentos serão abordados neste livro de forma concisa e concentrada, ou seja, em gotas, deixando um rastro de referencial bibliográfico para o aprofundamento em cada um dos temas analisados e expostos. Acredita-se que o conhecimento desses quatro Ps seja condição necessária e suficiente para a formação de um excelente gestor de empresa.

Como alinhar esses quatro Ps

Esses Ps da gestão empresarial são encontrados nas organizações em diferentes níveis estratégicos: o planejamento pertence à camada estratégica, os processos ao nível **tático** ou funcional, os projetos são desenvolvidos na base mais operacional da organização, enquanto as pessoas se encontram nas mais diversas áreas e camadas da empresa. Sendo assim, como encontrar um denominador comum a esses Ps? Este denominador são os indicadores de desempenho, que, apesar de utilizados em todos os níveis da pirâmide organizacional, estão situados dentro dos processos de negócio, organizacionais ou de integração, e nos processos gerenciais da empresa. Em várias partes deste livro serão mostrados métodos, conceitos e aplicações para alinhar todos eles em torno das metas estratégicas da organização.

Basicamente, a forma de alinhá-los é articulando os indicadores de desempenho de cada um desses Ps. Quando os objetivos estratégicos de uma empresa são desdobrados a partir de suas estratégias, indicadores-chave de desempenho (KPIs – *Key performance indicators*) são gerados e acompanhados para que esses objetivos sejam alcançados; os processos críticos, aqueles que impactam os Fatores Críticos de Sucesso (FCS) da empresa, e consequentemente os objetivos estratégicos da organização, devem ser revistos visando melhorias em suas performances, que por sua vez também serão acompanhadas por indicadores. Por fim, o desempenho das pessoas, seja nos projetos em que atuam ou em seu cotidiano operacional, será aferido por indicadores de desempenho humano e por *milestones* (pontos de controle em um cronograma). Enfim, uma verdadeira árvore de indicadores deve ser sincronizada para que a empresa funcione como um atleta, com cada parte de seu corpo se desenvolvendo de maneira uniforme e compatível com o avanço das outras partes da organização. Esta simultaneidade de ações para o crescimento e melhoria de uma organização tem sua espinha dorsal no controle e articulação dos indicadores de todos os processos.

PLANEJAMENTO

- Visão sistêmica
- Estratégia empresarial
- Planejamento estratégico
- Referências

Visão sistêmica

Como desenvolver uma visão sistêmica da empresa?

É muito comum perguntar a um empregado ou dirigente de empresa como ela funciona e a resposta ser um organograma da companhia. Mas será que a empresa é apenas um conjunto de atividades verticalizadas que compõem um todo? Será que essa forma de ver a empresa revela um filme sobre ela ou apenas fotografias tiradas de alguns ângulos? Para conseguir este "filme" é necessário ter uma visão sistêmica da organização. Mas, o que é visão sistêmica?

Visão sistêmica é a habilidade de compreender uma entidade ou um fenômeno complexo de acordo com a abordagem da teoria geral dos sistemas, ou seja, ter o conhecimento do todo, de modo que permita a análise ou a interferência nele. Por sua vez, a teoria geral dos sistemas, do biólogo Ludwig von Bertalanffy (1937), estuda, de modo interdisciplinar, a organização abstrata de fenômenos, independente de sua formação e configuração presentes; e investiga todos os princípios comuns a todas as entidades complexas, e modelos que podem ser utilizados para sua descrição.

Para ter uma visão sistêmica é necessário pensar de forma diferente daquela operacional que é utilizada no dia a dia e que divide o fenômeno ou entidade em partes, tratando apenas de uma das partes, ou uma delas por vez. A visão do todo exige ações a serem tomadas e monitoradas para evitar a armadilha de sempre pensar da mesma forma. Albert Einstein, em uma de suas entrevistas, afirmou que "Não há nada que seja maior evidência de insanidade que fazer a mesma coisa dia após dia e esperar resultados diferentes". Portanto, foram listadas a seguir algumas recomendações e posturas necessárias a uma visão sistêmica da empresa:

1. utilize a Cadeia de Valor da empresa e seu mapa de processos para conhecê-la; só depois entenda o seu organograma;
2. pense sempre em melhorar os processos da empresa (ex.: desenvolvimento de novos produtos, precificação, promoção), e não suas funções/áreas (ex.: marketing);
3. faça as medições das atividades ao longo de todo o processo; não meça o que acontece só na sua área; se a tarefa termina em outra área, faça lá a medição final;

4. evite a compartimentalização: transforme suas grandes atividades em projetos, envolvendo outras áreas que tenham pessoas com a *expertise* necessária à tarefa a ser realizada;
5. não se regozije por outra área funcional da empresa funcionar de forma pior que a sua; ajude-a a se livrar do problema e melhorar o desempenho; lembre-se que o barco é um só: um furo no lado que não é o seu fará que o seu também afunde;
6. não se negue a participar de atividades fora de sua área com medo de não ser mais observado por seu gerente; o que você perde de visibilidade em sua área ganha em outra e em conhecimento para continuar atraente ao mercado;
7. desenvolva sua habilidade de observação ativa, que é o interesse em conhecer o que os outros fazem, como fazem e por que fazem; isto já foi parte de seus hábitos na infância, recupere-o;
8. a empatia, o estado de espírito no qual uma pessoa se identifica com outra, tentando sentir o que ela está sentindo, é uma virtude rara, persiga-a. Lembre-se de que nossas verdades podem não ser absolutas ao interpretar sob um único ponto de vista determinada situação ou fenômeno;
9. tente perceber a organização como uma máquina viva e procure compreender, de forma macro, o funcionamento das partes dessa máquina e suas inter-relações (suas conexões internas e externas);
10. separe as pessoas do problema: em uma empresa é importante e mais duradouro analisar e resolver os problemas por meio de um bom relacionamento com as pessoas.

Estar preparado para o mercado de trabalho é condição imprescindível para a sobrevivência. Procure ser um especialista sistêmico. Este tipo de profissional traz à gestão das empresas resultados que não são passageiros, mas construídos de forma sólida e compensadora. São muito disputados no mercado, e, por causa do grande conhecimento que acumulam, trabalham de forma harmoniosa e inovadora. Quem se habilita?

Como realizar uma gestão eficaz?

Várias fórmulas e livros são publicados para ajudar os líderes das organizações a desenvolver uma gestão eficaz de suas atividades e de suas equipes. Mas, o que significa gerir de forma eficaz um negócio? No *Moderno dicionário Michaelis da língua portuguesa*, gerir é administrar, governar, regular; enquanto dirigir é encaminhar, guiar, endereçar. Portanto, a questão central é como endereçar de forma produtiva os desafios da empresa e como encaminhar seus colaboradores para alcançar os objetivos da organização vencendo esses desafios?

A Fundação para o Prêmio Nacional da Qualidade (FPNQ) praticamente esgotou os requisitos necessários para uma gestão eficaz quando publicou os critérios de excelência em gestão e seus conceitos fundamentais. Vejamos o que propõe a Fundação com esses critérios, associando-os a possíveis ações de um gestor eficaz:

1. **Pensamento sistêmico:** entendimento das relações de interdependência entre os diversos componentes de uma organização, bem como entre a organização e o ambiente externo. Ou seja, o gestor eficaz deve estar atento a como o trabalho de sua equipe afeta a organização.
2. **Aprendizado organizacional:** busca e alcance de um novo patamar de conhecimento para a organização por meio da percepção, reflexão, avaliação e compartilhamento de experiências. O gestor eficaz deve trocar informações com outras áreas, além de promover *on the job training* por meio do intercâmbio de empregados entre áreas.
3. **Cultura de inovação:** promoção de um ambiente favorável à criatividade, experimentação e implementação de novas ideias que possam gerar um diferencial competitivo para a organização. O gestor eficaz deve desenvolver no ambiente de trabalho as cinco dimensões definidas pelo *Great Place to Work Institute*: credibilidade, respeito, imparcialidade, orgulho e camaradagem.
4. **Liderança e constância de propósitos:** atuação de forma aberta, democrática, inspiradora e motivadora das pessoas, visando ao desenvolvimento da cultura da excelência, à promoção de relações de qualidade e à proteção dos interesses das partes interessadas. O gestor eficaz deve mostrar o caminho e inspirar sua equipe a segui-lo.
5. **Orientação por processos e informações:** compreensão e segmentação do conjunto das atividades e processos da organização que agreguem valor às partes interessadas, sendo que a tomada de decisões e a execução de ações deve ter como base a medição e a análise do desempenho, levando-se em consideração as informações disponíveis, além de incluir os riscos identificados. O gestor eficaz deve seguir a máxima de W. Eduard Deming: "*In God we trust. Anyone else must bring data*"(Em Deus nós confiamos. Qualquer outro deve trazer dados).
6. **Visão de futuro:** compreensão dos fatores que afetam a organização, seu ecossistema e o ambiente externo no curto e no longo prazos. O gestor eficaz deve estudar os conceitos de estratégia como uma perspectiva, formulados por Henry Mintzberg em seu livro *Safári de Estratégia*.
7. **Geração de valor:** alcance de resultados consistentes pelo aumento de valor tangível e intangível de forma sustentada para todas as partes interessadas. O gestor eficaz deve ter preocupação com os resultados da empresa sem se esquecer

dos cinco princípios de sustentabilidade: (1) *Natural Step* (TNS® uma abordagem científica e sistêmica ao planejamento organizacional para a sustentabilidade); (2) Agenda 21; (3) Pacto global, (4) Projeto Sigma; (5) Princípios globais de Sullivan.

8. **Valorização das pessoas:** criação de condições para que as pessoas se realizem profissional e humanamente, maximizando seu desempenho por meio do comprometimento, do desenvolvimento de competências e de espaços para empreender. O gestor eficaz deve estudar e praticar os conceitos de liderança transformacional.

9. **Conhecimento sobre o cliente e o mercado:** conhecimento e entendimento do cliente e do mercado, visando à criação de valor de forma sustentada para o cliente e, consequentemente, gerando maior competitividade nos mercados. O gestor eficaz deve investir tempo para conhecer melhor o sistema de valor em que sua organização atua, utilizando ferramentas metodológicas, como a análise estrutural da indústria, pesquisas de mercado ou técnicas das três fases do CRM: *Acquire, Enhance, Retain* (Conquistar, Desenvolver, Reter clientes).

10. **Desenvolvimento de parcerias:** desenvolvimento de atividades em conjunto com outras organizações, a partir da plena utilização das competências essenciais de cada uma, objetivando benefícios para todas as partes. O gestor eficaz deve desenvolver programas de *benchmarking* e cooperação com empresas dentro e fora de seu sistema de valor.

11. **Responsabilidade social:** atuação que se define pela relação ética e transparente da organização com todos os públicos com os quais se relaciona. Refere-se também à inserção da empresa no desenvolvimento sustentável da sociedade, preservando recursos ambientais e culturais para gerações futuras, respeitando a diversidade e promovendo a redução das desigualdades sociais como parte integrante da estratégia da organização. O gestor eficaz deve transformar esta necessidade de atuação em ações práticas, incentivando e participando de ações comunitárias ou de defesa ao ecossistema do planeta.

Por que é importante estudar o sistema de valor de uma indústria?

O conceito real de indústria aponta para o tipo de mercado em que uma empresa está inserida; indústria fonográfica, indústria automobilística, indústria química são exemplos de segmentos do mercado; cada um com estrutura e dinâmica próprias para tocar seus negócios e ser produtivo. Portanto, indústria não é uma fábrica, mas um conjunto de empresas que criam valor para seus *stakeholders* (clientes, acionistas, empregados, fornecedores, governo e sociedade). Ora, se criam valor e trabalham de forma inter-relacionada, pois tratam de assuntos afins, podem ser chamadas de sistema de valor. Um sistema de valor, segundo Michael Porter, é o conjunto das cadeias de valor das empresas que atuam em uma indústria; sendo cadeia de valor o conjunto de processos de uma empresa que agrega valor seus insumos, transformando-os em um produto.

Para que os produtos de uma empresa consigam ter qualidade – e qualidade significa adequação ao uso, ou seja, ser útil e de interesse para quem os compra – não basta que a empresa tenha uma boa cadeia de valor; processos eficientes e eficazes não garantem a uma empresa que seus produtos sejam de qualidade. E se os insumos recebidos do fornecedor forem de baixo desempenho? Os norte-americanos têm um ditado que diz "...*garbage in, garbage out*...", que poderia ser traduzido por "se entra lixo, lixo sairá". E se os canais de distribuição, aquelas empresas que vendem o produto de vários fabricantes, como supermercados ou lojas de departamentos, resolverem trabalhar os produtos de uma empresa em detrimento das outras? Por exemplo, um balconista de farmácia dizendo ao cliente "Ah! Para dor de cabeça, o Menteolau é muito melhor que o Piraenol ou que o Toquil!"; pouco ético, mas possível, não?

Para evitar estes e outros dissabores causados pelos que atuam no mesmo sistema de valor, uma empresa deve estudar todos os *players* atuantes em seu segmento: fornecedores, canais de distribuição e de vendas, parceiros, concorrentes, órgãos reguladores e clientes, com o objetivo de criar conexões externas fortes com essas outras empresas. Conexões externas são ligações ou relacionamentos entre as atividades de diversas cadeias de valor que operam em um mesmo sistema de valor. Os contratos de fornecimentos, as parcerias, os acordos de distribuição de produtos, os relatórios aos órgãos reguladores, o atendimento aos clientes são exemplos de conexões externas de uma empresa. A organização estará bem servida e terá produtos de qualidade dependendo de quão boas forem suas conexões externas.

Um bom exemplo disto é o caso das empresas que resolveram vender seus produtos pela internet. Apesar de investirem fortemente nas automações e transportes com facilidades de rastreamento pelos clientes, reduziram em muito os custos com canais de distribuição, propaganda na mídia televisiva, quadro de vendedores e aluguel e demais despesas com lojas próprias. Mas para que isto fosse possível, cada elemento do sistema de valor foi detalhadamente estudado, tendo todos os custos e benefícios levantados.

Conclui-se que, para um produto chegar às mãos do consumidor final de forma boa, bonita e barata, todo o sistema de valor de seu segmento produtor deve ser estudado e reforçado nas conexões externas, além de ter sua operação simplificada.

Estratégia: cada "macaconceito" em seu galho

Um aluno de MBA, antes de começar minha disciplina, certa vez perguntou: "... Estratégia, planejamento estratégico, gestão estratégica, SWOT, *balanced scorecard* (BSC), cinco forças de Porter, estratégias corporativas direcionais... É muita coisa para traçar os rumos da empresa. Não dá para simplificar não, professor?!"

Uma forma de simplificar as coisas sem limitá-las no teor e no conteúdo é estruturá-las, dividi-las em partes, imaginando cada uma separadamente como se fosse única, mas sem perder a visão sistêmica do todo; a inter-relação entre as partes. Neste sentido, podemos ver a evolução da empresa como uma máquina, e chamar esta máquina de planejamento estratégico, que gera o futuro da empresa sob duas formas: estratégias, que são produtos brutos como o petróleo, ou seja, necessitam voltar para dentro da máquina para ser testadas, selecionadas e refinadas, dando origem ao segundo produto da máquina: os objetivos estratégicos de cada área da empresa. Mas uma máquina só gera produtos a partir de insumos, que neste caso são as informações do ambiente externo, ou seja, do mercado, e as do ambiente interno, ou seja, dos processos da empresa. Dividindo as ações desta forma para chegar ao futuro desejado pela empresa, como devemos proceder?

1. Com relação aos insumos da máquina:

1.1. Levantar as informações do ambiente externo, ou seja, as oportunidades e ameaças do mercado, com base nas análises das cinco forças de Porter e do sistema de valor da empresa.
1.2. Levantar as informações do ambiente interno, ou seja, as forças e fraquezas da organização, por meio do estudo da cadeia de valor da empresa.

2. Com relação ao primeiro produto da máquina:

2.1. Gerar as estratégias da empresa, de acordo com a Matriz SWOT, considerando a missão e a visão da empresa, e os objetivos gerais e diretrizes da *holding*, caso exista, dados pelas estratégias corporativas direcionais.
2.2. Testar as estratégias da empresa, por meio de testes de consistência entre as estratégias, consonância com o mercado, vantagem competitiva e viabilidade de recursos.
2.3. Apontar os FCS da empresa, visando priorizar as estratégias mais importantes.

Neste ponto o planejamento estratégico está pronto. No entanto, para atingirmos os níveis mais operacionais da empresa, necessitamos desenvolver a gestão estratégica do futuro da organização. A partir daqui entra o segundo produto da máquina.

3. Com relação ao segundo produto da máquina:

3.1. Desdobrar as estratégias da empresa em objetivos estratégicos para suas grandes áreas, por meio do mapa estratégico do BSC.
3.2. Qualificar os objetivos estratégicos do mapa do BSC em vetores estratégicos com indicadores, metas e responsáveis, ainda nele mesmo.
3.3. Desdobrar os objetivos estratégicos das áreas em planos de ação, por meio das ferramentas da qualidade (5W e 2H, por exemplo) e das de gerenciamento de projetos, quando for um grande plano de ação.
3.4. Acompanhar e controlar a execução dos planos por meio de softwares específicos para a gestão estratégica da empresa.

Recomenda-se a colocação de equipes especializadas em cada uma das três fases – na primeira, especialistas em mercado e em processos; na segunda, em gestão empresarial e empreendedores; e na terceira, especialistas nas atividades cotidianas da empresa –, tratando cada fase como única e passando os produtos de cada uma para outra equipe, como em uma passagem de bastão nas provas de corrida. Desta forma, cada macaco e cada conceito ficarão em seu galho, evitando o embaralhamento dos conceitos e o mau uso das ferramentas disponíveis para alcançar os objetivos da empresa e o futuro desejado.

Mas quem é esta aliada redentora chamada inovação? – Parte I

Inovação significa novidade ou renovação. A palavra é derivada do termo latino *innovatio* e se refere a uma ideia, método ou objeto criado que pouco se parece com padrões anteriores. Atualmente, a palavra inovação é mais usada no contexto de ideias e invenções.

Seu conceito é bastante variado, dependendo da sua aplicação. O Instituto Inovação (http://www.institutoinovacao.com.br) considera que inovação é a exploração com sucesso de novas ideias. E sucesso, para as empresas, significa aumento de faturamento, acesso a novos mercados, aumento das margens de lucro, por exemplo.

Entre as várias possibilidades de inovar, aquelas que se referem a inovações de produto ou de processo são conhecidas como tecnológicas. Outros tipos de inovações podem se relacionar a novos mercados, novos modelos de negócio, ou até mesmo novas fontes de suprimentos.

O Ministério da Ciência e Tecnologia criou o Portal da Inovação (http://www.portalinovacao.mct.gov.br/pi/#/pi) para promover a cooperação tecnológica e disponibilizar ferramentas e oportunidades para que a empresa ou o cidadão tenham um ambiente favorável para inovar.

Legislações também são criadas para incentivar e proteger a inovação. Por exemplo, a Lei da Inovação (Lei nº 10.973, de 2 de dezembro de 2004) reflete a necessidade de o país contar com dispositivos legais eficientes que contribuam para o delineamento de um cenário favorável ao desenvolvimento científico, tecnológico e à inovação.

Sites que trazem notícias sobre inovações também prosperam na grande rede. Um bom exemplo é o Inovação Tecnológica – Tudo que Acontece na Fronteira do Conhecimento (http://www.inovacaotecnologica.com.br/index.php), que oferece notícias sobre o que acontece de mais novo nas áreas de: eletrônica, energia, espaço, informática, materiais, mecânica, meio ambiente, nanotecnologia e robótica.

A Fundação para o Prêmio Nacional da Qualidade (FPNQ) propõe, em seus critérios para uma gestão eficaz, o quesito cultura de inovação, traduzido da seguinte forma: promoção de um ambiente favorável à criatividade, experimentação e implementação de novas ideias que gerem diferencial competitivo para a organização.

Contudo, embora a inovação traga muitas pesquisas, propostas e projetos de novidades quase redentoras, sua aplicação é bastante cadenciada, seja em função das limitações orçamentárias das organizações, seja pela cultura da eficiência competitiva, que segura cada inovação a ser lançada no momento mais apropriado à sobrevivência da empresa. Carros movidos a baterias que são carregados com o ar, purificadores de qualquer tipo de água, desde a de esgoto até a salgada do mar, já existem como protótipos, mas, com certeza, só estarão disponíveis para a população em geral quando não conflitarem com interesses econômicos e de mercado das grandes empresas.

Mas quem é esta aliada redentora chamada inovação? – Parte II

Para inovar é necessário primeiro entender que não há uma definição única. Vários autores famosos abordam em suas definições apenas alguns aspectos do conceito inovação. Coimbatore Krishnarao Prahalad (1995), da Universidade de Michigan, diz que "inovação é adotar novas tecnologias que permitem aumentar a competitividade da companhia"; Gary Hamel (1995), fundador da consultoria Strategos, define inovação como um "processo estratégico de reinvenção contínua do próprio negócio e da criação de novos conceitos de negócios"; Peter Drucker (1995), da Universidade de Claremont, afirma que "inovação é o ato de atribuir novas capacidades aos recursos (pessoas e processos) existentes na empresa para gerar riqueza"; por fim, no Brasil, Guilherme Ary Plonski (apud, Vicente, 2009), coordenador do Núcleo de Política e Gestão Tecnológica da USP, diz que "inovação pode ter vários significados e sua compreensão depende do contexto em que é aplicada. Pode ser ao mesmo tempo resultado e processo ou ser associada a tecnologia ou marketing"; nota-se que este é um conceito bastante abrangente.

Na prática, o Fórum de Inovação – associação entre a FGV-EAESP e organizações de sucesso no Brasil que objetivam inovar, como Brasilata, Banco do Brasil, Copesul, Embrapa, Sebrae Nacional e Suzano Bahia Sul – definiu uma tipologia que classifica as inovações:

- inovação de produtos, desenvolvimento e comercialização de produtos ou serviços novos, fundamentados em novas tecnologias;
- inovação de processos, desenvolvimento de novos meios de fabricação de produtos ou de novas formas de relacionamento para a prestação de serviços;
- inovação de negócios, desenvolvimento de novos negócios que forneçam uma vantagem competitiva sustentável;
- inovação de gestão, desenvolvimento de novas formas de relação profissional-trabalho e de administração de empresas e negócios.

Esta é uma classificação bastante interessante, especialmente por causa da junção de inovação de produtos com inovações tecnológicas, pois, embora a primeira esteja diretamente associada à segunda, não necessariamente a inovação tecnológica é feita visando a um produto comercial. Talvez um quinto nome, inovação tecnológica, seja definido como: desenvolvimento de novas tecnologias pelas universidades e centros de excelência em pesquisa.

Ainda com relação à inovação de produtos, a 3M criou uma tipologia que detalha este tipo de inovação em subtipos: inovação extremamente radical, cria uma nova indústria, extrapolando as necessidades do consumidor. Ex.: criação da televisão ou do videocassete. Inovação radical, muda a base de competição na indústria existente. Ex.: proposta de transporte aéreo da GOL. Extensões de linha, estritamente alinhado com as necessidades do consumidor. Ex.: variantes de smartphones criadas a cada ano.

Para que nossa introdução a esta grande aliada chamada Inovação esteja completa, Thomas Kuczmarski, da Kellogg School of Management, em seu livro *Innovación – Estrategias de Liderazgo para Mercados de Alta Competencia*, aponta sete passos que orientam os gerentes em seus novos empreendimentos inovadores:

1. Definir uma estratégia de novos produtos, serviços ou negócios.
2. Utilizar um processo de desenvolvimento focado nos clientes.
3. Realizar pesquisas sobre necessidades e expectativas de mercado.
4. Desenvolver conceitos de acordo com as necessidades dos clientes.
5. Trabalhar com equipes responsáveis, dedicadas e interfuncionais.
6. Estimular as pessoas com incentivos e reforços.
7. Definir mecanismos de avaliação de resultados da inovação.

O que é uma controladoria estratégica?

Para entender o que é controladoria estratégica, é necessário entender o que é controladoria e o que é controladoria tradicional. Pode-se apresentar a função controladoria de duas formas. A primeira como sendo o ramo do conhecimento responsável pela definição da base conceitual do controle da gestão de uma empresa. A segunda, como unidade administrativa responsável pela disseminação do conhecimento, modelagem e implantação de sistemas de informações. Como ramo do conhecimento, ela deve definir o modelo de gestão econômica e o sistema de informações, em um contexto de tecnologia de gestão. Já como unidade administrativa, deve coordenar e disseminar os modelos e tecnologias de gestão, além de direcionar os esforços dos gestores para a otimização dos resultados da organização. De acordo com Catelli (2001), define-se como missão da controladoria: assegurar a otimização do resultado econômico da organização. Segundo ele, para atingir sua missão, a controladoria é responsável pelas seguintes atividades: a) desenvolvimento de condições para a realização da gestão econômica; b) subsídio ao processo de gestão com informações em todas as suas fases; c) gestão dos sistemas de informações econômicas de apoio às decisões; d) apoio à consolidação, avaliação e harmonização dos planos das áreas.

Os primeiros controladores foram recrutados das áreas de contabilidade e finanças. A motivação desta escolha foi fruto das características desses profissionais, como sua visão ampla da empresa e equidistante das diversas áreas produtivas da organização. Entretanto, uma controladoria pode oferecer mais às empresas atualmente, uma vez que possui um excelente mosaico de formações profissionais. De acordo com Gomes e Salas (2001), dentro do conceito de controle, definem-se duas perspectivas diferenciadas: uma limitada, que associa o controle organizacional a um acompanhamento dos aspectos financeiros da empresa; e outra mais ampla, que considera também os aspectos ligados à estratégia, estrutura organizacional, comportamento individual, cultura organizacional e contexto social competitivo.

Padoveze (2003) define a controladoria estratégica como aquela que abastece os responsáveis pelo planejamento estratégico da companhia com informações financeiras e não financeiras, para apoiar o processo de análise, planejamento, implementação e controle da estratégia empresarial. Quanto à estratégia, sua abrangência e desdobramentos, o mesmo autor relata também três níveis ligados e interdependentes:

A) A estratégia competitiva, que visa à manutenção de uma vantagem competitiva ao longo das diversas áreas da empresa.
B) A estratégia funcional, que deve ser desenvolvida para cada área, como produção, marketing e recursos humanos, mas planejada e administrada de modo coordenado, permitindo que as estratégias competitivas sejam implementadas de forma coletiva.
C) A estratégia corporativa decide de quais negócios a empresa irá participar e como o grupo de atividades pode ser estruturado e administrado.

A controladoria estratégica de uma organização pode ser estruturada em fatias de acordo com o tipo de estratégia a que está associada. Neste caso, o foco de atuação de uma controladoria estratégica seria subdividido de modo que contabilize, acompanhe e controle:

1. na estratégia competitiva: rentabilidade por unidade de negócios, situação dos competidores, rentabilidade de clientes, rentabilidade de produtos;
2. na estratégia corporativa: centros de custos, de lucros e contribuição e de investimentos, estratégias de diversificação, negócios integrados verticalmente, formação de conglomerados, subsidiárias de companhias multinacionais e globais;
3. na estratégia funcional: ciclos de vida de produtos, estratégia de lançamento de novos produtos, crescimento dos negócios, análise do risco dos negócios.

Para Nakagawa (1993), o *controller* deve organizar e reportar dados relevantes, exercendo uma força ou influência que induz os gerentes a tomarem decisões lógicas e consistentes com a missão e os objetivos da empresa. Destacam-se os principais objetivos e funções da controladoria:

1. Desenhar, implantar e manter estrutura de informação que oriente o desempenho dos gestores.
2. Coordenar o processo de planejamento e controle.
3. Coordenar a padronização de procedimentos de mensuração.

4. Garantir a informação adequada para avaliação de desempenho e apuração de resultados.
5. Identificar ações corretivas.
6. Verificar se as áreas identificam as potencialidades e fraquezas da empresa perante oportunidades e ameaças.
7. Garantir o cumprimento do processo de tomada de decisão. Responsabilizar-se pela coordenação da elaboração do planejamento (orçamento, procedimentos etc.).
8. Atuar em conjunto com as demais áreas na elaboração de atribuições e responsabilidade para cargos de decisão dentro da organização.
9. Responsabilizar-se pelos critérios de mensuração adotados pela empresa.
10. Monitorar o controle do desempenho das unidades a partir da interação com elas.
11. Estruturar e coordenar métodos eficientes de comunicação entre as unidades, e destas com a alta direção.
12. Garantir o patrimônio e o controle interno.
13. Responsabilizar-se pelos graus de eficiência e eficácia organizacional, base para a avaliação de desempenho.

Portanto, uma controladoria estratégica tanto está ligada aos controles que garantem monitoramento da organização, como às estratégias e aos recursos necessários para manter a empresa em um privilegiado patamar de sustentabilidade financeira e competitiva.

As competências essenciais de uma empresa

No Moderno Dicionário da Língua Portuguesa, competência "é a capacidade de apreciar e resolver certo assunto, fazer determinada coisa; capacidade, habilidade, aptidão, idoneidade". Em administração, competência é o conjunto de conhecimentos, habilidades e atitudes que gera diferencial competitivo para a organização, valor distintivo percebido pelos clientes; um conjunto difícil de ser imitado. Já competências organizacionais, segundo Ruas et al. (2005), são competências coletivas, que aparecem sob a forma de processos de produção e atendimento, nos quais estão incorporados conhecimentos tácitos e explícitos, sistemas e procedimentos de trabalho, entre outros elementos menos visíveis, como princípios, valores e cultura dominante na organização. As competências essenciais (ou *core competences*) da organização são, segundo Prahalad e Hamel (1995), "um conjunto de habilidades e tecnologias que permite a uma empresa oferecer determinado benefício a seus clientes". Então, que competências individuais devem ser incorporadas aos processos da empresa e à sua forma de atuar, para evitar que a perda de um ou mais colaboradores afete seus resultados e seu desempenho no mercado?

As empresas insistem em investir e considerar principais apenas as competências derivadas das atividades principais de seu negócio e daquelas que envolvem algum tipo de tecnologia. Treinamentos em logística, marketing, tecnologia da informação e vendas são lugar-comum nas empresas atualmente. Mesmo com este grande portfólio de competências, as quebras e os passos em falso das organizações são comuns. A resposta à questão formulada no final do parágrafo anterior está no desdobramento dos quatro Ps da gestão empresarial e nos conhecimentos e práticas que a empresa deve ter e manter sobre cada um dos pilares destes temas.

No tema **planejamento**, a empresa deve desenvolver suas estratégias de forma periódica, estruturadas dentro de um plano que passe por toda a pirâmide hierárquica da companhia, desde as diretorias com seus objetivos estratégicos até o chão de fábrica com seus planos de ação; deve apresentar a seus empregados uma visão sistêmica do segmento em que opera, por meio de pesquisas e análises periódicas do ambiente externo, e também da própria empresa, pela divulgação de sua missão, de sua visão, de sua cadeia de valor e de seus processos de negócio e operacionais, além do fomento ao intercâmbio de experiência entre suas diversas áreas. Enfim, deve incentivar, por meio de atividades e programas, a ação planejada, e não os movimentos em espasmos e soluços provocados por uma atuação com base em tentativa e erro.

Em **processos**, a empresa deve se dedicar à gestão de seus processos de negócio, operacionais e de suporte, descobrindo em quais repousam suas forças e suas fraquezas, melhorando os processos críticos, aqueles diretamente relacionados aos FCS da organização, de modo que opere com custos mais baixos e factíveis, com o nível de qualidade mais adequado ao segmento em que atua e nos menores tempos possíveis; deve controlar suas operações por meio de indicadores de desempenho, visando conhecer os desvios do que foi planejado a tempo de corrigi-los e disseminar as melhores práticas entre as unidades da companhia; deve investir na arquitetura organizacional da empresa, gerando mudanças na estrutura organizacional toda vez que as estratégias mudarem de forma acentuada, evitando que a burocracia e a hierarquia da organização a engessem e sejam empecilhos à realização de bons negócios. Em suma, deve se dedicar menos às questões funcionais e normativas da empresa e mais à dinâmica de atuação, aos controles de seus processos e à gestão das mudanças organizacionais.

Para **pessoas**, a organização deve desenvolver as lideranças da empresa para seu relacionamento com os subordinados, sua capacidade de influenciar seus comandados, inspirando-os a uma visão compartilhada, à habilidade de negociação, à aptidão em apontar um caminho e encorajar sua equipe a segui-lo, ao equilíbrio de sua racionalidade substantiva (atuar de forma correta, com ética) com sua racionalidade instrumental (atingir uma finalidade, um objetivo); deve investir na motivação consciente de seus colaboradores, ou seja, fazer que o empregado perceba a alta produtividade como o caminho que o leva a seus objetivos pessoais, criando um laço com o funcionário que o leve a se orgulhar de trabalhar na organização; deve incentivar o trabalho em equipe não só como forma de integração dos empregados e das diferentes áreas da empresa, mas como um modo de estimular a criatividade e o sentimento de pertencer a um grupo, necessidades básicas do ser humano. Ou seja, deve perseguir o aperfeiçoamento de seus profissionais como pessoas, sócios em um projeto para levar a organização a um patamar de excelência, e levá-los com ela, e não tratar os humanos como recursos.

Em **projetos**, a companhia deve fazer que seus empregados entendam que projetos não se aplicam aos trabalhos de rotina da empresa, ligados a uma mudança ou a uma inovação. Um projeto também é uma oportunidade de trabalhar horizontalmente, ou seja, por processos, durante certo tempo. É uma espécie de treinamento para o ambiente futuro de trabalho que terá a atuação das pessoas mais por processos (vendas, entrega, armazenagem) que por função na organização (marketing, engenharia, suprimentos). Como os projetos sempre envolvem pessoas e mudanças em um curto espaço de tempo, eles exigem que sua gerência seja realizada por pessoas com as habilidades de um agente de mudanças: facilitador, tomador de riscos, de comportamento proativo, flexível na aceitação da mudança e de fácil convívio com as incertezas. Contudo, essa gerência rumo ao novo tem seus limites. Segundo Brandão e Crema (1998), "vale aqui a regra de que só podemos facilitar ao outro o crescimento que já logramos em nós mesmos; só podemos conduzi-los até o ponto em que chegamos. Não é possível iluminar para o outro uma parte que em nós é escuridão". Em conclusão, a empresa deve incentivar a utilização de projetos na solução de seus problemas mais agudos e na melhoria de seus processos internos.

Portanto, há um conjunto de competências comuns a todas as empresas, sejam de que segmento for, que não são bem desenvolvidas na maioria e que envolvem os quatro Ps da gestão empresarial. Se estas competências forem de domínio de seus gestores e das pessoas principais da companhia, como supervisores, analistas seniores e responsáveis por atividades críticas da organização, a probabilidade de que suas atividades sejam desenvolvidas de forma criativa, controlada e previamente estudada aumentam, levando a empresa a um patamar superior de desempenho e a melhores resultados.

Fluxo vertical de trabalho *versus* gestão por processos

Muitas empresas modernas desejam migrar para uma forma de atuação mais horizontal, que derive mais de seus processos que de sua estrutura hierárquica ou funcional. Contudo, continuam a praticar suas gestões por meio do organograma da empresa: distribuindo suas verbas pelas áreas funcionais da companhia (marketing, operações, finanças), e não pelos seus processos (vendas, entrega, manutenção, faturamento); atribuindo as principais metas às diretorias da empresa, e não a seus gerentes de projetos; fazendo encontros e reuniões por departamentos, e não por times de processos ou por projetos. Em verdade, a cultura organizacional ocidental facilita a utilização de uma forma de atuar pelo fluxo vertical de trabalho, em detrimento de uma ação de acordo com seus processos corporativos e operacionais.

Em uma organização focada no fluxo vertical de trabalho, ou seja, apenas em sua estrutura funcional, nenhuma área tem a responsabilidade por um processo completo. Se a visão for apenas a da estrutura organizacional, barreiras interdepartamentais serão criadas, o que dificultará a otimização do trabalho e o fluxo das informações. A preocupação repousará apenas sobre os recursos, enquanto o verdadeiro enfoque deveria estar na satisfação das necessidades dos clientes e nos resultados da empresa.

Contudo, a ideia central de desenvolver uma gestão por processos em uma empresa não repousa em migrar o poder de suas áreas funcionais para um escritório de processos, mas distribui-lo ao longo de sua própria estrutura funcional, entre os gerentes subordinados ao diretor da área. Para que isso ocorra, algumas sugestões podem ser oferecidas de modo que a organização modifique sua forma interna de agir:

- Incentivar a montagem de projetos para solucionar os problemas da empresa ou melhorar algum de seus processos. Esta medida serve de treinamento para um trabalho mais horizontal, com participação de diversas áreas da organização, voltado para os processos de empresa, pelo tempo que durar o projeto.
- Aumentar a visão processual da organização, patrocinando treinamentos para seus gestores e pessoas-chave, nas áreas de gestão de processos, gestão por processos, em orientação para processos e resultados, e no uso de ferramentas que os auxiliem a mapear os principais processos da organização. Esta providência serve para que a cultura da empresa adicione o conhecimento dos seus processos à grande percepção, que ela já possui, de sua estrutura organizacional.
- Melhorar a distribuição de poder na empresa, dando maior autonomia, nivela a parte **tática** ou funcional, por meio da criação dos times multifuncionais de

processo (que terão participantes das diversas áreas pelas quais passa o processo) e dos donos de processo, que podem ser gerentes de determinada área (financeira, por exemplo) que serão responsáveis por um processo corporativo ou de negócio da empresa (faturamento, por exemplo). Esta ação garante uma passagem de bastão mais controlada e mais rápida entre as diversas áreas que atuam em um mesmo processo.

- Tornar o mapeamento dos processos da empresa condição obrigatória para a realização das suas atividades cotidianas, da mesma forma que a construção de um organograma é pré-requisito para que uma unidade da empresa exista. Também fazer periódica revisão e redesenho dos processos críticos da organização, aqueles que têm relação direta com os FCS do negócio. Esta determinação obriga as áreas a trabalharem juntas para manter seus processos atualizados.
- Fazer que os KPIs da empresa sejam conhecidos por todos os empregados, por meio de painéis de gestão à vista, ou de *dashboards* (painéis de controle) na primeira página da intranet da companhia. Esta medida torna conhecido o desempenho de cada processo-chave da organização por todos os empregados, incentivando sua melhoria contínua e antecipando necessidades de modernização na forma de atuação da companhia.
- Estimular a integração dos processos da empresa, por intermédio de fóruns periódicos de apresentação e discussão dos processos principais e de suporte da organização, em que um time multifuncional de processos e um dono de processo possam conhecer e entender os processos de outros times, além de solicitar modificações nestes que auxiliem a melhoria do funcionamento dos seus próprios processos. Este fórum de integração é parte indispensável para o alinhamento entre as estratégias da empresa, seus processos e seus profissionais, o que os professores Alan Albuquerque e Paulo Rocha (2007) chamam sincronismo organizacional.
- Melhorar a comunicação entre os diversos níveis hierárquicos da empresa e entre as diversas áreas, utilizando para isto um periódico, que pode ser um blog sobre gestão por processos na intranet da empresa, um jornal sobre o mesmo tema distribuído entre seus diversos setores, ou uma carta aberta quinzenal do presidente da companhia, alertando sobre a necessidade e os benefícios da utilização desta forma de administrar. Isto traz um melhor entendimento da importância do tema e dos resultados que a gestão por processos pode gerar.

Em resumo, para que uma gestão por processos possa conviver de forma harmônica e complementar com a estrutura hierárquica da empresa e com seu fluxo vertical de trabalho, algumas providências devem ser tomadas para evitar que haja choque cultural e de autoridade na organização, ou que o poder das diretorias funcionais seja simplesmente substituído por outro de um escritório central de processos.

Princípios da administração estratégica

De acordo com Certo e Peter (1993), administração ou gestão estratégica é um processo contínuo e interativo que visa manter a organização como conjunto apropriadamente integrado a seu ambiente. Para que isso ocorra, não basta elaborar um planejamento estratégico, analisando os ambientes interno e externo para que, a partir da missão, da visão da empresa e das diretrizes fornecidas pela *holding*, a organização trace suas estratégias. Em verdade, se as estratégias não forem desdobradas em cada uma das áreas da empresa, implementadas pelo próprio pessoal operacional por meio de planos de ação e controladas por indicadores-chave de desempenho, de nada adiantará a eficiência, a inovação e a qualidade das estratégias traçadas. Só assim a estratégia pode ser transformada em um processo contínuo e em tarefas do cotidiano de todos.

Um gestor ou equipe de gestão de empresas que adote a administração estratégica de forma plena deve se preocupar com o que fazer em cada um dos níveis estratégicos da organização.

No topo da pirâmide organizacional devem ser adotadas as seguintes medidas:

1) Para obter uma visão sistêmica da empresa é necessário gerar sua missão e visão, além de prover seus gestores com uma análise de cenários, a partir de informações de mercado, e ainda conseguir de sua *holding* as diretrizes e os objetivos gerais para aquela unidade estratégica de negócios do grupo.
2) Para atingir os objetivos gerais e a visão da empresa, o nível estratégico da organização, assessorado por um grupo de planejamento estratégico (GPE), composto por seus principais gestores e profissionais experientes da companhia, deve gerar um conjunto de estratégias com base na análise de cenários e nas forças e fraquezas da empresa, que podem ser obtidas da cadeia de valor da organização.

No nível tático ou funcional da organização, medidas complementares devem ser empregadas:

1) Para que as forças e as fraquezas da empresa possam ser extraídas da sua cadeia de valor, seus macroprocessos devem estar mapeados e classificados em processos

de negócio, processos organizacionais ou de integração e processos de suporte gerencial.
2) Para que os processos críticos da empresa possam ser priorizados, os FCS da organização devem ser levantados, a partir das estratégias geradas pelo nível de topo da organização. Esses FCS serão a base para determinar que processos serão considerados críticos para que tenham seu redesenho priorizado.
3) Para que as estratégias possam permear todas as áreas da organização, devem ser desdobradas, por seu quadro gerencial, em objetivos estratégicos com responsáveis, indicadores e metas.

No nível básico da pirâmide organizacional, medidas finais devem ser utilizadas:

1) Para que todo o planejamento estratégico tenha consequência, planos de ação e projetos serão preparados por supervisores e líderes de equipe, visando integrar as estratégias da empresa ao seu cotidiano operacional.
2) Para que um efetivo controle da execução das ações ou das etapas dos projetos seja realizado, ferramentas de TI especializadas em implementação de atividades e fiscalização dos indicadores de desempenho operacional (os *Scorecards*) devem ser adotadas e disponibilizadas pelo pessoal de TI para todos os níveis da pirâmide.
3) Uma divulgação formal da missão e da visão da empresa, bem como das instruções de trabalho que envolvam os planos estratégicos da companhia, sob a forma de uma campanha interna (*endomarketing*), além do desenvolvimento das competências (conhecimentos, habilidades e atitudes) necessárias à execução dessas atividades, deverão ser providenciados pelo pessoal de RH.

A comunicação, sob a forma de retornos e comentários constantes entre os três níveis estratégicos da empresa, deve ser a base de sustentação para o alinhamento de todas estas etapas.

Por fim, três princípios básicos da administração estratégica podem ser úteis no aumento da capacidade de sua realização: uma liderança transformadora, associada a uma mudança de políticas, visando modificar as atitudes e práticas dos gerentes e empregados, pode revitalizar a cultura da empresa; o compromisso da alta administração com o conceito de mudança deve ser profundo e visível por todos; e os sistemas de remuneração e premiação da organização devem ser alterados para encorajar novos modos de administrar e de executar atividades, sempre visando à melhoria do atendimento aos clientes internos e externos da empresa.

O que é gestão por competências?

Gestão por competências é uma alternativa aos modelos gerenciais tradicionais utilizados pelas organizações. Propõe-se a envidar esforços para planejar, captar, desenvolver e avaliar, nos diferentes níveis da organização, as competências necessárias à consecução de seus objetivos. Esta gestão identifica os pontos de excelência e os de carência dos profissionais de uma organização, suprindo lacunas e agregando conhecimento, tendo por base certos critérios objetivamente mensuráveis. A ideia central deste tipo de gestão é instrumentalizar o RH e os gestores da empresa para utilizar o desenvolvimento das pessoas como base para atingir suas metas estratégicas.

A gestão por competências é constituída de alguns subsistemas que, de forma integrada, fornecem a base para este tipo de gestão.

Subsistema de mapeamento do perfil de competências organizacionais

O mapeamento de competências tem por objetivo identificar a discrepância entre as competências necessárias para concretizar a estratégia da organização e as competências internas existentes na empresa. Há várias abordagens para o mapeamento de competências; por exemplo: entrevistas, que possibilitam a identificação de situações e desafios enfrentados pelo colaborador; observação, que nada mais é que a análise do trabalho e registros de seus resultados e do que é necessário para alcançá-los, por meio de questionários estruturados.

Subsistema de mensuração do perfil de competências de cargos e funções

Este subsistema deve mensurar a necessidade das competências para os cargos da empresa, com base nas necessidades indicadas pelas atribuições dos cargos. Deve encontrar os indicadores de competências do cargo – atribuições ou atividades que constam nas suas descrições – e extrair as competências técnicas e comportamentais desses indicadores, analisando-os um a um para definir as competências necessárias na realização das atividades do cargo ou da função.

Subsistema de remuneração por competências

A remuneração por competências tem por finalidade motivar os profissionais a uma melhor capacitação de acordo com as necessidades da organização, quebrar paradigmas tradicionais de hierarquia e remunerar por suas características pessoais, ou seja, aquelas que se aplicam ao seu trabalho. No desenvolvimento de carreira do colaborador, ele evoluirá profissionalmente por meio da conquista/certificação de todas as competências necessárias a seu cargo/posto de trabalho. Outro fator determinante na remuneração por competências é o nível de polivalência ou a estratégia de desenvolvimento adotada pela empresa para o seu pessoal.

Subsistema de seleção por competências

Este subsistema tem por finalidade trazer para a organização profissionais que desenvolvam seus potenciais de forma contínua, realizando as funções pertinentes a um cargo com eficiência, eficácia e responsabilidade. Na seleção por competências, a observação da conduta e das características das pessoas é realizada mediante técnicas específicas que devem privilegiar competências, tais como: adaptabilidade às mudanças, capacidade de pensar estrategicamente, tomar decisões precisas mesmo sob pressão, disposição para aprender com colegas de trabalho, saber trabalhar em equipe, saber negociar, ter resiliência ante as situações difíceis, diferenciar trabalho da vida pessoal, ter bom humor e ser mais que flexível, ou seja, ser dúctil.

Subsistema de desenvolvimento de competências

Este deve estruturar os saberes necessários a um indivíduo ou grupo de indivíduos, a partir dos pontos fracos que se deseja reduzir ou eliminar e das oportunidades do ambiente concorrencial que se queira aproveitar. Em parceria, o RH e o colaborador devem definir as ações elaboradas pelo profissional para o desenvolvimento e o aperfeiçoamento das competências necessárias ao perfil do cargo. Este conceito é válido tanto para competências técnicas quanto para as comportamentais.

Subsistema de avaliação de eficácia das competências

Segundo a norma ISO 10015, para garantir a eficácia de um treinamento devem ser realizadas avaliações pós-treinamento em duas fases distintas: em curto prazo, verificando a opinião do treinando sobre a metodologia, conteúdo e recursos associados ao treinamento, e também o grau de conhecimento adquirido; e em longo prazo, avaliando o aumento da produtividade e do desempenho do colaborador no ambiente de trabalho.

Subsistema do plano de desenvolvimento por competências

Com base no resultado da avaliação de eficácia das competências será criado um plano de desenvolvimento para os colaboradores, cujo objetivo será aperfeiçoar e potencializar o perfil individual de cada um.

Um paralelo entre a velha e a nova física e as empresas

A exemplo da física quântica, que nos mostra que as leis cartesianas da física de Newton não se aplicam ao mundo subatômico, as empresas, que também possuem regras bem definidas para seu funcionamento, devem entender que no mundo operacional do cotidiano de seus empregados essas regras têm conotações das mais diversas. A teoria quântica nos apresenta a realidade em novas bases, nas quais o observador, mero figurante no universo cartesiano, passa a interferir diretamente no fenômeno observado, ou seja, o observador, dependendo da experiência idealizada para estudar, por exemplo, o comportamento de um átomo, em última instância, decide o que quer ver, se o aspecto partícula ou o ondulatório desse átomo. Da mesma forma, os objetivos gerais, as estratégias, as políticas e diretrizes de uma empresa necessitam ser adequadas ao observador, ao leitor e ao executor dessas estratégias, diretrizes etc.

No nível subatômico da organização, ou seja, nos corredores da empresa, a linguagem que se entende são os planos de ação, as rotinas operacionais e os projetos de curto e médio prazos, que são programados e executados pelo pessoal operacional. Portanto, estes devem refletir os objetivos gerais e estratégias da companhia, mas ter uma dinâmica e forma de acordo com as características e cultura de cada área da empresa. Um objetivo estratégico de uma área de vendas que não envolva forte dinâmica de relacionamento com os clientes e uma boa dose de inovação, pelo menos nos processos da área, certamente será lido como inadequado e ineficiente pelo time de vendas. Da mesma forma, um objetivo estratégico da área de produção que não esteja padronizado, que não envolva um firme controle de custos e uma boa melhoria tecnológica, não será considerado apropriado pelo pessoal desta parte da organização. Ambos os objetivos estratégicos podem derivar da mesma estratégia e da mesma diretriz corporativa, mas as conotações de sua implementação devem ser oferecidas de forma compatível com cada observador/leitor na empresa.

A maneira mais prática de fazer esta translação do mundo corporativo dos executivos da empresa para o mundo operacional de seu quadro funcional envolve alguns passos, que podem ser comparados às quatro regras fundamentais de René Descartes, que inspirou o atual método científico-cartesiano:

Primeira regra de Descartes: evitar a prevenção e a precipitação, só aceitando como verdadeiras as coisas conhecidas de modo evidente como tais e não admitir no juízo senão o que se apresente clara e distintamente, excluindo qualquer dúvida.
Primeira regra nas empresas: tomar sempre suas decisões baseadas em fatos e ter suas diretrizes e estratégias acompanhadas, por escrito, da lógica de suas construções, evitando as interpretações de cada área, de cada profissional.

Segunda regra de Descartes: dividir cada dificuldade em tantas parcelas quantas possíveis e quantas sejam necessárias para resolvê-la.
Segunda regra nas empresas: distribuir cada parcela de dificuldade entre os profissionais das mais diversas áreas, sempre mostrando a conexão entre a participação de cada um na superação da dificuldade como um todo.

Terceira regra de Descartes: conduzir em ordem os pensamentos, começando pelos mais simples e mais fáceis de conhecer, a fim de ascender, pouco a pouco, por degraus, até o conhecimento dos mais compostos, supondo uma ordem mesmo entre aqueles que não precedem naturalmente uns aos outros.
Terceira regra nas empresas: partir das soluções mais simples, mas sempre incentivando alternativas mais elaboradas, em ordem de prioridade, seja para a resolução de problemas ou para o alcance dos objetivos estratégicos de cada área da organização.

Quarta regra de Descartes: fazer sempre inventários tão completos e revistas tão gerais que se fique certo de nada ter omitido.
Quarta regra nas empresas: manter vários níveis de controle dos processos, projetos ou iniciativas da empresa; desde os controles mais gerenciais àqueles mais detalhados necessários às operações da companhia.

Desta forma, serão respeitados os princípios fundamentais da base da pirâmide da organização, que se assemelham a três conceitos básicos da nova física:

Conceito de estado: estado é a representação do que um observador conhece sobre o sistema em questão.

Nos corredores da empresa, estado é um profissional que entende o sistema em que trabalha, seus eventos e necessidades.

Conceito de evolução: um sistema físico fechado em um estado V evolui para um novo estado W depois de certo tempo.

Nos corredores da empresa, evolução é a mudança de patamar, depois de certo tempo, do sistema em que o empregado trabalha; são os resultados da empresa, a real contribuição do profissional para esses resultados e os reflexos dessa contribuição em sua evolução profissional e pessoal.

Conceito de medida: quando um sistema físico no estado é medido, o resultado da medida é um valor m com probabilidade p(m).

Nos corredores da empresa, isto significa dizer que, enquanto não se observar/acompanhar o que está sendo medido, os resultados ficarão à mercê das probabilidades, as opiniões de cada grupo de observadores. Dois resultados distintos, então, sobre o mesmo evento irão conviver: o ruim, gerado por aqueles que sempre veem a porção vazia do copo, e o bom, fruto dos profissionais que veem a parte cheia. A solução para esta dicotomia é a mesma utilizada pela física quântica: colapsar a medida, olhando realmente para ela e comparando-a com uma referência, para que penda para um lado ou para outro, dando assim um real entendimento do evento.

Tipos de liderança de uma empresa no mercado

Em seu livro *Estratégia Competitiva*, Michael Porter (2004) identificou três estratégias genéricas que podem ser usadas individualmente ou em conjunto para criar uma posição sustentável de longo prazo para uma empresa. Essas estratégias genéricas são responsáveis por bem mais que isto. Hoje, mesmo uma empresa que detenha uma posição intermediária na hierarquia de importância de dado mercado pode incentivar seus empregados a trabalhar para alcançar determinadas lideranças. Até nos esportes este conceito está presente: nos cinco maiores campeonatos nacionais de futebol da Europa, bem como nos grandes centros futebolísticos da América do Sul, equipes disputam os campeonatos de seus países para alcançar diferentes tipos de liderança (vencer o campeonato, classificar-se para outras competições lucrativas, ou permanecer na divisão em que se encontram) com bastante sucesso de interesse de público e, consequentemente, de resultados financeiros.

Esta forma de utilizar as estratégias genéricas de Porter para incentivar a empresa a liderar reflete as suas posturas específicas quanto a seus interesses e seus investimentos.

A liderança em diferenciação é refletida na imagem da marca, na seleção de uma ou mais necessidades de grande valor para o comprador, e no alcance e manutenção de um desempenho superior nessas necessidades.

A liderança em custos é refletida em um bom produto ou serviço ao menor custo possível, criando uma vantagem por meio da gerência dos impulsores de custo, como a construção de instalações em escala eficiente, excelente sistema de distribuição, boa engenharia de processo e eficiência das operações.

A liderança em um foco ou em um nicho de mercado permite à empresa se destacar em um segmento específico do mercado e garante a atuação de várias de suas unidades estratégicas de negócio com diferentes estratégias competitivas genéricas.

Então, o que deve ser feito para ser líder de um segmento de mercado utilizando uma dessas estratégias competitivas genéricas?

Para ser líder em diferenciação, a empresa deve investir mais pesado em imagem, tecnologia, assistência técnica, distribuição, pesquisa e desenvolvimento, recursos humanos, pesquisa de mercado e qualidade, com a finalidade de criar diferenciais para o consumidor.

Para liderar em custos, a organização deve concentrar seus esforços na busca da eficiência produtiva, da ampliação do volume de produção e da minimização de gastos com propaganda, assistência técnica, distribuição, pesquisa e desenvolvimento, para ter no preço um dos principais atrativos para o consumidor.

Para alcançar a liderança em um foco de mercado, a empresa deve escolher um alvo restrito, no qual, por meio da diferenciação ou do custo, ela se especialize atendendo a segmentos ou nichos específicos.

Estas três tipologias também auxiliam a compreensão dos padrões de atividade estratégica de uma empresa, servindo aos processos de formulação, avaliação e seleção de estratégias como um guia na tomada de decisão pelos gestores da organização no que concerne ao alcance de seus objetivos empresariais.

Estratégia empresarial

Oceano azul ou sincronismo organizacional: do que as empresas mais necessitam?

Alguns analistas de gestão empresarial apontam a estratégia do oceano azul, metodologia desenvolvida por W. Chan Kim e Renée Mauborgne (2005), que tem como um dos fundamentos encontrar novos nichos de mercado que tornem a concorrência irrelevante, como sendo a abordagem mais moderna para a estratégia de empresas. Afinal, ela satisfaz a uma das mais importantes formas de enxergar a estratégia, que é vê-la como uma perspectiva, um dos cinco Ps descritos por Henry Mintzberg, em 1987, em seu artigo intitulado Five P's for Strategy, publicado originalmente no periódico *California Management Review*.

Realmente, entender e tratar a estratégia da empresa como uma perspectiva é muito interessante, pois coloca como alvo a forma de conduta, sob o enfoque da perspectiva de comportamento interno e externo da empresa, ou seja, estabelece parâmetros internos que os antropólogos identificam por cultura, e os sociólogos por ideologia, uma forma de ação que define o *modus operandi* da organização; em suma, investe em sua "visão de mundo". A IBM, o McDonald's e a Hewllet-Packard construíram suas imagens encarando a estratégia como uma perspectiva. Mais recentemente, o Cirque du Soleil trabalhou seu oceano azul e sua "visão de mundo" de forma literalmente espetacular e muito lucrativa.

Contudo, outra abordagem, criada pelos professores Paulo Rocha e Alan Albuquerque, da Fundação Dom Cabral, em seu livro *Sincronismo Organizacional* (2007), e corroborada pelo famoso professor de Harvard, criador do *balanced scorecard*, Robert Kaplan e seu parceiro David Norton, em seu livro *Alinhamento* (2009), sugere que moderno nas empresas é alinhar as estratégias aos seus processos e às pessoas que nela trabalham. Kaplan e Norton chegam a mostrar como o mapa estratégico do BSC pode ser utilizado para criar sinergias corporativas nas organizações. Esta abordagem também satisfaz a dois dos Ps de Mintzberg: encara a estratégia como um plano, uma vez que tenta alinhar toda a empresa em uma só direção, mas também como uma perspectiva, visto que procura nas suas lideranças internas mecanismos para formular estratégias de modo que melhorem sua participação no mercado.

Mas, do que as empresas necessitam mais: de oceanos azuis ou de um sincronismo organizacional? A resposta virá se nos perguntarmos o que as empresas menos têm feito nos últimos tempos? Procurar oceanos azuis, ou seja, buscar nichos de mercado nunca dantes explorados; ou alinhar parte de seu contingente de apoio, o pessoal de marketing estratégico, controladoria, processos corporativos, escritório de projetos e RH para trabalhar de forma síncrona e integrada, prestando serviços realmente relevantes para os responsáveis pelo *core business* da empresa: logística, marketing de serviços, vendas e produção? Reflitam se a carência das empresas hoje não repousa na proposta desses autores.

Testando cada estratégia da empresa sem se expor ao mercado

É possível testar uma estratégia sem praticá-la? Sim, é possível fazer uma avaliação estratégica, que são testes preliminares de cada uma das estratégias propostas pelo GPE da empresa sem expô-la ao mercado. Isto reduz o número de custosas tentativas e erros que muitas vezes expõem o bom nome conquistado pela empresa, suas marcas e seus produtos.

Uma avaliação estratégica é composta por quatro testes teóricos, que devem ser realizados a partir de uma apresentação do GPE à diretoria da empresa, em que são descritas de forma mais completa todas as estratégias para o período. Os seguintes testes devem ser realizados:

1. **Teste de consistência:** a estratégia não deve apresentar metas e políticas mutuamente inconsistentes. Ou seja, se a diretoria de vendas deve aumentar suas vendas em 20% este ano, não faz sentido a diretoria financeira receber o desafio de reduzir o custo total da empresa em 20%. Obviamente, mais receita traz consigo mais custos para produzir, distribuir e adquirir insumos para a manufatura do produto. A consistência deste objetivo estratégico seria alcançada se a diretoria financeira recebesse a meta de reduzir o custo unitário de produção em 20%, aumentando assim o lucro e trabalhando de forma consistente e harmônica com a área de vendas, uma vez que quanto mais se vende um produto mais se diluem seus custos fixos.
2. **Teste de consonância:** a estratégia precisa representar uma reação adaptável ao ambiente externo e às mudanças críticas que nele ocorrem. Não é possível aceitar como válida uma estratégia que não tenha tido seu início em um estudo

do ambiente externo à empresa: o mercado. A única exceção a este princípio é franqueada à área de pesquisa e desenvolvimento (P&D) e à de novos produtos da empresa. Uma inovação tecnológica, um produto inovador ou uma nova forma de operar um negócio não necessitam nem devem ter o aval do mercado, pois este ainda não está preparado para entender uma inovação. Todas as outras áreas devem preceder suas propostas de estratégia com um estudo de mercado.

3. **Teste de vantagem:** a estratégia precisa proporcionar e/ou manter uma vantagem competitiva na área de atividade selecionada. Vantagem competitiva, segundo Michael Porter (1989), é qualquer diferencial que a empresa tenha ou venha a ter sobre seus concorrentes, seja fruto de uma diferenciação nos produtos ou na forma de operar o negócio, seja pelo baixo custo de suas operações ou pela boa gerência dos impulsores de custo da organização.

4. **Teste de viabilidade:** a estratégia não pode sobrecarregar os recursos disponíveis nem criar subproblemas insolúveis. Uma estratégia que necessite de mais investimentos do que os acionistas estão dispostos não será aprovada neste teste, pois tende a não ser completada por falta de recursos. No entanto, uma estratégia que necessite de tecnologia ainda em desenvolvimento e sem data para ser disponibilizada à aplicabilidade, cria um problema para a empresa de solução improvável em curto prazo; portanto, também não deverá ter a aprovação da diretoria à luz deste teste.

Realizando-se estes quatro testes em cada uma das estratégias, é possível evitar grande parte dos dissabores que poderiam advir da sua colocação em prática sem prévia avaliação.

Tratando de forma proativa os picos e vales pessoais e da empresa

O economista russo Nicolai Dimitrievich Kondratiev (1892-1938) descobriu o fenômeno das "ondas longas" no ciclo econômico mundial, movimentos cíclicos de aproximadamente 50 anos de duração nos quais, em cada um, o planeta passa por um período de prosperidade (pico) e um de depressão (vale). Joseph Schumpeter (1961), economista austríaco (1883-1950), apesar de ter nascido na atual República Checa (naquela época a região pertencia ao império austro-húngaro), retomou os estudos de Kondratiev, gerando três descobertas bastante significativas sobre os ciclos de prosperidade e depressão econômica no mundo:

1. Cada período de prosperidade do ciclo seguinte é mais próspero, por habitante, que o pico do período anterior.
2. Cada vale é menos profundo, *per capita*, no ciclo seguinte do que foi no período de depressão anterior.
3. Os ciclos de picos e vales estão ficando mais curtos, ou seja, os 50 anos de cada ciclo tendem a ficar cada vez menores em função das inovações tecnológicas, processuais e de gestão, nos negócios e nos produtos; inovações estas contínuas e que substituem as antigas e demoradas mudanças de paradigma.

Das três descobertas podemos depreender que o mundo, em um nível histórico e global, caminha para a frente, e não de lado, como a visão operacional dos eventos parece demonstrar, pois cada período de prosperidade é melhor que o anterior, e cada período de depressão é menos profundo que o antecedente; além disto, os ciclos tendem a passar cada vez mais rápido, o que pode dar fôlego às empresas e às pessoas para sobreviver aos vales econômicos que periodicamente se instauram.

Contudo, o livro *Picos e Vales* do Dr. Spencer Johnson, aquele mesmo autor do *best-seller Quem Mexeu no meu Queijo*, defende, por meio de uma história lúdica e bem-humorada, que o ciclo de picos e vales das pessoas não segue, necessariamente, o ciclo de prosperidade e depressão da economia mundial. Um exemplo simples seria aquele em que uma pessoa perdeu tudo em uma enchente (entrando em um vale) e outra ganhou muito dinheiro alugando os barcos que possuía para salvar as pessoas e servir como meio de transporte local durante o período de crise (entrou em um pico). O ciclo das empresas também não segue aquele descoberto por Kondratiev.

Portanto, cabem aqui algumas sugestões simples, baseadas nas conclusões do Dr. Spencer Johnson, para que cada um de nós, ou cada organização, aproveite seus picos e tente passar de forma muito rápida por seus vales, sempre entendendo que o mundo, em seu conjunto e do ponto de vista histórico, caminha para uma economia cada vez mais estável, com picos e vales muito rápidos e patamares cada vez maiores de desenvolvimento e qualidade de vida (recomenda-se a busca na internet sobre a evolução da longevidade das pessoas em cada país e o crescimento do número de empresas e negócios em torno do planeta).

Neste caso, as sugestões são:

a) tente entender o real motivo que levou você ou a empresa a um pico ou a um vale; isto pode apontar a causa raiz do que deve ser consertado (no caso de um vale) ou amplificado (no caso de um pico);

b) nenhum vale é desprovido de um bem; apegue-se a ele para passar a crise com algum conforto e amplificando sua sabedoria;
c) humildade nos picos é sempre uma postura bem-vista pelos que podem ajudá-lo, ou a sua empresa, a permanecer nele; uma postura agradecida é de fundamental importância para a compreensão de que você e sua empresa desejam permanecer o máximo possível naquele pico;
d) sua imaginação a serviço da criação do novo é de fundamental importância para a formação de um próximo pico; Albert Einstein dizia que "a mente humana tem de primeiro construir formas, independentemente, antes de poder encontrá-las nas coisas."; "a imaginação é mais importante que o conhecimento", e, ainda, "a coisa mais perfeita que podemos experimentar é o misterioso. É a fonte de toda arte e de toda ciência verdadeira".

Às pequenas empresas são recomendados saltos transformacionais periódicos

Uma pequena ou microempresa sempre encontra dificuldades quando é pressionada por seus concorrentes, pois não possui grandes investidores para alavancar seus projetos de melhoria, suas estratégias de manutenção no mercado e sobrevivência. Contudo, existe um conceito na literatura de estratégia que pode ser útil nessas ocasiões se executado de forma persistente e disciplinada: o salto transformacional.

Um salto transformacional é uma descontinuidade intencional do ciclo de vida da empresa, ou do produto/serviço. Para evitar o declínio e a morte, a empresa precisa abandonar, a tempo, sua curva atual de desenvolvimento e encontrar outra com um futuro melhor. Para tal, uma quebra de paradigma por meio de uma inovação em seus produtos ou na forma de operar faz-se necessária. Isto requer recursos financeiros para investimento nesta nova forma de agir. Porém, como conseguir esses recursos se os sócios normalmente vivem das retiradas que fazem do caixa da empresa? A resposta está em desinvestir em algumas atividades que não sejam urgentes nem operacionais, de forma que gere o montante necessário ao desenvolvimento da inovação que levará ao salto transformacional.

Para exemplificar o conceito, digamos que uma empresa de chocolates caseiros possui uma loja em um shopping embaixo de uma torre de escritórios, e que nesta torre ela alugue duas salas refrigeradas para servir de depósito a seus chocolates, mantendo assim o fluxo de produtos em sua loja sem desabastecimento de nenhum tipo de chocolate. Além disso, uma linda vitrine é periodicamente atualizada por um profissional de *design* de forma que mantenha sempre aguçada a curiosidade dos possíveis clientes e o movimento da loja em um patamar alto.

Se essa loja se sente ameaçada por novos entrantes, ou seja, novos concorrentes que começam a se estabelecer no shopping, para evitar que o movimento caia, ela pode decidir fazer uma inovação reformulando sua linha de produtos; se for uma franquia na qual os produtos são padronizados, ela pode decidir fazer combinações dos produtos e vendê-los em embalagens diferenciadas, como caixas de *decoupage* (do francês, corte, recorte, entalhe; consiste na decoração de superfícies distintas, tais como a madeira). Mas, como conseguir capital necessário para comprar as caixas e montá-las com chocolates? A resposta está no desinvestimento do que não é prioritário ou operacional: desalugando uma ou as duas salas na torre, desfazendo o acordo com o *designer* da supervitrine, e utilizando esta economia como uma nova forma de fornecer seus produtos. Caso a inovação seja bem-sucedida, suas vendas permanecerão em um mesmo patamar ou maior, apesar de seus novos concorrentes, e uma nova linha de produtos fará parte do seu portfólio: os "combinados" de caixas decorativas com chocolates.

Uma nova curva de desenvolvimento foi encontrada, e a sobrevivência, garantida. Com o tempo, os recursos obtidos pela empresa sustentarão novamente seus antigos diferenciais: no caso apresentado, o depósito local refrigerado e a vitrine *fashion* da loja.

Portanto, os saltos transformacionais são ferramentas muito importantes para os negócios de pequeno e médio portes, apesar de também utilizados por diversas grandes empresas no mercado.

Estratégias de internacionalização: solução de crescimento para empresas de países em desenvolvimento

A globalização trouxe às empresas nacionais uma realidade estarrecedora: aquelas que ficarem limitadas a seu país acabarão engolidas pelas grandes multinacionais. Ao mesmo tempo, esta realidade gerou grande oportunidade para as organizações brasileiras: tornarem-se internacionais.

A internacionalização de uma empresa consiste em sua participação ativa nos mercados externos. Para tal, quatro tipos de entrada de produtos no exterior são previstos: exportação ocasional, que consiste em fazer seus produtos conhecidos no mercado internacional, mas ainda produzidos em seu país de origem; exportação por meio de um agente, conhecida como licenciamento, em que a empresa fornece regularmente seus produtos a outros países por meio de um importador no país de destino; exportação por uma filial comercial, neste caso, a empresa realiza uma aliança estratégica com outra no exterior ou adquire uma no mercado local do país-alvo; e, por fim, a implantação produtiva que substitui, total ou parcialmente, o fluxo de exportação por meio da formação de uma nova subsidiária integral no país de destino, que terá sua própria produção local.

O governo brasileiro incentiva as exportações e a internacionalização de pequenas, médias e grandes empresas nacionais. Para fazer jus a estes programas de inserção internacional, a empresa deve satisfazer a requisitos que a coloquem em alta escala de competitividade: preparar um forte programa de redução de custos para ter preços competitivos no nível internacional; buscar atualização em novas tecnologias; diferenciar sua linha de produtos para exportação, e desenvolver um portfólio de promoções de interesse internacional.

Com relação às estratégias de negócio no nível corporativo que devem ser adotadas para que a empresa seja bem-sucedida no mercado internacional, três são as alternativas, algumas concedendo às unidades territoriais autonomia para desenvolver suas próprias estratégias de negócio; outras, tendendo a padronizar os planos, os produtos e a compartilhar os recursos entre os países:

1. Na **estratégia multilocal** as decisões são descentralizadas ao nível da unidade comercial estratégica de cada país, de forma que permita a criação de produtos sob medida para o mercado local.
2. A **estratégia global** compreende maior padronização de produtos ao longo dos mercados territoriais. É uma estratégia pela qual a empresa oferece produtos padronizados por meio de suas filiais territoriais, sendo que a estratégia competitiva é descrita no escritório central.
3. Com a **estratégia transnacional** a empresa procura obter tanto eficiência global quanto resposta local. O segredo é estabelecer uma visão compartilhada e um compromisso individual, por meio de uma rede integrada. É uma estratégia intrincada em seu uso, em função de seus alvos conflitantes.

Com essas estratégias o número de empresas brasileiras com produtos comercializados no exterior já é bastante significativo em volume e receita. Em 1970, existiam 70 empresas brasileiras que atuavam no exterior. No final de 2000, as transnacionais brasileiras somavam 350 empresas, faturando cerca de 1 bilhão de dólares por ano; em 2008, a Fundação Dom Cabral divulgou estudo com dados de receita e quantidade de empregados das transnacionais brasileiras em 2007: apenas as 20 maiores faturaram 73,8 bilhões de dólares no ano, com um contingente de 92 mil empregados no exterior. Neste ritmo, o Brasil pode contar com um futuro.

Os fatores críticos de sucesso, as estratégias e os processos da empresa

FCS são atividades-chave do negócio que necessitam ser muito bem-feitas para que a organização atinja os seus objetivos. Ao contrário das vantagens competitivas que destacam uma empresa de seus concorrentes, se esses fatores **não forem bem definidos e trabalhados**, podem comprometer a sobrevivência da empresa no mercado. Eles devem ser poucos, mas de suma importância para a saúde da empresa em um ambiente competitivo. Poucos, porque se tudo for importante, nada o será. Por exemplo, para um professor que tem as aulas como seu trabalho (negócio), os dois FCS são o conteúdo apresentado em uma sessão de ensino e a didática utilizada para passar esse conteúdo. Mas, qual a relação entre os FCS, as estratégias e os processos da empresa?

Quando definimos as estratégias de uma organização, devemos determinar também quais os FCS do negócio em estudo, para que possamos priorizar as estratégias: aquelas que mais têm relação com os FCS receberão uma prioridade nas verbas de investimento da empresa (o CapEx – *Capital Expenditure* – Despesas de Capital), ou seja, terão prioridade em sua execução pelos planos de ação a elas associados. Em um restaurante de luxo, os FCS podem ser a qualidade dos insumos necessários à elaboração de seus pratos sofisticados e o atendimento da clientela de alto poder aquisitivo que frequenta o estabelecimento. Todas as estratégias que busquem melhorar a qualidade dos insumos e aumentar a excelência do atendimento a seus clientes receberão prioridade nas verbas de investimento.

O mesmo efeito acontece com os processos corporativos e operacionais da empresa. Quando são necessários mapeamento ou revisão/redesenho dos processos da organização, a forma de priorizar essas atividades (levando em conta que os recursos, tanto financeiros quanto humanos, para tal são finitos) novamente recai sobre os FCS. É montada uma matriz que cruza dois eixos: o grau de desempenho do processo com o impacto do processo sobre os FCS da empresa. Quatro quadrantes são então criados deste cruzamento. Os processos com maior prioridade de mapeamento ou revisão são aqueles que estão no quadrante que cruza um alto impacto sobre os FCS da empresa com baixo desempenho do processo. Como segunda prioridade, estão os processos que, apesar de apresentarem um alto desempenho, têm forte impacto sobre os fatores. Como terceira prioridade estão os processos com um baixo desempenho, mas que possuem baixo impacto sobre os FCS. Por fim, os processos com alto desempenho e baixo impacto nos FCS da organização não têm prioridade de revisão.

Uma forma de identificar os FCS de uma empresa é estudar sua missão, sua visão e seus objetivos estratégicos. Da combinação das informações contidas nestes três modelos estratégicos determinam-se quais os dois ou três mais importantes fatores críticos para seu sucesso.

Em conclusão, os FCS de uma empresa tanto são responsáveis pela priorização das estratégias que disputam seus finitos recursos de investimento, como também pelas prioridades de mapeamento e revisão de seus processos corporativos e operacionais. A importância de sua definição é crucial para a sobrevivência e para o sucesso de uma organização.

Estratégias para segmentos com alto grau de rivalidade

É muito difícil descobrir um novo segmento de mercado ainda não explorado (um oceano azul). Contudo, também é muito difícil operar em um mercado competitivo, com muitos concorrentes, com a grande maioria bem preparada e aguerrida na disputa pelos clientes (um oceano vermelho). Michael Porter, em suas cinco forças competitivas, define como importante o estudo do grau de rivalidade entre os competidores de uma indústria (segmento). Neste estudo, deve-se considerar a atividade e a agressividade dos concorrentes diretos. Quando se diz concorrente direto, refere-se a empresas que vendem o mesmo produto em um mesmo mercado que a organização em questão. Mas, como saber que um segmento está com alto grau de rivalidade?

A exemplo do que acontece quando uma mãe descobre que seu filho está com gripe, um oceano vermelho pode ser detectado por um conjunto de sintomas característicos. Para conhecê-los, deve ser perguntado:

1. Existem muitos competidores iguais em tamanho neste segmento?
2. Existe um líder em custo neste mercado?
3. A indústria cresce de forma lenta, ou seja, a taxa de crescimento deste segmento é menor que a da indústria nacional como um todo?
4. Existe pouca diferenciação entre produtos/serviços das empresas concorrentes?
5. O nível de publicidade praticada pelos concorrentes do segmento é alto?
6. Os custos fixos deste tipo de negócio são altos?
7. O produto que esta indústria gera é perecível?
8. Existem muitas barreiras de saída do negócio?
9. Os competidores têm estratégias, origens e personalidades similares?

Se a resposta à maior parte dessas perguntas for SIM, significa que o segmento se encontra num alto grau de rivalidade, ou seja, em um oceano muito vermelho.

Porém, se isto ocorrer, o que deve ser feito para continuar operando de forma bem-sucedida nesse segmento ou para iniciar uma nova empresa neste sistema de valor? A resposta está na utilização de algumas das seguintes estratégias potenciais:

a) aumentar a satisfação dos clientes;
b) criar produtos/serviços diferenciados;
c) oferecer produtos flexíveis/transparentes para o mercado; produtos que tenham multiutilidades;
d) realizar uma reengenharia de processos, reduzindo custos;
e) inovar continuamente;
f) segmentar o mercado, especializando-se em um de cada vez (Escola de Posicionamento);
g) criar programas de relacionamento contínuo com os clientes;
h) otimizar o uso dos canais de vendas e distribuição dos produtos.

Estas são possíveis estratégias para as empresas que desejam atuar de forma bem-sucedida em segmentos que se encontram com alto grau de rivalidade entre seus competidores.

Descrição estratégica de um negócio

Os conceitos que envolvem a qualidade total, disseminados no Brasil na década de 1980 até o início dos anos 1990, trouxeram grandes ferramentas para a operação de um negócio. Contudo, um desses conceitos foi distorcido ao longo dos anos, e mais recentemente recolocado nos trilhos pelas próprias empresas: o conceito de missão da organização. No dicionário, missão está definida como "compromisso, dever imposto ou contraído, obrigação, incumbência". Ora, se esta é a definição, a missão deveria ter como alvo o missionário, ou seja, aquele que deve cumpri-la; e não o público de modo geral. As missões em sites, atrás dos empregados em balcões de atendimento e nos panfletos de propaganda de uma organização causam o malefício do seu descrédito por parte dos empregados, os missionários, que muitas vezes consideraram a missão como uma espécie de propaganda para potenciais clientes. E realmente eles têm razão, pois muitas missões costumam vir recheadas de *slogans* melados, tais como: "Com o espírito de servir, fazer as pessoas felizes", ou, ainda, "Contribuir para o desenvolvimento da livre-iniciativa e o fortalecimento das instituições democráticas". Ora, se o empregado não levar a sério sua missão, não a realizará em sua plenitude, ou talvez nem a realize, por não entender o que se deseja dele.

Nos últimos anos, as empresas mais bem-sucedidas têm feito uma bifurcação entre a missão da empresa e a descrição do seu negócio para o público. A missão é preparada para o empregado, divulgada apenas internamente com um linguajar bem objetivo e pragmático e com base em três fatores: o que ela faz, esclarecendo quais são seus produtos; para quem faz, definindo para seus empregados qual seu público-alvo; e como faz, apontando para os colaboradores seu diferencial na elaboração dos produtos ou serviços. Já a divulgação para o ambiente externo é feita fundamentada em uma descrição estratégica do negócio, que pode ser encontrada nos sites de empresas vencedoras sob o título "Quem Somos" ou "A Empresa". Neste caso, cinco pequenos parágrafos são apresentados com o seguinte teor:

1. **O que a empresa faz:** quais são seus produtos ou serviços.
2. **Seu âmbito de atuação:** quais os benefícios de seus produtos ou serviços para o cliente; uma loja de chocolates finos não está no ramo alimentício, mas trabalha na área de presentes de luxo.
3. **Sua localização:** qual a cidade da sua sede e qual sua área física de atendimento: local, estadual, nacional, global?
4. **Os seus clientes:** que tipo de público deve esperar ser atendido pela empresa: classe social, faixa etária, grupo específico.
5. **O diferencial da empresa:** o que faz a empresa especial no segmento de mercado em que atua?

Definidos esses parágrafos, que podem e devem conter uma mensagem de marketing para seus clientes atuais e potenciais, em especial naquele que trata do diferencial da empresa, a descrição estratégica do negócio está pronta para ser amplamente divulgada.

Fazendo esta distinção entre a missão e a propaganda externa do que a empresa é, evita-se o descrédito da missão pelos empregados, cria-se um canal direto entre a alta direção e seus colaboradores para que seja informado o que a empresa realmente deseja deles, e forma se uma base sólida para a geração das estratégias da organização, que terão uma direção mais balizada.

As escolas de estratégia e os cinco Ps de Mintzberg

O pensamento estratégico pode ser definido como a capacidade da organização em atuar de forma sincronizada com o mercado, antecipando-se a suas necessidades e a dos acionistas da empresa, por meio de estratégias. O processo de formação das estratégias na cabeça de um estrategista foi alvo de estudo nas últimas cinco décadas, e encontra-se aqui dividido por Mintzberg, Ahlstrand e Lampel (2010) em dez escolas de pensamento:

Escola de *design*: dentro desta, a formulação da estratégia é definida como um processo de concepção, muito utilizada pelos grandes líderes empresariais.
Escola de planejamento: abrange a maior parte das ideias da escola de *design*, acrescentando que a concepção do processo estratégico é também formal; o processo da estratégia deve ser desdobrado em passos, desde a análise interna e externa até os planos de ação.
Escola de posicionamento: impulsionada por Michael Porter, adota a visão de que a estratégia deve ser precedida de minuciosa análise dos ambientes externo e interno da empresa, para que esta adote um posicionamento focando seus esforços em determinado segmento do mercado por vez.
Escola empreendedora: baseia seu processo na intuição, em visões ou perspectivas amplas; em um processo visionário do líder da empresa de onde ela deveria estar no futuro e como deveria ser.
Escola cognitiva: estuda as estratégias que se desenvolvem nas mentes das pessoas, mapeia a estrutura do conhecimento e obtém a formação de conceitos para criação das estratégias. Pretende desvendar o processo mental de formação das estratégias na cabeça do estrategista.
Escola de aprendizado: mistura a formulação com a implementação da estratégia, por entender que este é um processo com origem nos padrões praticados pelos membros da organização por meio do fluxo de ações organizacionais.
Escola de poder: entende o desenvolvimento da estratégia como um processo político que envolve barganha, persuasão e confronto entre os atores que dividem o poder na empresa, além do uso do poder da organização sobre seus parceiros e outras redes de relacionamento visando negociar estratégias de seu interesse.
Escola cultural: na contramão da escola do poder, entende a estratégia como um processo social baseado em cultura, voltado para os interesses comuns e a integração dentro da organização, em que a cultura da empresa deve ser respeitada.
Escola ambiental: nesta linha de pensamento a organização é considerada ente passivo que consome seu tempo reagindo ao ambiente que estabelece a ordem a ser seguida, e, consequentemente, as estratégias mais estáveis a serem adotadas pela empresa.
Escola da configuração: considera a estratégia como um processo de transformação. Neste caso, as configurações organizacionais da empresa (suas características e seu comportamento) teriam de ser constantemente alteradas por meio de mudanças constantes na estratégia, realizadas com base no entendimento de sua configuração organizacional atual e nas suas necessidades futuras.

Em seu livro *Safári de estratégia* (2010), Henry Mintzberg apresenta um estudo detalhado dessas escolas; e em seu artigo intitulado Five Ps for Strategy (1987), conclui que a estratégia pode ser entendida pelas empresas e pelos indivíduos por meio de cinco lentes, ou conceitos, conhecidos como os cinco Ps de Mintzberg para a estratégia:

Plano (*Plan*): a estratégia entendida como formulação de diretrizes e ações para aumentar a participação da empresa no mercado (escolas do planejamento e de *design*).
Pretexto ou manobra (*Ploy*): a estratégia percebida como um estratagema para enfraquecer ou derrubar seus competidores (ex.: escola ambiental).
Padrão (*Pattern*): a estratégia entendida como um comportamento consistente e padronizado ao longo do tempo, especializando a empresa em uma posição no mercado (ex.: escola de aprendizado e do poder).
Posição (*Position*): a estratégia vista como fruto do ambiente ou nicho em que a empresa está inserida; a escolha de uma posição no mercado que seja mais favorável no momento para encontrar recursos e gerar receitas (ex.: escolas do posicionamento e do planejamento).
Perspectiva (*Perspective*): a estratégia percebida pela leitura da empresa do ambiente que a cerca no presente e de suas perspectivas futuras; a procura de mecanismos internos na organização de modo que preparem a empresa para se integrar a esse ambiente e capturar oportunidades atuais e futuras nele (ex.: escolas empreendedora e escola cognitiva).

Cabe ressaltar que, observada a atuação estratégica das grandes empresas no mercado, se pode concluir que cada organização atua segundo a visão de um ou de no máximo dois dos cinco Ps de Mintzberg. Esta especialização da visão estratégica é função das crenças, valores e cultura de cada empresa, garantindo a manutenção e a sobrevivência dessa cultura.

Planejamento estratégico

Planejamento estratégico em empresas familiares: requer estratégia!

Uma das constantes do relacionamento que tenho com os alunos de MBA é o fato de que aqueles que trabalham em postos gerenciais em empresas familiares não acreditam na viabilidade de um planejamento estratégico neste tipo de empresa. Quando pergunto por que, as respostas sempre apontam para as dificuldades em convencer os maiores líderes da empresa da importância desta forma de alinhar a organização em direção a seu futuro. Contudo, a Gerdau, a Concremat, alguns bancos brasileiros e uma série de outras empresas familiares ou de origem familiar adotam esta forma sistêmica e metodológica de dar suporte às decisões de seus capitães. O que aconteceu nessas organizações para que o planejamento estratégico fosse valorizado e adotado?

Em primeiro lugar, cabe lembrar que todas as empresas utilizam as estratégias geradas por suas lideranças. Contudo, a menor parte delas estrutura essas estratégias em um plano maior e as desdobra até os planos de ação das diversas áreas da organização. A falta deste plano estruturado não impede as empresas, com bons produtos/serviços, de fazer muita receita com suas vendas, mas certamente reduz sua lucratividade, além de prejudicar o relacionamento de longo prazo com seus clientes, pois seus custos se tornam altos em função dos retrabalhos nas tentativas e erros que acontecem antes de um acerto.

Sempre recomendo aos gerentes de empresas familiares que parem de analisar o que está errado nessas empresas e sigam o conselho daquela música do conjunto Titãs: "...*Só quero saber o que pode dar certo. Não tenho tempo a perder...*". Uma maneira de seguir este conselho é manter à mão todas as ferramentas (modelos estratégicos) que compõem o processo da estratégia (Análise das Oportunidades e Ameaças – O.T.), análise estrutural da indústria, levantamento das vantagens competitivas da empresa e de seus FCS, análise do sistema de valor e da cadeia de valor da empresa com as forças e fraquezas de cada um de seus processos, matriz GE-McKinsey, matriz BCG, matriz SWOT, mapa estratégico do BSC, vetores estratégicos do BSC, entre outras) e ficar de olho nas demandas da organização.

Por exemplo, se a empresa necessitar entender o grau de rivalidade entre os competidores no segmento, deve-se utilizar a metodologia das cinco forças de Porter e dar como resposta uma abordagem mais completa e profissional, apresentando uma análise dos sete sintomas de intensidade na rivalidade, bem como sugestões de estratégias potenciais para este tipo de ambiente, propostas por este mestre da Harvard Business School, sem alardear que foi usada esta ou aquela metodologia, apenas apresentando o que foi solicitado.

Utilizando, para cada problema apresentado, uma abordagem baseada nas ferramentas que compõem o planejamento estratégico, o gerente as estará introduzindo na empresa sem que sejam notadas, com significativa vantagem: ele, gestor que as utiliza, será notado e considerado um profissional de muitos recursos. Em pouco tempo, os líderes da organização irão querer saber o segredo do sucesso de quem resolve tais problemas. A partir daí, fica fácil implantar um planejamento estratégico em qualquer tipo de empresa.

Explicitando as ameaças e oportunidades do mercado

As pessoas têm a correta noção de que a palavra ameaça está relacionada a algo externo a elas; contudo, tendem a acreditar que oportunidades são dadas por eventos provocados por elas mesmas. Isto é um equívoco que pode levar a uma vida defensiva e de pouco relacionamento com o ambiente externo. Afinal, se tudo o que vier da sociedade for ameaçador, melhor será viver fora dela.

No dicionário, oportunidade é uma "circunstância adequada ou favorável"; enquanto circunstância é definida como "uma situação". Ameaça é definida como "indício de coisa desagradável". Portanto, o significado dessas palavras não tem relação com nada interno, nada vindo de nós, mas com o ambiente que nos cerca.

Passando para a esfera empresarial, oportunidades e ameaças são fatores externos de criação ou destruição de valor, os quais a empresa não pode controlar, mas que emergem da dinâmica competitiva do mercado, ou de fatores demográficos, econômicos, políticos, tecnológicos, sociais e legais.

Muitas vezes, quando um grupo de pessoas está reunido na empresa para definir seus rumos por meio de um planejamento estratégico, na fase de levantamento das informações de mercado, aparecem coisas como: "há uma oportunidade aqui de desenvolver uma parceria com tal fornecedor" ou "temos uma oportunidade de desenvolver uma nova linha de produtos". Essas duas frases estão equivocadas, pois oportunidades são situações geradas pelo mercado. Muito possivelmente a oportunidade que se apresenta no segundo caso é "um levantamento com potenciais clientes revelou uma demanda por um tipo de produto que não temos em nossa linha"; essa oportunidade que vem de fora da empresa deve ser aproveitada por uma estratégia, que poderia ser "desenvolver uma nova linha de produtos". No primeiro caso, possivelmente existe uma fraqueza dentro da empresa, que pode ser compensada com uma parceria com determinado fornecedor. Daí, "promover essa parceria" deveria ser uma estratégia da empresa.

O entendimento equivocado do conceito de oportunidade leva as empresas a abandonar ações ou diretrizes cruciais para seu planejamento e seu sucesso no mercado. No entanto, o sentimento de que o mercado só nos traz ameaças cega as empresas para as oportunidades que o ambiente externo apresenta. Uma forma simples de evitar que esta falha de julgamento atrapalhe um levantamento de informações mercadológicas é a utilização do modelo das cinco forças definidas por Michael Porter, mais a força dos órgãos reguladores do segmento em que a empresa atua. Seis questões simples devem ser feitas para que um rol de oportunidades e ameaças reais seja explicitado:

1. **Qual o grau de rivalidade entre os concorrentes deste segmento?** Nesta dimensão é examinada a atividade e a agressividade dos concorrentes diretos segundo alguns sintomas de alto grau de rivalidade: existência de muitos competidores iguais em tamanho, de um líder em custo no segmento, lento crescimento da indústria, pouca diferenciação de produtos/serviços, custos fixos são altos ou o produto é perecível, competidores têm estratégias, origens e personalidades similares.
2. **Qual a possibilidade da entrada de novos *players* neste mercado?** A ameaça da entrada de novos participantes depende das barreiras existentes contra sua entrada. Portanto, essas possíveis barreiras como: economias de escala, patentes, identidade da marca, necessidades de capital, acesso aos canais de distribuição, política governamental, baixa rentabilidade do negócio devem ser estudadas.
3. **Qual o poder de barganha de meus fornecedores com minha empresa?** Deve-se verificar se existem muitos potenciais fornecedores ou somente alguns poucos; ou se existe monopólio.
4. **Qual o poder de barganha dos meus clientes com minha empresa?** Deve-se verificar se os consumidores podem influir em grandes variações nos volumes dos produtos ou serviços comercializados.
5. **Que produtos podem substituir o meu?** Estes representam aqueles que não são os mesmos produtos que o seu, mas atendem à mesma necessidade do seu cliente.
6. **Em que os órgãos reguladores podem destruir ou agregar valor ao meu negócio?**

Com base nesse estudo, oportunidades mais apropriadas e ameaças mais preocupantes podem ser antecipadas, para que estratégias de captura das oportunidades e bloqueio às ameaças possam ser geradas pelo GPE da organização.

Explicitando as forças e fraquezas da empresa

Quando se pensa em estudar o ambiente externo a uma empresa com o objetivo de gerar estratégias para prepará-la e adequá-la ao mercado, normalmente recorre-se a modelos estratégicos, como a análise estrutural da indústria com as cinco forças de Porter, a análise PEST (Política, Econômica, Sócio-Cultural-Demográfica, Tecnológica) com seus fatores políticos, econômicos, socioculturais demográficos e tecnológicos, as conexões do sistema de valor no qual a empresa está inserida, ou até mesmo o velho *brainstorm*, hoje chamado de modelo O.T. (*Opportunities and Threats* – Oportunidades e Ameaças), sempre visando entender que ameaças e que oportunidades o mercado pode proporcionar. Contudo, quando se deseja conhecer o ambiente interno da empresa, há uma insistência em utilizar de forma direta a análise SWOT, especificamente o seu SW (forças-*strengths* e fraquezas-*weaknesses*), por meio de entrevistas com os membros do GPE da organização ou com seus diretores, que em muitos casos são o mesmo grupo. Esta não é a melhor ideia para garimparmos os pontos fortes e fracos de uma empresa.

De acordo com Rummler e Brache (1994), em uma empresa um processo é uma série de etapas criadas para produzir um produto ou serviço, incluindo várias funções e abrangendo o espaço em branco entre os quadros do organograma, sendo o conjunto dos processos da empresa visto como uma cadeia de agregação de valor. No entanto, Harrington (1993) afirma que um processo é um grupo de tarefas interligadas logicamente, que utilizam os recursos da organização para gerar os resultados definidos, de forma que apoiem seus objetivos, ou seja, um processo também é um conjunto de atividades mais recursos, incluindo os humanos que o operacionalizam – então, talvez os processos da organização sejam a melhor fonte para descobrir onde a empresa possui forças e onde residem suas fraquezas –, com a vantagem de analisar mais que suas funções ou departamentos, pois um processo abrange também os espaços em branco entre eles, que são as "passagens de bastão" entre as diversas áreas funcionais da companhia.

Uma forma de conseguir entender as forças e as fraquezas de um processo da empresa é entrevistando quem o operacionaliza e quem é responsável pelas principais atividades deste processo. Serão apresentadas, a seguir, algumas recomendações para que essa entrevista possa ser produtiva e realmente exponha as fraquezas e as forças do processo, seja em suas atividades ou em seus recursos:

Abertura da entrevista
- Explique ao entrevistado a razão da entrevista.
- Conheça um pouco o entrevistado: suas responsabilidades e atividades.

Caminhe nas atividades
- Você poderia me mostrar o fluxo de trabalho?
- Qual o *input* e o *output* de cada atividade?
- O que é feito com o *input*?
- Quais são as principais habilidades requeridas?
- Foram realizadas mudanças recentemente?
- Como está fluindo o trabalho?
- Como é avaliada cada atividade (métricas, orçamentos etc.)?
- Verifique as iniciativas impactantes aplicadas.
- Verifique as áreas de interface.

Caminhe nos elementos organizacionais
- Número de funcionários/*turnover*.
- Verifique a estrutura da área/organograma e responsabilidades.
- Verifique os mecanismos de gestão.
- Levante aspectos culturais.

Caminhe nos recursos
- Quais sistemas dão suporte a processos? Qual é a eficácia?
- Qual é a capacidade da equipe atual?
- Existem disponíveis todas as informações necessárias?

Fechamento
- Quanto acompanhei das atividades totais da área?
- O que deixei de ver?
- Quem mais devo entrevistar? Sobre quais tópicos?

Em cada um desses pontos é necessário buscar informações que levem às forças ou às fraquezas do processo. Posteriormente, esses resultados poderão ser levados para o SW da Matriz SWOT a fim de cruzá-los com as oportunidades e ameaças do mercado levantadas, gerando assim estratégias defensivas, ofensivas, e as que reduzam debilidades ou eliminem vulnerabilidades da empresa.

Mitos e lendas sobre o modelo e a matriz SWOT

Muitas vezes há definições um tanto equivocadas sobre o modelo SWOT. Para os não iniciados no tema, pode-se dizer que este modelo tem por base as ameaças e oportunidades do mercado com as forças e fraquezas da organização. Divergimos de muitos autores quando definem a serventia deste modelo estratégico: o modelo é apresentado com a função de "...fazer análise de cenário (ou análise de ambiente), sendo usado como base para gestão e planeamento estratégico...". Com isto, até o nome do modelo já mudou para análise SWOT, e o formato da matriz também (veja matriz equivocada na primeira figura deste segmento, que mostra apenas as forças, as fraquezas da empresa e as oportunidades e ameaças do mercado).

Análise SWOT

Strenghts Forças	*Weakness* Fraquezas
Opportunities Oportunidades	*Threats* Ameaças

Matriz SWOT	Ameaças	Oportunidades
	1. Possui concorrentes no mesmo bairro. 2. O mercado de mão de obra está escasso em garçons experientes em restaurantes de luxo.	1. Localizado em bairro de alto poder aquisitivo. 2. Seu principal concorrente está enfrentando problemas com a Anvisa.
Forças	Estratégias de manutenção	Estratégias de desenvolvimento
S1. Refeições são preparadas por um *Chef* renomado. S2. Um dos sócios é um contador/financista habilidoso.	1. 2.	1. 2. 3.
Fraquezas	Estratégias de sobrevivência	Estratégias de crescimento
W1. Restaurante não possui garçons preparados. W2. Falta habilidade para os sócios em lidar com público classe A.	1.	1. 2.

Para explicitar as ameaças e oportunidades do mercado, Michael Porter sugere, em seu livro *Estratégia Competitiva*, que sejam analisadas cinco forças do segmento em que a empresa atua: o poder de barganha dos fornecedores, o poder de barganha dos clientes, a possibilidade de novos entrantes e a existência ou não de barreiras à entrada deles, os produtos substitutos àqueles da empresa e o grau de rivalidade entre os competidores daquele sistema de valor. Hoje, recomenda-se estudar também uma sexta força: o poder dos órgãos reguladores daquela indústria ou segmento. Este estudo certamente gera insumos para as oportunidades e ameaças do modelo SWOT.

As forças e fraquezas de uma organização estão em seus processos, considerando que processo é um conjunto articulado de atividades mais os recursos necessários a seu funcionamento (financeiros, logísticos, tecnológicos, humanos, políticos). O modelo estratégico que estuda esses processos também nos foi apresentado por Michael Porter, e chama-se cadeia de valor da empresa, que nada mais é que o nível zero do mapa de processos da organização. Este modelo também gera insumos, forças e fraquezas dos processos da organização, que podem e devem ser aproveitados pelo modelo SWOT.

Ora, se já se conhece as oportunidades e ameaças do mercado e as forças e fraquezas da organização, qual o real produto de um modelo SWOT? O cruzamento produzido pela matriz SWOT permite imaginar cenários favoráveis ou desfavoráveis à empresa, propiciando grande oportunidade de gerar estratégias ofensivas ou defensivas para capturar oportunidades ou bloquear ameaças, dentro de quatro quadrantes de possibilidades, como nos mostra a correta figura deste segmento: um quadrante de estratégias para sua manutenção, por meio do bloqueio de ameaças com suas forças; outro para desenvolver ainda mais a empresa, capturando novas oportunidades; um para fazê-la crescer onde ainda não é forte; e o último, para garantir sua sobrevivência no mercado.

Por exemplo, se um restaurante de luxo vê seu principal concorrente enfrentar problemas com a Anvisa (oportunidade) e por isso perder seu principal colaborador na cozinha (outra oportunidade), e um dos seus sócios é renomado *chef* de cozinha (força), está na hora de utilizar o quadrante de desenvolvimento (veja figura) para gerar uma estratégia de aumento na divulgação e propaganda do seu estabelecimento, exaltando seu padrão de qualidade nas refeições e no ambiente, incluindo a cozinha, que poderia até ser visitada por seus clientes antes da escolha dos pratos.

Portanto, a matriz SWOT serve para dar suporte à geração das estratégias da empresa, com base no cruzamento das forças e fraquezas da organização com as oportunidades e ameaças do mercado. Os insumos desta matriz devem ser obtidos em outros modelos estratégicos mais adequados e preparados para gerá-los.

Mitos e lendas sobre a missão da empresa

O *boom* da qualidade total na segunda metade dos anos 1980 levou as empresas a ter muitos especialistas em relatórios de gestão e nas ferramentas trazidas por esta filosofia desenvolvida pelo norte-americano William Edwards Deming e pelo romeno Joseph M. Juran, aplicadas pela primeira vez no Japão, tais como programas 5S; de gerenciamento da rotina; da melhoria contínua; método de análise e solução de problemas; diagrama de Pareto; 5W e 2H; e a detalhada descrição da missão da empresa. Esta última, nos últimos anos, foi desfigurada com sua exposição aos clientes da empresa antes ou sem mesmo ter sido exaustivamente comunicada a seus empregados.

Esta forma de utilização da missão costuma gerar efeitos indesejáveis na organização, tais como: a indiferença dos empregados a ela, "afinal", eles pensam, "isto é coisa para o cliente ver!"; o não entendimento da real razão de existir da organização, levando à geração de estratégias desalinhadas com sua missão; e a convicção equivocada de que a missão foi feita para apresentar a empresa ao mercado.

No dicionário, missão está definida como "comissão, encargo, incumbência". Uma incumbência deve ser passada aos encarregados de cumpri-la, e estes certamente não são os clientes da empresa ou o mercado em que ela atua, mas sim os empregados ou funcionários da organização. Imaginem se a missão do padre José de Anchieta, ao chegar ao Brasil em 1553, não lhe tivesse sido bem comunicada, pela companhia de Jesus, mas divulgada aos silvícolas da Ilha de Vera Cruz como espécie de propaganda dos serviços que a igreja católica poderia lhes prestar. Não parece fazer muito sentido.

Hoje, uma boa quantidade de empresas já consegue ter duas formas de definir o seu negócio. A primeira, voltada para o público externo, aparece nos seus sites normalmente sob o título: "A Empresa"; ou "Quem Somos"; ou, ainda, "Nosso Negócio". Esta é a Definição do Negócio da empresa, e costuma conter o que a empresa faz, qual é seu principal produto ou linha de produtos; qual sua área de atuação, em que segmento de mercado ou indústria a empresa opera; qual a localização física e abrangência regional; quem são seus clientes, que tipo de pessoa ou empresa se interessa por seus serviços ou produtos; e, finalmente, qual o diferencial da empresa, por que os clientes devem optar por ela e não por seus concorrentes.

A segunda é a Missão, voltada aos missionários, ou seja, ao seu quadro de colaboradores, e deve descrever, na linguagem corrente em seus corredores, escritórios e fábricas, o que a empresa faz, qual a contribuição para o mercado; por que ela existe, para qual tipo de cliente trabalha; e qual sua distinção, o que a faz diferente no segmento em que atua. A definição da Missão é base para a geração das estratégias da organização e para o alinhamento de seus colaboradores na direção de sua visão de futuro.

Na definição do negócio, é possível vender a imagem da empresa por meio de uma abordagem mais doce e colorida de suas realizações e possibilidades; mas, na missão, a empresa deve ter como objetivo uma forma de comunicação mais ao estilo Nelson Rodrigues em suas crônicas de *A vida como ela é*: direta, verdadeira e contundente. Caso contrário, os empregados, que conhecem bem a empresa, pois nela vivem seu dia a dia, não a entenderão como uma ferramenta de orientação, mas como um veículo de propaganda; algo não destinado a eles. Ela deve ser intensamente comunicada.

BSC: tradução da estratégia ou controle do desempenho? Parte I

Há muitas definições para o termo "estratégia empresarial", mas as mais alinhadas com a teoria de administração são as que relacionam a empresa com o mercado. Djalma de Pinho Rebouças de Oliveira, em seu livro *Planejamento estratégico: conceitos, metodologia e práticas* (2004), diz que o conceito básico de estratégia está relacionado à ligação da empresa com seu ambiente. Nesta situação, a empresa procura definir e operacionalizar políticas e diretrizes que maximizem os resultados dessa relação. Oliveira também ressalta que a estratégia está relacionada à arte de utilizar adequadamente os recursos tecnológicos, físicos, financeiros e humanos, tendo em vista a minimização das ameaças à empresa e a maximização do aproveitamento das oportunidades identificadas no ambiente externo. Finalmente, esse autor define que estratégia empresarial é a ação básica estruturada e desenvolvida pela empresa para alcançar, de forma adequada e, preferencialmente, diferenciada, os objetivos idealizados para o futuro, no melhor posicionamento da empresa perante o seu ambiente.

Segundo o Institute of Management Accountants, a gestão de desempenho deve interligar sistematicamente a estratégia organizacional aos recursos e aos processos, de forma estruturada, por meio de um sistema de gestão orientado à satisfação do cliente, visando obter melhorias contínuas e sinalizando aos *stakeholders* onde se está e aonde se quer chegar. Para tal é necessário que, além da missão, seja também definida a visão do estágio desejado para o futuro, baseada no potencial de mercado e no conjunto de crenças e valores da organização, que sustentarão ações no aproveitamento de oportunidades e superação de ameaças. A gestão de desempenho nada mais é que um processo que administra o desenvolvimento dessas ações em direção aos resultados desejados. É a forma pela qual a organização controla e coordena os processos-chave em busca de vantagens competitivas.

O desempenho de uma organização como um todo depende de cada uma de suas unidades organizacionais, ocasionando a necessidade de um alinhamento das estratégias dessas unidades, para que possam ser eficazes no cumprimento da missão da organização. As metas estratégicas da organização só podem ser atingidas se cada uma de suas unidades operacionais executar suas atividades de acordo com metas gerenciais e individuais, derivadas do desdobramento do planejamento estratégico da organização. Neste contexto, a administração ou gestão estratégica é o elo entre as estratégias da empresa e seus controles de desempenho empresarial.

O BSC é uma ferramenta desenvolvida a partir de 1990, apresentada por Kaplan e Norton em um artigo da *Harvard Business Review*, dois anos depois, que originalmente era um sistema de indicadores para mensurar o desempenho da organização como um todo. Portanto, no início tratava apenas do controle de desempenho das organizações, passando, ao longo das experiências das empresas, a desempenhar importante papel no desdobramento e acompanhamento da estratégia organizacional. Apesar de seu desenvolvimento ao longo dos últimos anos abraçar cada vez mais as estratégias da organização, seus benefícios continuam a existir na área da gestão de desempenho.

O BSC apresenta-se atualmente como um instrumento de gestão empresarial para controlar o desempenho das ações necessárias ao alcance das estratégias, mas também é utilizado pelas grandes empresas para desdobrar as estratégias nos objetivos de cada área da organização sob a ótica de quatro perspectivas: financeira, de clientes ou mercado, de processos internos e de aprendizado, crescimento e infraestrutura para tal.

Processo para desenvolver um planejamento estratégico

Existem várias metodologias para desenvolver um planejamento estratégico. Entretanto, as células de cada plano são sempre os modelos estratégicos. Muitos deles são comuns a todos os planejamentos. Modelos estratégicos são ferramentas de análise que funcionam como lentes de aumento: permitem examinar melhor determinada situação (nitidez), ver melhor as correlações existentes e propiciar uma base comum para discussões em grupo. O uso de alguns desses modelos é mandatório em qualquer metodologia de planejamento estratégico. A seguir apresentamos uma sequência encadeada de ações, sob a forma de processo, acompanhadas dos respectivos modelos estratégicos, que integram uma proposta de metodologia para o processo da estratégia.

1. Estudo do ambiente da empresa:

1.1. Leitura sobre os possíveis cenários políticos, econômicos, sociodemográfico--culturais e tecnológicos a que a empresa está submetida – modelo: análise PEST.
1.2. Ambiente externo (mercado) – modelos: definição do negócio (quem somos); estudo das O.T. mais comuns do mercado, análise estrutural da indústria (modelo das cinco forças de Porter mais o poder dos órgãos governamentais), definição do sistema de valor em que a empresa está inserida.
1.3. Ambiente interno (empresa) – modelo: definição da cadeia de valor da empresa, forças e fraquezas de cada macroprocesso da cadeia de valor.

2. Formulação das estratégias da empresa:

2.1. Definição da missão e da visão da empresa – modelo: o que, para quem e com qual diferencial.
2.2. Formulação das diretrizes ou objetivos gerais da *holding* da empresa (se houver) – modelos: estratégias corporativas direcionais; matriz GE-Mckinsey.
2.3. Geração das estratégias da empresa – modelos: SWOT (com base no cruzamento das oportunidades e ameaças do modelo O.T. e na análise estrutural da indústria, com as forças e fraquezas detectadas na cadeia de valor); definição dos FCS.

3. Testes de cada uma das estratégias formuladas:

3.1. Teste de consistência entre as estratégias formuladas.
3.2. Teste de consonância da estratégia com as demandas do mercado.
3.3. Teste de vantagem competitiva de cada estratégia.
3.4. Teste de viabilidade econômico-financeira de cada estratégia.

4. Implementação das estratégias aprovadas nos testes:

4.1. Desdobramento de cada estratégia em objetivos estratégicos – modelos: BSC; matriz BCG; matriz de Ansoff.
4.2. Relação de causa e efeito entre os objetivos estratégicos da empresa – modelo: mapa estratégico do BSC.
4.3. Desdobramento dos objetivos estratégicos em planos de ação – modelos: vetores estratégicos do BSC; 5W e 2H.

4.4. Acompanhamento de cada ação do plano, visando alcançar os objetivos estratégicos – ferramentas de automação do planejamento estratégico, como os sistemas Digital Cockpit; SPM; Hyperion ou outros.

São 14 passos em 4 blocos distintos, 14 modelos estratégicos, 4 testes e um software de acompanhamento que compõem um processo interessante para um planejamento estratégico bem-sucedido.

Diferenças entre o planejamento estratégico, o tático e o operacional

Para um profissional da área de planejamento, uma empresa é uma pirâmide dividida em três níveis de atuação e decisão. No nível estratégico estão o presidente e seus diretores, que são os responsáveis por formular as estratégias da empresa, embora se utilizem de um GPE, composto por profissionais de vários níveis hierárquicos da organização, incluindo membros da própria diretoria, para realizar esta tarefa. Nesse nível a estratégia é estrutural e recebe o nome de estratégia corporativa. No nível tático encontram-se as áreas da empresa e seus gerentes e gerentes executivos, os responsáveis em desdobrar as estratégias da organização em objetivos estratégicos para cada área funcional e de negócios da empresa. Nesse nível as estratégias descem no nível dos negócios e produtos da empresa, e por isto recebem o nome de estratégias de negócio. No nível operacional encontram-se os profissionais seniores e juniores da empresa, bem como os supervisores e líderes de equipe; estes são os responsáveis por implementar as estratégias da empresa e seus objetivos estratégicos por meio dos planos de ação de cada área. Faz-se necessária a participação dos profissionais deste nível de atuação na elaboração dos planos de ação da companhia para que a implantação desses planos seja eficaz.

Para o melhor entendimento desses três níveis de planejamento em uma empresa, considerando que o planejamento estratégico é único e institucional em cada organização, torna-se necessário exemplificar os diferentes planos táticos de uma empresa e seus respectivos planos de ação associados, que compõem o planejamento operacional:

- na área de marketing, o planejamento mercadológico contém os seguintes planos de ação: de preços e produtos, de promoção, de vendas, de distribuição, de pesquisa de mercado;
- na área econômico-financeira, o planejamento financeiro é composto pelos planos de ação: de despesas, de investimentos, de fluxo de caixa, orçamentário;

- na área de operações, o planejamento da produção desdobra-se nos seguintes planos de ação: da capacidade de produção, de controle de qualidade, de estoques, de utilização da mão de obra, de expedição dos produtos;
- na área de recursos humanos, o planejamento de RH é suportado pelos seguintes planos de ação: de recrutamento e seleção, de treinamento, de cargos e salários, de promoção, de capacitação interna;
- na área de administração, o planejamento tático da organização da empresa é desdobrado nos planos de ação: diretor de sistemas, de estrutura organizacional, de rotinas administrativas, de informações gerenciais, de comunicação.

Em resumo, o planejamento operacional é um conjunto de planos de ação que atendem aos objetivos dos planejamentos táticos de cada área da empresa, que por sua vez são os desdobramentos, no nível do negócio, do planejamento estratégico da companhia. No nível estratégico a empresa gera as estratégias em uma forma mais ampla (aumentar a lucratividade da empresa em 15%); no tático, cada área da empresa desdobra estas estratégias em objetivos específicos (vendas: aumentar a receita em 10%; produção: reduzir o custo unitário de produção em 5%) que visem servir às estratégias; e no nível operacional cada objetivo é transformado em plano de ação (vendas: participar de feiras e eventos para conhecer empresas e conseguir novos clientes; produção: reduzir o número de unidades defeituosas produzidas) que atenderá aos objetivos de cada área.

Como se faz a análise estrutural de uma indústria?

De acordo com Michael Porter, para estudar, de maneira mais detalhada, o ambiente externo em que está inserida uma empresa, não basta um *brainstorm* sobre as oportunidades e ameaças que este pode apresentar à empresa. É preciso estudar todo o sistema de valor, ou seja, todo o segmento em que a empresa está inserida; aquelas entidades consideradas forças competitivas na área de atuação da organização. Porter sugere o estudo de cinco forças para que, a partir delas, seja obtido o entendimento de quais são as tendências sociais, econômicas e políticas com potencial risco para a empresa e quais as que trazem oportunidades escondidas de bons negócios para a companhia. Essas cinco forças combinadas com o poder dos órgãos reguladores compõem a análise estrutural de um segmento do mercado, ou seja, de uma indústria. Mas, o que é analisado em cada uma dessas forças competitivas?

Poder de negociação dos fornecedores: o objetivo do estudo desta força é ajudar a evitar que a empresa fique refém de algum fornecedor. Porter cita as seguintes circunstâncias que caracterizam um grupo de fornecedores poderoso: quando os fornecedores são formados por poucas companhias e mais concentrados do que a indústria para a qual vendem; inexistência de substitutos para seus produtos; quando determinada indústria não for significativa em relação ao volume total de suas vendas; quando o insumo é importante para o sucesso do processo de formação do produto do comprador, ou para a qualidade do produto fabricado; quando a qualidade de seus produtos é diferenciada.

Poder de negociação dos compradores: o objetivo do estudo desta força é ajudar a evitar que a empresa fique refém de algum cliente. Um grupo de compradores tem grande poder de barganha: se uma parcela grande das vendas é adquirida por determinado comprador; quanto mais significativos forem os custos do produto adquirido em relação ao custo total do cliente (haverá maior pressão para comprarem os produtos ao preço mais favorável possível); se o custo da mudança para outro fornecedor for baixo; quanto mais padronizados (não diferenciados) forem os produtos adquiridos por ele; quando há redução dos preços do produto do comprador (ele será obrigado a reduzir os custos de seus insumos); quando o comprador é uma empresa do mesmo grupo.

Ameaça de novos entrantes: caracteriza-se como a possibilidade de entrada de novas empresas que trazem recursos geralmente substanciais, como nova capacidade de produção e grande desejo de ganhar parcela do mercado. A intensidade das ameaças que podem trazer essas novas entradas depende das barreiras que tiver de enfrentar. São exemplos de barreiras de entrada para um novo jogador no segmento: as economias de escala, as patentes, a identidade da marca, a necessidades de capital, os canais de distribuição, o tamanho da curva de aprendizado, o custo de desenho de produto, as políticas governamentais, uma possível baixa rentabilidade do negócio. Portanto, é preciso incentivar as barreiras de entrada para que novos entrantes não se estabeleçam no segmento em que a empresa atua.

Produtos substitutos: são aqueles que não são concorrentes, mas desempenham funções equivalentes ou parecidas com o produto da empresa, ou seja, trazem o mesmo benefício para o cliente. Devem ser estudados, pois limitam o potencial de retorno de um mercado porque estabelecem um teto nos preços do mercado. Se o produto ou o serviço substituto consegue mostrar um ganho na relação custo-benefício quando comparado aos atuais produtos, a ameaça que oferece é ainda maior.

Grau de rivalidade entre os competidores: pode ser definida como a intensidade da disputa por posição entre as empresas que já atuam em um mesmo mercado e pelo volume de empresas que competem neste segmento. O grau de intensidade desta rivalidade pode ser medido por meio de sintomas; quanto mais desses sinto-

mas existirem, maior será o grau de rivalidade da indústria: existência de muitos competidores iguais em tamanho; existência de líder em custo; lento crescimento da indústria; pouca diferenciação de produtos/serviços; custos fixos são altos ou o produto é perecível; muitas barreiras de saída; competidores têm estratégias, origens e personalidades similares. Se esses sintomas confirmarem alto grau de rivalidade entre os competidores de um segmento, as estratégias potenciais para atuar nesta indústria podem ser: aumentar a satisfação dos clientes; criar produtos/serviços diferenciados; oferecer produtos flexíveis/transparentes; promover uma reengenharia de processos para reduzir seus custos; inovar continuamente; segmentar o mercado; criar programas de relacionamento contínuo com os clientes; aperfeiçoar o uso dos canais de distribuição e vendas.
Órgãos reguladores: deve-se também considerar um diagnóstico sobre a política governamental e os órgãos reguladores, e como estes afetam a concorrência por meio das cinco forças competitivas.

O objetivo final desta análise é gerar um quadro de ameaças potenciais e oportunidades de bons negócios para a empresa que servirão de base para o desenvolvimento de estratégias de bloqueio às ameaças e de captura das oportunidades levantadas.

Desenvolvendo um plano integrado de negócios

Um plano integrado de negócios, ou *business plan*, é um documento com a qualificação e as características do negócio de uma organização, seu modo de operar, o desdobramento de suas estratégias, seus planos de ação para conquistar uma fatia de mercado, formas de financiamento para seus investimentos e as projeções de despesas, de receitas e de resultados financeiros. Seu objetivo é orientar os gestores da empresa a criarem valor significativo para os clientes e atenderem às necessidades relevantes pelas quais estão dispostos a pagar, além de oferecer uma possibilidade de lucro significativo aos investidores, atendendo às expectativas de custo-benefício da empresa. Esse documento deve conter os seguintes capítulos, respondendo às subsequentes questões:

1. **O empreendimento:** descrição sucinta do negócio, sua localização e sua abrangência.
2. **Descrição do negócio:** qual o negócio estabelecido; quais os produtos ou serviços oferecidos; qual o mercado alvo e seu tamanho; qual a forma de oferecer os produtos ao mercado; quais os FCS do empreendimento; quais

as possibilidades de crescimento do mercado em questão; quais os pontos positivos e negativos do negócio.
3. **O mercado:** qual o mercado maior e o segmento de melhor situação para competir; qual o tamanho do segmento e suas possibilidades de crescimento; qual a distribuição geográfica do mercado; quais são as flutuações sazonais de demandas; qual o valor estimado e a localização do negócio (é necessário destacar pontos positivos e negativos desse mercado).
4. **A concorrência:** quais são os concorrentes diretos do empreendimento; que outros negócios ou produtos substitutos concorrerão com o produto; qual é o tamanho dos concorrentes; que análise pode ser feita da concorrência; qual a estratégia de preços da empresa; qual a estratégia de distribuição; qual a estratégia de assistência técnica para os produtos ou serviços da empresa; qual o conceito de qualidade do produto; quais os métodos de venda a serem aplicados; quais os meios disponíveis para a propagação e promoção dos produtos ou serviços.
5. **Descrição do produto do empreendimento:** qual a tecnologia empregada no produto; qual o estágio atual de desenvolvimento do produto; qual a função e que aplicações possui o produto; que soluções inovadoras podem ser utilizadas para o atendimento ao mercado; quais as regulamentações e normas técnicas que regem o produto; que análises podem ser feitas sobre a relação entre o produto e o meio ambiente.
6. **Preço:** qual a competitividade dos preços; qual a estratégia de preços a ser utilizada (neste caso, é preciso estudar os preços existentes no mercado interno e aqueles dos similares importados); que margens são apropriadas para trabalhar.
7. **Fornecedores:** qual a localização dos fornecedores, que insumos são importados; como obter os insumos necessários ao produto; quais os prazos de entrega dos insumos e as quantidades mínimas necessárias ao produto.
8. **Processo produtivo:** qual é o fluxo do processo produtivo (apresentar um exemplo do *core* do processo); qual é o número de funcionários previsto; como serão as instalações do negócio.
9. **Plano de marketing/comercial:** quais os clientes potenciais e sua localização; qual é a melhor forma de atrair os clientes; quais serão os canais de vendas dos produtos; como serão feitas as promoções e as vendas; quem são os melhores fornecedores de insumos; de quanto deverá ser o investimento em publicidade; como será operacionalizado o sistema de distribuição dos produtos e a assistência técnica deles; quem são os formadores de opinião sobre o produto; qual é a potencialidade e estimativa de vendas de cada produto.

10. **Custos:** deverão ser geradas estimativas de custo dos insumos diretamente envolvidos na produção do bem – custos fixos e custos totais, bem como o grau de confiabilidade das previsões dos custos críticos do empreendimento.
11. **Investimentos:** qual a infraestrutura necessária a adquirir para o funcionamento do negócio.
12. **Aspectos organizacionais:** quais as habilidades e conhecimentos de cada sócio, de cada diretor e dos empregados da empresa; que estruturas organizacionais suportarão o empreendimento.
13. **Plano financeiro:** qual é o volume de vendas necessário à obtenção de lucros; quais são as fontes financeiras da empresa; qual é a participação societária da organização; apresentar tabela de fluxo de caixa para os dez primeiros trimestres (em Reais) e o VPL do empreendimento.
14. **Parceiros:** quais as possibilidades de implementação de parcerias para o empreendimento.
15. **Empreendedores:** quais as motivações para a criação deste empreendimento; qual é a experiência dos empreendedores; quais as principais barreiras e ameaças para o empreendimento.
16. **Fases do empreendimento:** qual é o tempo necessário para o desenvolvimento de cada fase do empreendimento; implementação, crescimento e consolidação.

Como operacionalizar o relacionamento entre a *holding* e suas controladas

Uma *holding* necessita captar investimentos no mercado para alimentar suas empresas controladas com CapEx, que nada mais é que o dinheiro destinado aos investimentos da empresa, como aqueles dos projetos oriundos de suas estratégias. Mas, como garantir que este CapEx seja usado de forma compatível com os interesses da empresa controladora? As estratégias corporativas direcionais (ECD), espécie de diretrizes ou objetivos gerais, costumam acompanhar cada fatia de CapEx enviada pela *holding*.

As ECD podem ser as listadas a seguir.

CRESCIMENTO – Neste caso, a *holding* deseja que a controlada se expanda de uma das possíveis formas:

Por concentração horizontal: significa que a verba de investimento se destina ao crescimento orgânico da companhia, seja pelo crescimento de sua linha de produtos, seja pelo crescimento geográfico por meio da abertura de novas filiais ou entrando em um novo mercado regional.

Por concentração vertical: quer dizer que o capital destinado aos investimentos da empresa deve ser utilizado na aquisição de outra empresa; seja um fornecedor, um canal ou um concorrente do mesmo segmento de mercado em que a empresa atua.

Por diversificação concêntrica: denota que o CapEx deve ser utilizado para expandir a empresa em outro tipo de negócio, diferente daquele que a empresa atua hoje, mas bem próximo do seu atual sistema de valor. Por exemplo, uma empresa de Telecom entrando no ramo de mídia ou vice-versa.

Por diversificação conglomerada: aponta para o uso das verbas de investimento da *holding* na entrada da empresa em um novo ramo de negócios, bem diferente daquele que ela pratica hoje. Por exemplo, uma montadora de automóveis adquirindo uma cervejaria.

Consegue-se definir esta proximidade ou distância entre dois segmentos de mercado verificando se existe a real possibilidade de colocar um executivo da atividade fim atual da empresa à frente deste novo negócio. Se for possível, a diversificação é concêntrica; se não, é conglomerada.

MANUTENÇÃO OU ESTABILIDADE – Neste caso, a empresa controladora tem problemas de captar CapEx no mercado e necessita que a controlada não se expanda durante um período, seja por:

Pausa: durante um período curto de alguns meses, utilizando, para continuar operando, apenas o OPEX – *Operational expenditure*, que é o dinheiro de despesas e para manter ou melhorar seus bens físicos.

Mudança zero: por um perigoso período de todo um ano contábil, a empresa deve tentar sobreviver apenas com seu OPEX. Normalmente, a competitividade e a marca da empresa são bastante arranhadas durante esse período, pois não há como realizar grandes projetos sem o CapEx apropriado.

RETRAÇÃO – Neste caso, a *holding* não está satisfeita com o desempenho da empresa controlada e não fará investimentos, ou fará poucos nesta controlada, orientando-a em uma de duas maneiras:

Para um *turnaround* (uma virada): solicitando que a empresa se prepare para uma grande reviravolta que vai tirá-la da situação incômoda em que se encontra. Estratégias radicais de sobrevivência devem ser utilizadas pela empresa nesse período.

Para o abandono: instando a controlada a se preparar para ser vendida ou fechada, pois não há mais interesse da *holding* em mantê-la como parte do seu grupo corporativo.

Cada uma dessas ECD deve ser acatada pela controlada com ênfase apropriada em suas estratégias: para uma diretriz de crescimento, a organização precisa investir em suas forças e reduzir suas fraquezas visando à captura de oportunidades no mercado; para uma diretriz de manutenção, deve responder aproveitando suas forças atuais para bloquear as ameaças do mercado; uma diretriz de retração deve ser cumprida com a eliminação das fraquezas da empresa mirando o bloqueio de ameaças provenientes do ambiente externo.

O que é empreendedorismo? E intraempreendedorismo?

José Dornelas, em seu livro *Empreendedorismo, transformando ideias em negócios* (2008), diz que "empreendedor é aquele que percebe uma oportunidade e cria meios (nova empresa, área de negócio etc.) para persegui-la". Joseph Schumpeter, em seu modelo da destruição criativa, afirma que "empreendedor é aquele que destrói a ordem econômica existente pela introdução de novos produtos e serviços, pela criação de novas formas de organização, ou pela exploração de novos recursos e materiais". Ou seja, empreendedorismo é a percepção e o aproveitamento de novas oportunidades de negócios, sempre criando uma nova maneira de utilizar recursos, deslocando-os de seu emprego tradicional por meio de novas combinações para o atingimento de resultados. O empreendedor transforma a situação mais trivial em uma oportunidade excepcional, é visionário e sonhador; vive no futuro, nunca no passado, e raramente no presente; nos negócios é o inovador e grande estrategista, criador de novos métodos para penetrar em novos mercados (Gerber, 2004).

Intraempreendedorismo é o empreendedorismo dentro de uma organização já estabelecida. O intraempreendedor é aquele que se antecipa aos fatos e tem uma visão futura da organização, fazendo tudo acontecer dentro dela. As características do empreendedor e do intraempreendedor são as mesmas:

- tem iniciativa para criar/inovar e paixão pelo que faz;
- utiliza os recursos disponíveis de forma criativa, transformando o ambiente social e econômico em que vive;
- aceita assumir os riscos e a possibilidade de fracassar;
- planeja suas ações, garantindo sua eficácia.

A duas coisas o intraempreendedor deve ter atenção: a eficácia na tomada de uma decisão, que é função da velocidade e precisão com que esta é feita; e a preocupação constante com a inovação em suas soluções para o negócio. Sob o aspecto da tomada de decisão, existem oito estilos de decisão, relatados por Cohen (2001), que podem ser encarados como um perfil característico de personalidade e preferências de cada empreendedor:

Intuitivo: tenta projetar o futuro, com perspectiva a médio e longo prazos, imaginando o impacto dessa ação.
Planejador: situa-se onde está e para onde deseja ir, com planejamento e tendo um processo de acompanhamento, adequando-o à realidade sempre que for necessário.
Perspicaz: sabe que além da percepção é necessário conhecimento.
Objetivo: sabe qual o problema a ser resolvido.
Cobrador: tem certeza das informações, vê a importância de medir e corrigir quando o resultado não foi o previsto.
Mão na massa: envolve-se pessoal e diretamente, acredita em grupos para estudos multidisciplinares.
Meticuloso: junta opiniões de amigos, especialistas, funcionários, tentando se convencer da solução a encontrar.
Estrategista: decide cumprir sua estratégia de crescimento tendo percepção do que resolver. Diagnostica o problema para encontrar a solução e sua resolução com eficácia.

Qualquer que seja o estilo, empreendedores e intraempreendedores possuem em comum a motivação, a criatividade, a iniciativa e a busca incessante por oportunidades de negócios.

O desdobramento da estratégia na área de marketing: as matrizes BCG e de Ansoff

Quando o planejamento estratégico atinge a fase de refinamento das estratégias em objetivos estratégicos para todas as áreas da organização, um dos desdobramentos mais importantes é o que ocorre na área de marketing, para apontar os rumos dos produtos da empresa. Neste momento, dois modelos estratégicos são utilizados pelas empresas para auxiliar no planejamento das vendas e acompanhar seus produtos: as matrizes BCG e de Ansoff.

A matriz BCG é uma análise gráfica do ciclo de vida de um portfólio de produtos, desenvolvida por Bruce Henderson para a consultoria Boston Consulting Group. Nela, pode ser analisada a taxa de crescimento do mercado no qual uma linha de produtos é oferecida e comparada à participação relativa no mercado de cada produto, uma espécie de quota percentual de mercado. A matriz é dividida em quatro quadrantes pelo cruzamento de dois eixos: a taxa de crescimento atual do mercado no qual a linha de produtos é oferecida e o ponto de equilíbrio financeiro da linha de produtos analisada, ou seja, a partir de que percentual de participação no mercado o portfólio de produtos pode ser considerado lucrativo.

As conclusões desta análise derivam da posição de cada produto em cada um dos quadrantes desenhados na matriz: os produtos ou serviços com baixa participação relativa de mercado, porém com alta taxa de crescimento, são considerados pontos de interrogação e oportunidades; produtos ou serviços com alta participação relativa de mercado e alto crescimento são classificados como estrelas da companhia; produtos ou serviços com alta participação relativa de mercado e baixa taxa de crescimento são chamados vacas leiteiras (por sustentarem a linha de produtos); produtos ou serviços com baixa participação relativa de mercado e baixo crescimento são denominados abacaxis (nomenclatura brasileira) ou *dogs* (classificação norte-americana). Estes últimos só não devem ser descontinuados se garantirem alguma vantagem competitiva para a linha de produtos em geral.

Matriz BCG

Matriz de Ansoff

Componentes do vetor de crescimento

MERCADOS	**PRODUTOS**	
	Tradicionais	Novos
Tradicionais	Penetração no mercado	Desenvolvimento de produtos
Novos	Desenvolvimento de mercado	Diversificação

A matriz de Ansoff preocupa-se com a seleção do mix de produtos que a empresa produzirá, e com os mercados nos quais ela os venderá. Nesse contexto, a matriz visa apontar a direção dos negócios futuros da empresa, apresentando quatro alternativas: penetração no mercado, em que a empresa foca na mudança de clientes ocasionais para clientes regulares e destes para usuários intensivos do produto; desenvolvimento de mercado, quando a empresa tenta conquistar clientes da concorrência, introduzir produtos existentes em mercados externos ou novas marcas no mercado; desenvolvimento de produtos, em que a empresa busca vender outros produtos a clientes regulares intensificando os canais existentes de comunicação; e diversificação. Esta é a mais arriscada das estratégias, pois é quando a empresa normalmente centraliza na comunicação, explicando por que está entrando em novos mercados, com vistas ao ganho da credibilidade.

Ainda que atualmente a segunda matriz seja utilizada com menos frequência pelas empresas, as duas são ferramentas importantes para fazer o casamento entre cada linha de produtos e os atuais e potenciais clientes da organização, cuidando dos custos e da qualidade de cada produto desde seu nascimento até sua retirada do portfólio da companhia.

Referências

ALBUQUERQUE, A.; ROCHA, P. *Sincronismo organizacional: como alinhar a estratégia, os processos e as pessoas*. São Paulo: Editora Saraiva, 2007.
ANSOFF, H. I.; McDONNEL, E. J. *Implantando a administração estratégica*. Trad. Antonio Zoratto Sanvicente. São Paulo: Editora Atlas, 1993.
ARANTES, N. *Sistemas de gestão empresarial*. 2. ed. São Paulo: Editora Atlas, 1988.
BANKER, T. R. D.; POTTER, G.; SRINIVASAN, D. An investigation of an incentive plan that includes non-financial performance measures. *The Accounting Review*, v. 75, n. 1, p. 65-92, 2000.
BRANDÃO, D. M. S.; CREMA, R. *Visão holística em psicologia e educação*. São Paulo: Summus Editorial Ltda., 1998.
BSCol, Balanced scorecard collaborative [BSCol Home]. Disponível em: <http://www.bscol.com/>. Consultado em: 2 abr. 2004.
CAMPOS, J. A. *Cenário balanceado: painel de indicadores para a gestão estratégica dos negócios*. São Paulo: Aquariana, 1998.
CAMPOS, V. F. *Gerenciamento pelas diretrizes*. Belo Horizonte: Fundação Christiano Ottoni – Escola de Engenharia da UFMG, 1996.
CATELLI, A. *Controladoria: uma abordagem da gestão econômica*. 2. ed. São Paulo: Editora Atlas, 2001.
CERTO, S. C.; PETER, J. P. *Administração estratégica: planejamento e implantação da estratégia*. Trad. Flávio Denin Steffen. São Paulo: Makron Books, 1993.
COHEN, D. Você sabe tomar decisão? *Exame*, 8 ago. 2001. Disponível em: <http://www.sit.com.br/SeparataCP0074.htm>. Consultado em: 10 fev. 2012.
COUTINHO, A. R.; KALLÁS, D. *Gestão da estratégia: experiências e lições de empresas brasileiras*. 4. ed. Rio de Janeiro: Editora Campus Elsevier, 2005.
DELOITTE, Deloitte Touche Tohmatsu International. *Vision in manufacturing: planning for the future. Vol. 3: Infrastructure: the metrics and the action programs*. Nova York: Delloite, 1993.
DORNELAS, J. C. de A. *Empreendedorismo: transformando ideias em negócios*. Rio de Janeiro: Editora Campus, 2008.
DRUCKER, P. *As 5 perguntas essenciais que você sempre deverá fazer sobre sua empresa*. Rio de Janeiro: Elsevier Campus, 2008.
——. *Sociedade pós-capitalista*. 4. ed. São Paulo: Pioneira, 1995.
FERREIRA, A. A. *Gestão empresarial: de Taylor aos nossos dias: evolução e tendências da moderna administração de empresas*. São Paulo: Pioneira, 1997.

GERBER, M. E. *Empreender fazendo a diferença*. São Paulo: Saraiva, 2004.
GREAT PLACE TO WORK INSTITUTE. O que é um excelente ambiente de trabalho? Disponível em www.greatplacetowork.com.br/nossaabordagem/o-que-e-um-excelente-ambiente-de-trabalho. Acesso em: 23/12/2010.
GOMES, J. S.; SALAS, J. M. A. *Controle de gestão*. 3. ed. São Paulo: Editora Atlas, 2001.
GUIMARÃES E SILVA, B. F.; PROCHNIK, V. Balanced scorecard em uma organização do terceiro setor: o caso da energia. *UFRJ – Grupo de pesquisa em cadeias produtivas: textos para download: estratégia e gestão de organizações públicas e privadas*. Atualizada em: mar. 2004. Revista eletrônica. Protocolo: http://www.ie.ufrj.br/cadeiasprodutivas/pdfs/bsc_e_terceiro_setor_energaia.pdf. [Set. 2003].
HARRINGTON, J. H. *Aperfeiçoando processos empresarias – estratégia revolucionária para o aperfeiçoamento da qualidade, da produtividade e da competitividade*. São Paulo: Editora Makron Books, 1993.
HARTMANN, L. F. *Planejamento estratégico para o... gerenciamento total*. 7. ed. Lageado: Grafocem, Centro de Desenvolvimento Santana, 2002.
HARVARD BUSINESS REVIEW. *Empreendedorismo e estratégia*. Trad. Fábio Fernandes. Rio de Janeiro: Editora Campus Elsevier, 2002.
HITT, M. A.; IRELAND, R. D.; HOSKISSON, R. E. *Administração estratégica*. Trad. Eliane Kanner e Maria Emília Guttilla. 7. ed. São Paulo: Cengage Learning, 2008.
HUNGER, J. D.; WHEELEN, T. L. *Gestão estratégica*. Trad. Roberto Meireles Pinheiro. 2. ed. Rio de Janeiro: Reichmann & Affonso Editores, 2002.
JOHNSON, S. *Picos e Vales*. Trad.: Alexandre Rosas. Rio de Janeiro: Editora Best Seller, 2009.
_____. *Quem mexeu no meu queijo?* Trad.: Maria Clara de Biase. Rio de Janeiro: Editora Record, 2002.
KALLÁS, D. *Balanced scorecard: aplicação e impactos: um estudo com jogos de empresas*. São Paulo, 1979. Dissertação (Mestrado). Faculdade de Economia, Administração e Contabilidade, Universidade de São Paulo.
KAPLAN, R. S.; NORTON, D. P. *A estratégia em ação*. Trad. Luiz Euclydes Trindade Frazão Filho. Rio de Janeiro: Editora Campus, 1997.
_____. *Mapas estratégicos: convertendo ativos intangíveis em resultados tangíveis*. Trad. Afonso Celso da Cunha Serra. Rio de Janeiro: Editora Campus, 2004.
_____. *Organização orientada para a estratégia*. Trad. Afonso Celso da Cunha Serra. Rio de Janeiro: Editora Campus, 2001.
_____. Putting the balanced scorecard to work. *HBR on point articles by Harvard Business Review*. Boston: V. set./out., p. 135-147, 1993.
_____. The balanced scorecard measures that drive performance. *HBR on point articles by Harvard Business Review*. Boston: V. jan./fev., p. 72-79, 1992.

———. Using the balanced scorecard as a strategic management system. *Harvard Business Review*. Boston: V. jan/fev, p. 75-86, 1996.
———. *Alinhamento utilizando o balanced scorecard para criar sinergias corporativas*. Trad. Afonso Celso da Cunha Serra. Rio de Janeiro: Editora Campus, 2009.
KIM, W. C.; MAUBORGNE, R. *A estratégia do oceano azul: como criar novos mercados e tornar a concorrência irrelevante*. Rio de Janeiro: Editora Campus Elsevier, 2005.
KUCZMARSKI, T. D. *Innovación – Estratégias de Liderazgo para mercados de alta competência*. Bogotá: McGraw-Hill.
MARINHO, S. V. *Utilização do conceito de gestão estratégica de custos dentro do balanced scorecard*. Florianópolis, 1999. Dissertação (Mestrado em Engenharia de Produção) – Universidade Federal de Santa Catarina.
MINTZBERG, H. Five Ps for strategy. *California Management Review*, outono 1987. Disponível em: <http://www.ifm.eng.cam.ac.uk/dstools/paradigm/5pstrat.html>. Consultado em: 20 fev. 2012.
———.; AHLSTRAND, B.; LAMPEL, J. *Safári de estratégia*. 2. ed. Porto Alegre: Bookman, 2010.
———.; HEYDEN, L. V. der. Organigraphs: Drawing how companies really work. *Harvard Business Review*, p. 87-94, set./out. 1999.
———.; QUINN, J. B. *O processo da estratégia*. Trad. James Sunderland Cook. 3. ed. Porto Alegre: Bookman, 2001.
NAKAGAWA, M. *Introdução à controladoria: conceitos, sistemas, implementação*. São Paulo: Editora Atlas, 1993.
OLIVEIRA, D. de P. R. *Planejamento estratégico: conceitos, metodologia e práticas*. 20. ed. São Paulo: Editora Atlas, 2004.
———. *Estratégia empresarial & vantagem competitiva*. 3. ed. São Paulo: Editora Atlas, 2001.
OLVE, N.-G.; ROY, J.; WETTER, M. *Condutores da performance: um guia prático para o uso do balanced scorecard*. Trad. Maria Cristina da Costa Müller. Rio de Janeiro: Qualitymark, 2001.
ORIBE, C. Y. A hora e a vez da ISO 10.015. *Banas qualidade*. São Paulo: Editora EPSE, ano XIII. n. 141, fev. 2004, p. 24-28.
PADOVEZE, C. L. *Controladoria estratégica e operacional: conceitos, estrutura, aplicação*. São Paulo: Editora Thompson, 2003.
PORTER, M. E. *Estratégia competitiva*. 2. ed. Rio de Janeiro: Editora Campus, 2004.
———. *Vantagem competitiva: criando e sustentando um desempenho superior*. Trad. Elizabeth Maria de Pinto Braga. 34. ed. Rio de Janeiro: Editora Campus Elsevier, 1989.

PRAHALAD C. K.; HAMEL, G. *Competindo pelo futuro: estratégias inovadoras para obter o controle do seu setor e criar os mercados de amanhã*. Rio de Janeiro: Campus, 1995.
PUENTE, M. F. *Estudo descritivo do modelo de gestão: balanced scorecard e sua analogia com o processo de construção estratégica da IBM*. Rio de Janeiro, 2003. Dissertação (Mestrado Profissionalizante em Administração) – Faculdades IBMEC, 2003.
RAMPERSAD, H. K. *Scorecard para performance total*. Trad. Afonso Celso da Cunha Serra. Rio de Janeiro: Editora Campus, 2004.
RUAS, R. L.; ANTONELLO, C. S.; BOFF, L. H. (Orgs.). *Os novos horizontes da gestão: aprendizagem organizacional e competências*. Porto Alegre: Bookman, 2005.
RUMMLER, G. A.; BRACHE A. P. *Melhores desempenhos das empresas – uma abordagem prática para transformar as organizações através da reengenharia*. São Paulo: Editora Makron Books, 1994.
SCHUMPETER, J. A. *Capitalismo, socialismo e democracia*. Trad. Ruy Jungmann. Rio de Janeiro: Editora Fundo de Cultura, 1961.
SINGH, S. Data mining as a decision tool for materials procurement in a multinational company headquartered in Brazil. In: BARBOSA, D. C, C.; GASSENFERTH, W.; MACHADO, M. A. S. *Handbook of Business Practices and Growth in Emerging Markets*. Part III, cap. 11. Singapore: World Scientific Publishing, 2010.
SOARES JUNIOR, H.; PROCHNIK, V. Experiências comparadas de instalação do balanced scorecard no Brasil. *UFRJ – Grupo de pesquisa em cadeias produtivas: textos para download: estratégia e gestão de organizações públicas e privadas*. Atualizada em: março de 2004. Revista eletrônica (16 p.). Protocolo: <http://www.ie.ufrj.br/cadeiasprodutivas/download_estrategia_e_gestao.html>. [Set./2003].
SLATER, R. *Jack Welch: o executivo do século: os insights e segredos que criaram o estilo GE*. Trad. Maria Lucia G. Leite Rosa. 5. ed. São Paulo: Negócio Editora, 2001.
STERN, C. W., STALK, G. Jr. *Estratégia em perspectiva*. Trad. Adriana Rieche. Rio de Janeiro: Editora Campus, 2002.
SYMNETICS business transformation [Home]. Disponível em: <http://www.symnetics.com.br>. Consulta em: 8 maio 2004.
THOMPSON JR., A. A.; STRICKLAND III, A. J. *Planejamento estratégico: elaboração, implementação e execução*. Trad. Francisco Roque Monteiro Leite. São Paulo: Editora Pioneira, 2004.
VICENTINE, C. M. *Inovação e administração estratégica para os novos cenários competitivos do século XXI*. In: Rebrae. Revista Brasileira de Estratégia, Curitiba, v. 2, n. 3, p. 225-232, set./dez. 2009.
VIEIRA, L. *Cidadania e globalização*. 2. ed. Rio de Janeiro: Record, 1998.

PROCESSOS

- Arquitetura organizacional
- Gestão de processos
- Controle de desempenho
- Referências

Arquitetura organizacional

Entendendo o conceito de arquitetura organizacional

A arquitetura de uma empresa consiste em um modelo que pode ser usado para representar seu ciclo de vida. Tal modelo pode auxiliar no processo de planejamento e análise da organização. É preciso entender seu negócio, seu ramo e o mercado no qual se encontra (ambiente externo), seus processos, sistemas de informação e capital humano (ambiente interno) e alinhar tudo isso com as estratégias empresariais para atingir os objetivos desejados. Portanto, é preciso repensar os métodos operacionais e sua estrutura de suporte para permanecer competitivo. Atenção especial deve ser dada à combinação *arquitetura-estratégia*, para que a arquitetura adotada permita à organização implementar suas estratégias. A mesma atenção também deve ser dada ao binômio *arquitetura-cultura*, para que a arquitetura se harmonize com os indivíduos que trabalham na empresa.

    A cada ano os objetivos estratégicos da empresa mudam em função das demandas do ambiente externo e das capacidades e competências adquiridas pelo ambiente interno da empresa. Contudo, sua arquitetura organizacional, especialmente a estrutura organizacional, evolui pouco ou quase nada. O resultado é uma empresa cada vez mais engessada, com brilhantes planos, mas pouca capacidade e condições para realizá-los. Portanto, o redesenho da arquitetura organizacional deve ser parte dos planos de ação de um bom planejamento estratégico. De acordo com o professor Henrique Uzêda, os tipos existentes de arquitetura organizacional e suas principais características são: **tradicional**, possui caráter autoritário, hierárquico, vertical, mecanicista e burocrático; **moderna**, caracteriza-se por uma construção orientada pela abordagem sistêmica, comportamental e orgânica; **contemporânea**, fruto do advento da globalização, tem nos fatores de mercado e na evolução tecnológica suas bases, de onde surgem soluções adhocráticas, participativas e horizontais.

    Para conseguir uma estrutura organizacional de alta performance, deve-se ter como pré-requisito trabalhar os três "C" do bom ambiente: clima, colaboração (ou cocriação) e comemorações (ou celebrações); e mais os quatro "C" do bom relacionamento *empresa-empregado*: comprometimento, comunicação, conexão e confiança. A melhoria destes fatores proporcionará um ambiente favorável ao redesenho e à implantação de uma arquitetura organizacional mais apropriada aos objetivos estratégicos da empresa e à sua cultura.

Por meio de um processo de gestão da mudança e seguindo alguns passos básicos, é possível redesenhar e implementar o redesenho de uma arquitetura organizacional:

Passo 0: trabalhar os sete "C" do ambiente e do bom relacionamento *empresa-empregado*.

Estudo do estado presente da empresa
Passo 1: realizar o diagnóstico da situação atual – estudar as estruturas formais (organograma; normas; métodos; processos) e informais (relações; comportamentos; reais papéis; estruturas de projeto);
Passo 2: estudar sua missão, visão e valores;
Passo 3: analisar as tendências externas que podem afetar seu desempenho;
Passo 4: redesenhar sua arquitetura organizacional, incluindo sua estrutura organizacional.

Passagem pelo estado de transição
Passo 5: preparar um plano para lidar com os quatro tipos envolvidos na mudança para uma nova arquitetura organizacional – aliados, bloqueadores, membros da rede e desaceleradores do projeto de mudança;
Passo 6: traçar um mapa de transição gerencial – gerenciar o desconforto da mudança para o corpo gerencial da organização;
Passo 7: desenvolver o consenso e o alinhamento entre os membros da organização sobre a nova arquitetura organizacional, especialmente sobre a nova estrutura organizacional, promovendo os ajustes necessários;
Passo 8: transformar o plano em ação – implementar as mudanças na arquitetura organizacional da empresa.

Chegada ao estado futuro: gerência das consequências da mudança
Passo 9: divulgar o novo projeto organizacional;
Passo 10: realizar uma sessão de aprendizagem e corrigir eventuais falhas.

No futuro, as arquiteturas organizacionais tenderão cada vez mais ao trabalho matricial em redes neurais, ou seja, de decisão e poder distribuídos, com ênfase nas atividades por processos e no aprendizado contínuo, com limites organizacionais imprecisos, e substituindo as normas e regras por valores organizacionais.

Organograma, cadeia de valor e mapa estratégico: diferentes funções complementares

Quando perguntado sobre sua empresa, normalmente um dirigente apresenta seu organograma na esperança de que seu funcionamento seja compreendido. Na verdade, uma estrutura organizacional representa apenas a estrutura de poder da empresa, nas diversas camadas verticais, e a de responsabilidades, nas funções horizontais.

Se um gerente de processos ou de TI for questionado sobre o funcionamento dessa mesma empresa, ele apresentará um diagrama ao qual chamará de mapa de contexto dos processos da empresa, contendo uma série de macroprocessos interligados, mostrando o fluxo de trabalho e de informações da companhia. O pessoal de estratégia chamaria esse diagrama de cadeia de valor da empresa. Esse diagrama também é uma representação parcial da empresa, pois mostra apenas como se desenvolve o seu dia a dia, caracterizando suas atividades principais e as de apoio. Sem dúvida, mais próximo a um correto entendimento da empresa que aquele proporcionado pelo organograma.

No entanto, se indagado sobre os propósitos e rumos da companhia, um profissional da área de estratégia apresentará um mapa estratégico em que estarão distribuídos seus diversos objetivos em quatro perspectivas: **financeira**, com os objetivos que concernem ao resultado final da empresa, como lucratividade, receita, custos, retorno ao acionista; **de clientes**, que trará os objetivos relacionados ao mercado, tais como aumento da carteira de clientes, lançamento de novos produtos, retenção da base de clientes, busca por oceanos azuis; **interna**, que mostrará objetivos ligados aos processos internos da empresa, como redução de custos de produção, pesquisa e desenvolvimento de tecnologia, tempo de disponibilização dos produtos para o mercado; e, finalmente, **de aprendizado e crescimento**, que abrigará objetivos ligados a três fatores, sendo eles o clima e a cultura organizacional para o bom desenvolvimento das atividades e do relacionamento entre as pessoas, a capacitação do quadro de empregados e a infraestrutura necessária ao desenvolvimento das tarefas. Esses objetivos estarão distribuídos em quatro raias, cada uma relacionada a uma perspectiva, e também interligados por setas que demonstram a relação de causa e efeito entre eles. Esta também é uma forma parcial de mostrar a empresa, pois apresenta apenas seus propósitos e sua forma de integrar toda a organização, alinhando-a em torno de suas estratégias.

Do exposto é possível verificar que nenhuma dessas formas está completa para que alguém possa conhecer uma empresa, plenamente, por meio delas. Contudo, esses três diagramas que cabem cada um em uma folha de papel, podem ser a solução para que o alto comando da empresa possua um retrato fiel de sua organização, desde que esses mapas venham acompanhados de informações sobre o que propõem demonstrar. Essas informações são chamadas pelo pessoal de controladoria de indicadores da empresa.

O Organograma deveria apresentar o contingente numérico de cada uma de suas caixas, divididos em categorias, como gestores, pessoal com cargos técnicos e pessoas em cargo de suporte, além dos nomes e endereços eletrônicos dos responsáveis por cada caixa; a Cadeia de Valor deveria conter os dois ou três principais indicadores de desempenho de cada macroprocesso da empresa; e o Mapa Estratégico, mostrar os indicadores e metas de cada um dos objetivos a serem perseguidos pela organização, bem como os nomes e endereços eletrônicos dos responsáveis por cada um deles. Desta forma, os gestores da empresa podem ser equipados, por meio destas ferramentas complementares, com um perfil completo do que a empresa é: qual sua estrutura de poder e de responsabilidades, qual seu *modus operandi* e em que direção ela deve caminhar.

Recomendações para uma boa gestão da mudança

Muitos filósofos, poetas e pensadores ilustres, ao longo da história, deixaram suas impressões sobre as inevitáveis mudanças que continuamente irrigam o planeta e, em última análise, o universo. Entre as interessantes, pode-se citar: "É na mudança que encontramos um objetivo" (Heráclito); "Não é o mais forte que sobrevive, nem o mais inteligente, mas o que melhor se adapta às mudanças" (Charles Darwin); "Há um tempo em que é preciso abandonar as roupas usadas, que já têm a forma de nosso corpo, e esquecer nossos caminhos, que nos levam sempre aos mesmos lugares. É o tempo da travessia: e, se não ousarmos fazê-la, teremos ficado, para sempre, à margem de nós mesmos" (Fernando Pessoa); "As pessoas têm medo das mudanças. Eu tenho medo que as coisas nunca mudem" (Chico Buarque); "A mudança é o progresso por meio do qual o futuro invade nossas vidas" (Alvin Toffler); "Aqueles que não amam a mudança são, verdadeiramente, visitantes da Terra" (Richard Bach).

No ambiente das organizações não é diferente. O mercado muda por três razões básicas: mudanças de hábitos das pessoas, trazendo oportunidades para uns e ameaças para outros; as aplicabilidades das novas tecnologias, ou seja, as inovações; e o movimento de globalização, que ficou mais forte no planeta nas últimas décadas, o que o físico Michio Kaku chama de tentativa de alcançar o estágio de uma sociedade do tipo I: planetária.

Se o ambiente externo muda, as empresas necessitam adequar-se a essas mudanças ou estarão "fora do negócio" em pouco tempo. Mas, como fazer para gerenciar as mudanças necessárias dentro de uma organização? As pessoas não têm medo das mudanças, até apreciam as oportunidades que propiciam, mas temem as ameaças que vêm junto.

Para começar, é necessário entender que, durante um processo de mudança, a empresa passa por três estados distintos: o presente, ou seja, como ela está antes da mudança; o de transição, quando as partes se encontram em estágios diferentes da mudança; e o futuro, quando a empresa está praticamente onde deseja chegar com a mudança. Para cada um desses estados recomendam-se algumas ações aos gestores da mudança para um projeto com êxito.

No estado presente – é necessário descongelá-lo com reuniões entre os agentes da mudança, que são as pessoas selecionadas pelo gerente do projeto, espalhadas por suas principais áreas. Nesta fase recomenda-se:

- explicar os problemas e as oportunidades da organização (estado futuro);
- explicar o custo do *status quo* (estado presente);
- demonstrar forte comprometimento do patrocinador do projeto (legitimidade);
- especificar, esclarecer, comunicar as mudanças necessárias.

No estado de transição – é preciso comunicar ativamente aos ALVOS da mudança a necessidade e o andamento do projeto nas outras áreas da empresa, mostrando que o movimento é irreversível. Nesta fase recomenda-se:

- prover estrutura e suporte para encorajar o movimento;
- dar aos ALVOS recursos logísticos, econômicos e políticos para alcançar o que foi pedido;
- continuar a reforçar a necessidade de mudança e focar no futuro;
- informar, esclarecer sobre o andamento da mudança;
- identificar oportunidades do patrocinador do projeto e enviar sinais de compromisso;
- incentivar os ALVOS a demonstrarem seus receios e opiniões e tratá-los como legítimos;
- designar papéis e tarefas de forma a comprometer os ALVOS;
- recompensar os ALVOS receptivos à mudança;
- dar especial atenção os ALVOS que são resistentes.

No estado futuro – existe a necessidade de confirmar o estado desejado, ou seja, mostrar o quão importante foi para a organização ter atingido este novo *status quo*. Com a mudança praticamente implantada, recomenda-se:

- continuar a demonstrar comprometimento;
- continuar a usar a Gerência de Consequência, que significa prover apoio e infraestrutura aos que ainda têm coisas a fazer para atingir a plena mudança; e o reconhecimento e premiação pelo esforço realizado para tal;
- reconhecer o esforço de todos os ALVOS durante a fase de transição, mesmo aqueles que demoraram a aderir;
- comemorar todas as vitórias.

Estruturas organizacionais tradicionais: tipologia e aplicações

Um tema pouco estudado, mas muito praticado pelos profissionais de gestão empresarial, é a montagem e remontagem das estruturas organizacionais das empresas. Para maior conhecimento da tipologia e aplicações das estruturas organizacionais mais tradicionais, serão mostradas, seguindo Mintzberg e Quinn (2001), as sete formas básicas utilizadas no mercado para configurar uma organização.

Organização empreendedora: estrutura simples, uma grande unidade, que consiste de um gerente de cúpula e um grupo de operadores que executa o trabalho básico. Pouco do comportamento da organização é formalizado e é feito um uso mínimo do planejamento. É encontrada em pequenos negócios em sua primeira fase.

Organização maquinal: esta requer uma grande estrutura para o *design* e manutenção dos sistemas que formalizam seus comportamentos e planejam suas ações. Neste modelo existe uma descentralização horizontal, mas limitada, com grande hierarquia de gerentes intermediários para controlar o trabalho altamente especializado da essência operacional. Pode ser encontrada em grandes empresas estatais ou familiares.

Organização profissional: aqui, a atração para profissionalizar é o que domina. Depende de profissionais altamente especializados, mas com considerável controle sobre seu trabalho. Para realizar as tarefas a organização abre mão de boa parte de seu poder não apenas para os próprios profissionais, mas para as associações e instituições que a apoiam. Hospitais e universidades utilizam-se desta configuração em suas estruturas organizacionais.

Organização diversificada: apesar de ser esta uma organização integrada, também é um conjunto de entidades independentes, unidas por uma estrutura administrativa não muito rigorosa. É composta por unidades geralmente chamadas de divisões, sem uma estrutura completa, mas parcialmente sobrepostas às demais. Cada divisão tem sua própria forma de se estruturar. É utilizada por empresas com linhas de produtos muito diversificadas.

Organização inovadora: requer estruturas de projetos que possam fundir especialistas de diferentes atividades em equipes criativas. Este tipo de configuração depende do ajuste entre seus peritos altamente treinados e especializados. Normalmente, os peritos são alocados em unidades funcionais para trabalhos internos, mas designados em equipes de projetos para realizarem seus trabalhos. É encontrada em indústrias como a aeroespacial e a cinematográfica, que precisam inovar de maneiras muito complexas.

Organização missionária: é uma organização orientada e unida por sua ideologia, com tendência a uma divisão não muito rígida de trabalho, pouca especialização de cargos e redução das diferenças hierárquicas. O que mantém esta união e viabiliza a organização é a padronização de normas, o compartilhamento de valores e crenças entre todos os membros, assegurado pela doutrinação. Aparece em organizações religiosas, filantrópicas ou filosóficas.

Organização política: quando uma organização não tem uma parte dominante, nenhum mecanismo de coordenação e nenhuma forma estável de centralização ou descentralização, poderá ter dificuldade em restringir os conflitos em seu meio, que poderão resultar em uma forma de organização chamada política. O que caracteriza seu comportamento é a desintegração de suas partes. Esta caracterização pode ser temporária por necessidade, ou definitiva por opção.

Estruturas em rede: formas modernas de organizar uma empresa

Em ambientes competitivos, as formas tradicionais de se organizar, denominadas mecânicas, devem dar lugar a configurações mais orgânicas. Segundo Mintzberg e Quinn (2001), uma organização complexa é normalmente composta de várias unidades com propósitos diferentes. Para melhor organizar uma empresa assim, os autores sugerem uma estrutura em rede que não é uma forma única de organização, mas abrange uma complexa variedade de formas fundamentalmente diferentes de se organizar. Serão descritas, a seguir, de forma sucinta, seis formas de se organizar em rede.

Organização infinitamente plana: assim chamadas porque não há limites inerentes a sua expansão. Neste tipo de configuração, o ponto central da rede contém uma forma altamente especializada de intelecto; por exemplo, o conhecimento operacional de uma organização de franquias de *fast food* ou um imenso volume de dados em poder de uma corretora de valores. Cada nódulo torna-se o local de novidade, o ponto no qual o *know-how* do centro é aplicado aos problemas dos clientes. Por meio desses nódulos uma organização pode obter conhecimento analisando eficientemente o mundo exterior, para então transferir a curva da experiência cumulativa de seus muitos nódulos para cada nódulo individual.

Organização invertida: nesta forma, o foco principal do intelecto são os nódulos que contatam os clientes, não o centro. Hospitais ou clínicas médicas, unidades de cuidados terapêuticos ou empresas de consultoria de engenharia são exemplos destas situações. O ponto de novidade criativa também está no nódulo, tipicamente porque é aqui que um serviço é adaptado de forma singular e entregue ao cliente. Os nódulos tendem a ser profissionais e autossuficientes. Não há ligação direta para mudar o intelecto rotineiramente de um ponto ao outro. Quando o *know-how* crítico se dispersa, ele o faz formalmente do nódulo para o centro, e daí para os outros nódulos, diferente da organização infinitamente plana, em que os nódulos se intercomunicam para tal.

Organização teia de aranha: esta forma de organização é uma verdadeira rede. Muitas vezes, não há hierarquia interferente ou centro emissor de ordens entre os nódulos nestas organizações. O local do intelecto é altamente disperso, localizado mais nos nódulos de contato, como na organização invertida. Entretanto, o ponto de novidade é um projeto ou problema que requer a íntima interação de nódulos ou a procura de outros que, por acaso, tenham conhecimentos ou habilidades especiais que o problema ou projeto requerem. O *know-how* da organização é essencialmente latente, até que um projeto a force a materializá-lo por meio de conexões que as pessoas fazem entre si.

Organização aglomerada: assemelha-se superficialmente a uma teia de aranha, porque o modo de transporte de *know-how* é feito novamente de nódulo para nódulo. No entanto, o local do intelecto reside em aglomerados não muito bem definidos, que normalmente executam alguma atividade relativamente permanente (como análises de *staff*, inovação técnica de longo prazo ou relacionamentos com clientes) e requerem profunda competência em disciplinas específicas (Mills, 1991). Os membros dos aglomerados, que tendem a ficar próximos uns dos outros, poderão se formar e se reformar em pequenas equipes para resolver problemas específicos, importantes para o sucesso do aglomerado.

Organização raios de sol: esta organização é tecnicamente uma rede interorganizacional, mas, por motivos especiais, nela as unidades organizacionais estão sob a mesma propriedade compartilhada. As organizações raios de sol são geralmente entidades criativas que se deslocam de unidades mais permanentes. Subsidiárias segregadas permanecem parcial ou totalmente pertencentes à matriz e geralmente conseguem captar recursos externos independentemente. São controladas basicamente via mecanismos de mercado. São bons exemplos: estúdios de cinema, fundos mútuos e grupos de desenvolvimento tecnológico.

Organização em rede neural: uma novidade gerada da combinação das melhores características dos modelos formais de organização em rede é a chamada estrutura em rede neural, que faz analogia direta com o cérebro humano – cada neurônio representa uma célula autônoma dentro dos processos organizacionais. As células podem ser um grupo de trabalho, uma área da empresa ou uma rede de empresas que trabalham em conjunto. Elas são responsáveis, integralmente, por um processo ou um subprocesso da empresa. Outra característica do modelo neural é que não existe uma coordenação central, mas uma descentralização do controle das atividades, das decisões e dos processos. Trata-se do total abandono e substituição de estruturas, processo que exige grande apoio da alta administração, pois acarreta transformação radical. As organizações, conscientemente ou não, caminham para o modelo neural em decorrência das vantagens deste modelo em relação aos tradicionais.

Estamos preparados para trabalhar em uma estrutura em rede neural?

Nestes tempos de final de modelos estruturais, todos estes são estressados ao máximo para garantir a sustentabilidade e continuidade da sociedade organizada até a gradativa instauração de uma nova ordem. Na área dos negócios, caminha-se para um cenário de hipercompetição, com lançamentos de novos produtos em ritmo cada vez mais acelerado e o aparecimento de um número maior de competidores por causa da globalização.

Em ambientes competitivos, as formas tradicionais de se organizar, chamadas mecânicas, devem dar lugar às configurações mais orgânicas. Entretanto, mesmo estas organizações, em ambientes hipercompetitivos, demonstram algumas fraquezas que as organizações mecânicas têm como virtude. Portanto, neste tipo de ambiente, é improvável que companhias bem-sucedidas sejam puramente orgânicas ou mecânicas; pelo contrário, precisam combinar estas duas vertentes para obter o melhor de cada, visando conseguir vantagens competitivas.

A definição de estrutura organizacional neural ou estrutura em rede neural a seguir está baseada na declaração de Fernando C. de Almeida (1995):

> As organizações administrativas têm se espelhado em novos modelos organizacionais para sobreviverem. O mais novo é o neural, que faz analogia direta com o

cérebro humano: cada neurônio representa uma célula autônoma dentro dos processos organizacionais. As células podem ser um grupo de trabalho, uma área da empresa ou uma rede de empresas trabalhando em conjunto. Elas são responsáveis, integralmente, por um processo ou um subprocesso da empresa. Por consequência, a geração de seus produtos é feita de forma rápida e eficaz. Grande parte do produto gerado é elaborado e recebido pelas células e, após, convertido em informação e conhecimento. Outra característica do modelo neural é que não existe uma coordenação central, mas uma descentralização do controle das atividades, das decisões e dos processos. Na forma tradicional, as estruturas hierárquicas são centralizadoras, sendo que cada área é controlada por uma entidade ou órgão superior na estrutura organizacional. Nesse processo a informação flui de maneira lenta e não direcionada. A transformação de uma estrutura empresarial tradicional para uma neural requer a adoção de um processo denominado implosão. Trata-se do total abandono e substituição de estruturas, processo que exige grande apoio da alta administração, pois acarreta transformação radical. As organizações, conscientemente ou não, caminham para o modelo neural em decorrência das vantagens deste modelo em relação aos tradicionais.

Ou seja, são estruturas organizacionais descentralizadas, com capacidade de autogestão da sua parte no negócio, utilizando um órgão central, apenas para garantir um padrão para a passagem das informações necessárias entre as células no prazo requerido. Este órgão garante a inteligência das partes, gerando um padrão bem estruturado de objetivos e de formas de intercâmbio de informações entre as células que atenda todo o negócio.

Não se faz uma rede neural sozinho. A evolução no domínio das técnicas de comunicação, o uso habilidoso e criativo das ferramentas tecnológicas, a internalização dos fundamentos, não podem ser processos apenas individuais, têm de ser coletivos.

Os desafios maiores são apresentados no campo das relações internas. A estrutura em rede neural rompe com as relações tradicionais, piramidais, de poder e de representação, possibilitando vivenciar nas relações corporativas as ideias e princípios emancipatórios, de *empowerment* de pessoas e organizações. Organizar-se em rede resgata o conceito de fé no ser humano como um ser de capacidade. Na rede neural, o poder que tradicionalmente é vivido como poder sobre os outros ou sobre as estruturas, surge como potência para realizar coletivamente.

É necessário que as pessoas sejam preparadas, formadas para as tarefas de sustentação, para manter a malha íntegra, o fluxo contínuo. Sejam chamadas de facilitadores ou de cabeças de rede, essas pessoas necessitam do desenvolvimento de competências, do domínio de instrumentos e técnicas de comunicação e mobilização, da internalização dos fundamentos da nova cultura organizacional.

As estruturas organizacionais em rede neural não substituem as organizações piramidais nem são alternativas viáveis para todos os tipos de organizações e objetivos. É impensável uma igreja ou um exército com sua organização em rede neural. No entanto, para um órgão de *staff* como uma controladoria, que precisa operar como um consultor da alta gerência ou de toda a cadeia gerencial, e também como um especialista em diversas áreas, tais como planejamento, controle orçamentário e de resultados, sistemas de informação gerencial, processos operacionais e viabilidade de projetos, este tipo de estrutura organizacional se adapta a todos os objetivos de *empowerment*, criatividade e autonomia que este requer de seus profissionais.

Além do sincronismo organizacional

O sincronismo organizacional é um novo conceito de gestão desenvolvido pelos professores Paulo Rocha e Alan Albuquerque (2007) da Fundação Dom Cabral, com o objetivo de ordenar as atividades de uma empresa por meio do alinhamento de três fatores-chave para seu funcionamento: estratégia, processos e colaboradores. A peça-chave desta metodologia é a definição e a melhoria dos processos críticos da empresa, ou seja, aqueles que mais alavancam as estratégias da companhia. Robert Kaplan e David Norton (2009) explicam quão importante é colocar todos os setores da organização seguindo tudo o que foi planejado como estratégia, e utilizam a ferramenta criada por eles, o BSC, como instrumento para corrigir a falta de alinhamento organizacional existente atualmente em muitas empresas. O ponto em comum entre as propostas das duas obras citadas são os indicadores de desempenho, que podem ser encontrados tanto nos processos quanto nos objetivos estratégicos da organização, servindo de ponte para interligar as estratégias da empresa e seus processos críticos: se o alcance de um objetivo estratégico é controlado por determinado indicador, deve-se procurar em que processo aparece este indicador para encontrar o processo crítico a ser melhorado. Assim, estarão sincronizadas as estratégias com os processos da empresa. Mas, como alinhar os processos às pessoas?

Ambas as obras sugerem que as pessoas sejam alinhadas aos processos por meio dos projetos de melhoria de processos ou dos planos de ação que refinam as estratégias até o chão de fábrica da empresa. Porém, muitos dos funcionários de uma organização trabalham anos sem participar de um projeto; são os que desenvolvem atividades bastante operacionais, do cotidiano. Então, como alinhar essas pessoas aos processos corporativos? Elas conhecem apenas sua parte em um ou dois processos operacionais da companhia. A resposta para esta fase final do sincronismo talvez esteja na área de recursos humanos; especificamente em seu processo de desenvolvimento organizacional, em um de seus subprocessos: planejamento e alteração da estrutura organizacional da empresa. Quando uma estratégia se desdobra em objetivos estratégicos para as áreas da empresa e estes objetivos exigem modificações em alguns processos críticos, também deveriam exigir modificações no organograma para que novas atividades ou novos planos de ação tivessem sua execução facilitada por uma estrutura organizacional mais próxima da realidade de seus processos críticos, sejam principais ou de suporte, que em última análise forjam a realidade da empresa. Ao contrário, o que se vê hoje é uma mudança na organização formal da empresa por motivos casuísticos, como uma acomodação de cargos de confiança ou a necessidade de alocar um executivo de forma que não o perca para o mercado. Esta prática duvidosa afasta cada vez mais a estrutura organizacional da empresa de seus processos e de suas estratégias.

No intuito de complementar os esforços do sincronismo organizacional com os de seu primo-irmão norte-americano, o alinhamento por meio do BSC, algumas recomendações podem ser feitas na tentativa de alinhar as pessoas aos processos da organização e, consequentemente, a suas estratégias, usando para isto a adequação da estrutura organizacional como parte do processo de planejamento da empresa:

1. Humberto Martins (2011) recomenda que a estrutura organizacional da empresa seja tratada como cinco blocos lógicos, facilitando assim o redesenho de um ou mais blocos sem a necessidade do redesenho dos outros. São eles: **cúpula**, as instâncias máximas deliberativas que controlam a organização; **núcleo operacional**, espaço onde os processos de trabalho das atividades principais da empresa operam para produzir os resultados definidos pela estratégia; **suporte administrativo**, no qual se situam os processos de gestão de insumos (recursos humanos, financeiros, logísticos e materiais); **suporte técnico-corporativo**, no qual são incluídos os processos de definição de requisitos técnicos, desenvolvimento de produtos, planejamento corporativo e desenvolvimento institucional; e **linha intermediária**, estrutura de coordenação que deve proporcionar integração horizontal (entre atividades principais e de suporte) e vertical (entre a cúpula e o núcleo operacional).

2. Henry Mintzberg, em seu livro *The Structuring of Organizations: A Synthesis of the Research* (1979), sugere que a coordenação dessas cinco partes pode acontecer de três formas: por negociação entre os blocos, por supervisão hierárquica ou por padronização dos processos, levando-se em conta que a melhor

estrutura organizacional é aquela que viabiliza, ao menor custo possível, o funcionamento do núcleo operacional, bloco-chave da estrutura, com base em determinada estratégia.
3. Os melhores e mais modernos tipos de estrutura são as estruturas em rede. Segundo Mintzberg e Quinn (2001), uma organização complexa é normalmente composta de várias unidades de propósitos diferentes. Para melhor organizar este tipo de empresa, eles sugerem uma estrutura em rede que não é a única forma de organização, mas abrange uma complexa variedade de formas fundamentalmente diferentes de se organizar: **infinitamente plana,** como em um projeto; **invertida,** como em uma rede de hospitais; **teia de aranha,** descentralizando o intelecto e as operações; **aglomerada,** centralizando o intelecto, mas descentralizando as operações; **raios de sol,** criando subunidades permanentes; ou **redes neurais,** copiando o funcionamento do cérebro humano (descentralizando, assim, poder e decisões).
4. Novas formas de representar uma estrutura organizacional devem ser perseguidas para poder conectá-la aos processos da empresa e às suas estratégias. Um simples organograma mostra apenas a estrutura formal de poder da empresa (na vertical) e a de responsabilidades pelas funções da empresa (na horizontal). Mintzberg e Heyden (1999) apresentam uma nova forma de desenhar e ver as organizações, por meio do que chamaram *organigraph*, no qual não há regras rígidas, como ocorre com os organogramas. Um *organigraph* mostra mais relacionamentos e processos que nomes e títulos. Ele não elimina os organogramas e seus componentes, como caixas contendo a indicação do poder e setas com o relacionamento entre as caixas, mas introduz novos componentes que procuram refletir as várias maneiras como as pessoas se organizam no trabalho. Esses novos componentes são denominados **ponto central,** que serve como um centro de coordenação; é qualquer ponto físico ou conceitual para o qual pessoas, coisas e informações se movem; e **rede,** conexões sem um centro que permitem comunicação aberta e movimentação contínua de pessoas e ideias. Um *organigraph* permite evidenciar as competências e conectá-las aos processos da organização, o que o organograma tradicional não permite.

Mas, o que é eTOM?

O eTOM, *enhanced Telecom Operations Map*, traduzido literalmente como mapa avançado de operações de telecomunicações, é um padrão para os processos de negócio do segmento de telecomunicações. A exemplo do ITIL – *Information Technologies Infrastructure Library* [biblioteca de infraestrutura de tecnologias da informação], um conjunto das melhores práticas para a direção e a gestão de serviços de tecnologias da informação para pessoas, processos e tecnologias, desenvolvido pela OGC (*Office of Government Commerce*) do Reino Unido, que cumpre e desenvolve a norma BS15000 da BSI (*British Standards Institution*), o eTOM descreve o escopo completo dos processos de negócios requeridos por um provedor de serviços. Ele foi adotado como um padrão pelo ITU-T, em 2004, com o nome M.3050. Este padrão é um dos poucos definidos para toda uma indústria no mercado e pode servir de base para o desenvolvimento de diagramas de contexto ou cadeias de valor de empresas em outros segmentos.

Seguindo a mesma linha de pensamento do ITIL, que, por meio das melhores práticas específicas, possibilita aos departamentos e organizações reduzir custos, melhorar a qualidade dos serviços tanto para clientes externos como internos e aproveitar ao máximo as habilidades e experiências do pessoal, melhorando sua produtividade, ele propõe um mapa de processos que em verdade carrega dentro de si um forte conceito de estrutura organizacional baseada em processos.

O Mapa de Processos de Negócio eTOM descreve e analisa diferentes níveis de processos corporativos de acordo com sua importância e prioridade para o negócio. Ele também fornece um ponto de referência neutro para as necessidades internas de reengenharia de processos da organização. No nível conceitual, este mapa apresenta três principais linhas de processo: **estratégia, infraestrutura, e produtos**, que cobre o planejamento e o gerenciamento do ciclo de vida dos produtos da empresa; **operações**, cobrindo o núcleo do dia a dia da gestão operacional; e **gestão empresarial**, cobrindo o apoio à gerência organizacional ou de negócios. O diferencial deste modelo é que ele também abriga uma proposição de arquitetura organizacional compatível com o agrupamento de processos proposto. Isto traz a vantagem de permitir à empresa montar seus times de processos e suas equipes de projetos de maneira mais eficiente, uma vez que pelo mapa ela pode saber exatamente onde estão os profissionais que detêm as competências-chave de cada macroprocesso da companhia.

A linha de processos de **estratégia, infraestrutura e produtos** abriga os seguintes macroprocessos: marketing estratégico, também conhecido por geração das estratégias e objetivos da empresa; gestão do ciclo de vida dos produtos da empresa; e gerenciamento da infraestrutura necessária ao desenvolvimento e manutenção desses produtos e da operação da empresa. Mas também sugere quatro macrofunções para administrar estes processos: gerência de marketing e ofertas; gerência de desenvolvimento e acompanhamento de produtos e serviços; gerência de desenvolvimento e manutenção de recursos e aplicações de TI e rede; gerência da cadeia de suprimentos.

A linha de processos de **operações** contém os seguintes macroprocessos: suporte e disponibilidade de operações; aprovisionamento; garantia da qualidade; faturamento. Também propõe quatro gerências para conviver com esses processos: gerência de relacionamento com o cliente; gerência e operações de serviços; gerência e operações de recursos e aplicações de TI e rede; gerência de relacionamento com fornecedores e parceiros.

Na linha de **gestão empresarial**, os processos e funções misturam-se no mapa do eTOM. Para que haja a mesma separação entre macroprocessos e macrofunções ou gerências, a seguinte configuração pode ser válida: macroprocessos de planejamento estratégico; análise de riscos; desempenho empresarial; pesquisa e desenvolvimento; finanças; controle de ativos; endomarketing; relações externas; gestão de pessoas; bem como as macrofunções em nível de gerências de desenvolvimento empresarial; gerência de risco empresarial; controladoria estratégica; gerência de engenharia e desenvolvimento de tecnologia; gerência econômico-financeira; gerência de controle do patrimônio; gerência de comunicação interna; gerência de relações com o mercado; gerência de recursos humanos.

Mapa de processos do eTom

Disponível em http://www.planoeditorial.com.br/telecomusersforum/pdf/mapa_processos.pdf

Com base nesse modelo é possível moldar uma estrutura organizacional extremamente compatível com os macroprocessos da organização, o que facilita a interação e as sinergias entre o fluxo vertical de trabalho e a horizontalização necessária aos projetos, e, em última análise, ao bom desempenho da empresa. Quanto às funções não contempladas na estrutura básica do eTOM, como funções regulatórias, jurídicas, de segurança ou ambientais da organização, estas podem ser desenhadas e acopladas ao mapa principal da companhia, de acordo com o melhor encaixe funcional.

O que é um *organigraph*?

Organograma ou diagrama organizacional de uma empresa é uma maneira incompleta de representar uma organização. Dele podemos entender, por sua vertical, o mecanismo de poder da empresa, ou seja, quem manda mais na hierarquia da companhia; da sua horizontal, pode ser obtida a estrutura de responsabilidades da organização, que áreas são responsáveis por qual assunto; e, por fim, do seu todo captura-se de que forma a companhia distribui suas forças para atender ao mercado em que atua. Contudo, esta é uma representação que não nos mostra o relacionamento entre áreas, o fluxo de seus processos operacionais, nem a ênfase estratégica que a empresa deseja dar a cada uma de suas áreas. Os diagramas da cadeia de valor e o mapa estratégico da empresa são complementos importantes para melhor entender uma organização.

Tentando evoluir o desgastado organograma, Henry Mintzberg e Ludo Van der Heyden (1999) propuseram uma nova maneira de entender a forma de uma organização: o *organigraph*. Esta maneira mais reveladora de mapear a estrutura formal de uma empresa apresenta adicionalmente as maneiras como as pessoas se organizam para ajudar os gestores a encontrar oportunidades competitivas inexploradas. O diagrama, que em português poderia receber o nome de organográfico, é composto por novos componentes, além daqueles tradicionais de um organograma, que recebem os nomes de ponto central (*hub*) e rede (*web*). Um ponto central serve como um centro de coordenação; é qualquer ponto físico ou conceitual para o qual pessoas, coisas e informações se movem. Por outro lado, redes são conexões sem um centro: elas permitem comunicação aberta e movimentação contínua de pessoas e ideias. Um ponto central pode ser uma série de coisas: um prédio, um gerente, uma competência essencial, uma máquina. Já os "nós" de uma rede podem ser pessoas, times de projeto, computadores ou qualquer outra coisa, desde que conectados. De acordo com Mintzberg e Heyden, em um ponto central os gerentes coordenam as atividades, enquanto na rede os gerentes facilitam a ligação entre áreas e profissionais, dando energia a essas atividades.

Embora existam vários formatos para um *organigraph*, assim como acontece com um organograma, a figura desta seção mostra a diferença entre um organograma convencional e um *organigraph* de um jornal, no qual pode ser vista a representação do processo produtivo da empresa, bem como a diferença entre suas atividades principais e as de suporte, o que não é possível em um organograma. No *organigraph* as atividades principais são "nós" de rede, enquanto a fase de distribuição do jornal à sociedade é um ponto central, pois tudo converge de forma direta ou indireta para ela.

Alguns adeptos do *organigraph* apresentam suas empresas por intermédio dos dois tipos de diagrama (organograma e *organigraph*) para que o mecanismo hierárquico da organização não seja perdido ou desprezado. Apesar de a proposta do *organigraph* existir desde 1999, ainda não são muitos os adeptos dessa maneira inovadora e mais completa de representar uma organização.

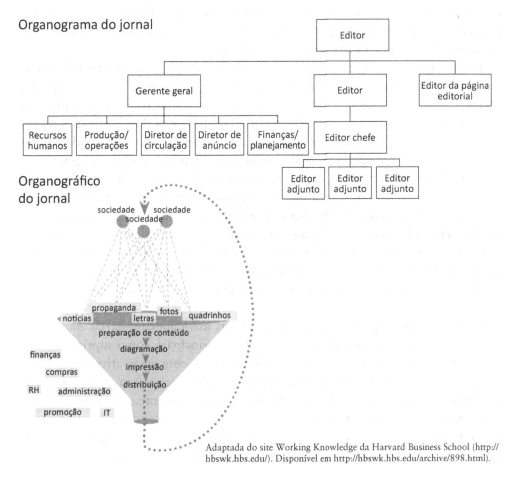

Adaptada do site Working Knowledge da Harvard Business School (http://hbswk.hbs.edu/). Disponível em http://hbswk.hbs.edu/archive/898.html).

Um olhar pragmático na cadeia de valor de Porter

No Moderno Dicionário da Língua Portuguesa Michaelis, pragmatismo é a "ênfase no pensamento filosófico, na aplicação das ideias e das consequências práticas de conceitos e conhecimentos". Já na enciclopédia, cadeia de valor "representa o conjunto de atividades desempenhadas por uma organização desde as relações com os fornecedores e ciclos de produção e de venda até a fase da distribuição final". No entanto, o conjunto de atividades empresariais interligadas logicamente que, atendendo a requisitos do cliente, agregam valor aos insumos e geram produto é chamado processo.

Michael Porter desenhou duas cadeias de valor genéricas, uma para um fabricante e outra para um prestador de serviços, criando oportunidade para que a organização seja menos esquadrinhada como um rol de estruturas organizacionais e mais contemplada como um conjunto de processos integrados. Infelizmente, esta prática não é comum nas empresas, talvez pela falta de conhecimento metodológico ao observar os diagramas propostos por Porter.

Estes mapas de contexto empresarial criados por Porter apresentam dois conjuntos de atividades: um de suporte, que contempla as atividades secundárias, comuns às duas cadeias de valor (fábrica e serviços), e outro principal, que contempla as atividades primárias. Ao longo do tempo esses dois conjuntos foram chamados pelos próprios empregados de atividades de apoio e atividades fim da empresa. Em verdade, o segundo conjunto contém atividades que geram seu produto diariamente: em uma fábrica, o processo de logística de entrada diariamente fornece os insumos para que o processo de operações os transforme em produtos acabados, que devem ser diariamente distribuídos para os pontos de venda e lá vendidos para os clientes que, todos os dias, podem apresentar queixas sobre os produtos, atendidas pelo processo de serviços ou pós-vendas. Da mesma forma, em uma empresa prestadora de serviços, diariamente, os processos de preparação, execução e acompanhamento dos serviços devem apresentar seus resultados.

Contudo, outros processos que suportam as atividades primárias da organização, sejam de alta conexão com as atividades principais, como suprimentos ou gestão de novos produtos, sejam de baixa conexão com essas atividades, como planejamento estratégico ou suporte jurídico, também necessitam apresentar seus resultados. Só que esses resultados não aparecem diariamente. Comprar um insumo, criar um novo produto, planejar os rumos da empresa, defender uma causa trabalhista são atividades com um tempo de maturação bem maior que um dia. Aí reside a grande diferença entre esses dois conjuntos de atividades.

Com relação aos recursos que cada um dos dois conjuntos de processos opera cabe um alerta aos órgãos de recrutamento e seleção das empresas, sobre as competências necessárias aos empregados plenos ou seniores desses dois conjuntos. Nas atividades principais, quando se recruta, por exemplo, um diretor de vendas para uma montadora de automóveis, é necessário que, além dos conhecimentos funcionais da atividade de vendas, ele também detenha o conhecimento da indústria em que a companhia opera; no exemplo citado, o conhecimento sobre o negócio de automóveis faz-se necessário. Contudo, se o recrutamento for de um diretor de recursos humanos, a *expertise* em pessoas é mandatória, mas o conhecimento da indústria automobilística não. A não observância desta segunda diferença sutil entre os dois conjuntos de atividades da cadeia de valor (principais e de suporte) pode causar um atraso no recrutamento por causa da redução no número de potenciais candidatos, supervalorização na remuneração do executivo de suporte e contratação de um gestor muito empreendedor, preocupado com as atividades fim da empresa, mas pouco eficiente em sua função de suporte; assim como um diretor de RH que pensa mais nos custos da empresa que no ambiente organizacional e na excelência profissional dos empregados.

Gestão de processos

Mas, afinal de contas, o que é um processo?

No Moderno Dicionário da Língua Portuguesa Michaelis, processo é definido como "sucessão sistemática de mudanças em uma direção definida" ou "concatenação ou sucessão de fenômenos". Uma das melhores definições de processo, para empresas, é aquela constante do glossário do Sistema Nacional de Padronização Eletrônica da Universidade Corporativa da Petrobrás (Sinpep), que diz: processo é um "conjunto de recursos e atividades interligadas logicamente que, atendendo a requisitos, agregam valor aos insumos e geram produto segundo as especificações do cliente; onde recursos são mecanismos ou meios necessários para a execução das atividades".

À luz dessas definições, podemos dizer que um processo é uma máquina, pois a exemplo de qualquer máquina recebe insumos e os transforma em produtos, por meio de uma cadeia de atividades de agregação de valor ou beneficiamento dos insumos. Contudo, essa máquina não é física, e seus insumos e produtos muitas vezes também não. Daí a dificuldade em tratá-la da mesma forma que cuidamos de uma máquina física: fazendo manutenções periódicas, trocando peças defeituosas, não se esquecendo de ligá-la e desligá-la na hora certa, alimentando-a constantemente com a matéria-prima necessária para evitar que trabalhe em seco e não gere os produtos esperados. Os processos podem ser considerados máquinas virtuais.

De um modo geral, as pessoas alegam ser muito difícil desenhar os complexos processos de uma empresa, como os de vendas, produção e logística de entrada. Entretanto, isto é necessário para que cada máquina virtual seja conhecida, alimentada com insumos apropriados e mantida de forma que sempre opere dentro dos parâmetros desejados, gerando produtos de modo constante e ininterrupto. Para isto, se cada time de trabalho em uma organização conseguir desenhar de forma simples seu pedaço do processo (mais conhecido por subprocesso), já será dado um grande passo em direção ao desempenho harmonioso entre as diversas máquinas e engrenagens existentes em uma companhia.

Uma excelente ferramenta para isto vem de uma metodologia de qualidade na produção, chamada Seis Sigma: trata-se do SIPOC, em inglês *suppliers, inputs, process, outputs and customers*. A técnica sugere que devem ser listadas para fazer um mapeamento básico do processo de trabalho de uma área, ou seja, uma fotografia interna daquela máquina virtual: as macroatividades do processo de trabalho de uma área da empresa (*process*); os insumos necessários para seu bom funcionamento (*inputs*); a identificação de quem deve fornecer esses insumos (*suppliers*); os produtos esperados deste processo (*outputs*); e os clientes que devem receber esses produtos (*customers*).

Um exercício pode ser feito para exemplificar o funcionamento deste modelo. O processo de um centro cirúrgico de um hospital do interior de São Paulo foi mapeado utilizando a ferramenta SIPOC da seguinte maneira:

Nome do processo: atendimento cirúrgico.
Etapas do processo (*process*): recepcionar paciente, aplicar anestesia, realizar cirurgia, acompanhar recuperação pós-anestésica, acompanhar recuperação pós-operatória, liberar paciente.
Insumos necessários ao processo (*inputs*): procedimentos de anestesia, disponibilização de materiais esterilizados, tratamento materno-infantil (no caso de parto), material médico e medicamentos.
Fornecedores dos insumos necessários (*suppliers*): anestesiologia, central de material e esterilização, centro de parto humanizado e farmácia do hospital.
Produtos que devem gerar o centro cirúrgico (*outputs*): cirurgia realizada, documentação e registro correspondentes aos procedimentos da assistência prestada.

Fornecedores	Entradas	Fluxo de atividades	Saídas	Clientes
Anestesiologia	Procedimentos de anestesia	Recepcionar		Unidade de terapia intensiva
Central de material e esterilização	Disponibilização de materiais esterilizados	Aplicar anestesia / Realizar cirurgia	Cirurgia realizada	Unidades de internação
Centro de parto humanizado	Tratamento materno-infantil	Acompanhar recuperação pós-anestésica	Documentação e registros correspondentes aos procedimentos da assistência prestada	Faturamento
Farmácia	Disponibilização de material médico e medicamentos	Acompanhar recuperação pós-operatória / Liberar		Controladoria

Disponível em http://www.eventosfehosp.com.br/palestras/arquivos/22-3-9-15h_Painel_Fehosp_Allan_Kern.pdf

Clientes deste processo (*customers*): unidade de terapia intensiva, unidade de internação, serviço de prontuário do paciente, faturamento e controladoria.

Duas coisas interessantes sobre este exemplo: primeira, em um processo interno, o cliente quase nunca é o real cliente da empresa. Neste caso, o paciente não aparece como cliente, mas as unidades do hospital que têm o paciente como cliente. Segunda, podemos observar que esta ferramenta fica mais clara se diagramada em uma tabela, como podemos ver na figura ao lado.

Com processos conhecidos e controlados, aumentam-se consideravelmente as chances de os produtos gerados ser adequados aos clientes e lucrativos à empresa.

O que é na prática uma organização orientada a processos?

As empresas tradicionais veem a compartimentalização de sua estrutura organizacional por função como a forma mais adequada de formatar as áreas de uma empresa. São muito comuns nos organogramas empresariais as áreas de vendas, operações, engenharia, suprimentos e logística, marketing. Entretanto, a empresa não obtém sucesso em seu negócio trabalhando isoladamente cada uma dessas funções. Para transformar os insumos em produtos, ela necessita alinhar toda a organização de acordo com processos de produção, vendas, faturamento, cobrança, entre outros, que possuem tempos de execução diferentes.

Então, por que juntar suprimentos e logística em uma mesma área se o dia a dia da operação depende diretamente apenas dos estoques e do fluxo de matéria-prima em suas linhas de produção, responsabilidades da logística? A área de suprimentos tem mais afinidades com as funções de projetos ou de engenharia, uma vez que sua função é comprar o bom e o bonito por um preço barato, trabalhando por semanas até chegar ao produto final. Por que colocar dentro de uma mesma área todas as funções de marketing, se aquelas que trabalham com preço e promoção estão tão ligadas a vendas, e as que lidam com o desenvolvimento e gestão de produtos, bem como as que definem o plano integrado de negócios (*business plan*) da empresa, não trabalham em bases de produção diária? Por que a engenharia tem este nome se existem atividades de engenharia até dentro das áreas de operação e de manutenção?

Michael Porter divide a cadeia de valor de uma empresa (nível zero do mapa de processos de uma organização) em dois tipos de atividades/processos: principais e de suporte. O segundo tipo é de responsabilidade de áreas com forte característica de função: recursos humanos, área jurídica, financeira ou de marketing estratégico. Essas áreas são geralmente comandadas e povoadas por profissionais de formação específica nessas funções. Em contraste a isto, nas áreas responsáveis pelas atividades principais da empresa, muitas profissões são comuns: em uma montadora de automóveis encontraremos engenheiros mecânicos ou mecatrônicos tanto na área de logística quanto na área de operações ou na de pós-venda. Um forte sinal de que a estrutura por função faz menos sentido, nesta parte da cadeia de valor da empresa, que uma estrutura orientada aos seus processos produtivos.

Neste caso, uma estrutura verticalizada explode as pontes que alinhariam as diversas áreas por meio da forma horizontal de seus processos (veja Figuras A e B), tendo como consequência um desalinhamento do trabalho e uma visão não sistêmica dos problemas a serem resolvidos, levando a pensamentos como "deixa pra lá que o furo está do lado deles do barco!".

Uma forma intermediária de resolver esta falta de orientação a processos é montar um time de processos com participantes de todas as áreas funcionais da empresa envolvidas, que tenham como líder alguém da área mais afetada pelo processo. Exemplo: o dono do processo (*process owner*) de vendas deveria ser da área comercial da empresa. Desta forma a hierarquia funcional teria um aliado para que a orientação a processos da organização não sucumbisse à pressão das necessidades e aspirações de cada uma de suas áreas funcionais. Nem seria necessário aprender a trabalhar desta forma, uma vez que a estrutura matricial utilizada para o desenvolvimento dos projetos da empresa já é um excelente modelo de como deve trabalhar uma estrutura por processos.

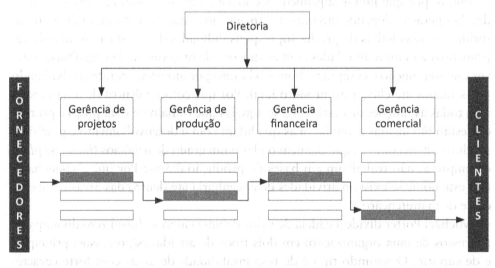

Figura A
Fonte: Adaptação de TENNER, Arthur R.; DeTORO, Irving J. Process redesign – Implementation Guide for Managers. New Jersey: Prentice Hall, 2000.

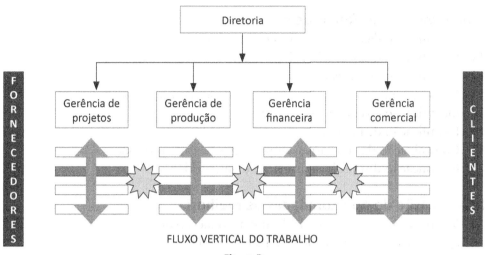

Figura B

Fonte: Adaptação de TENNER, Arthur R.; DeTORO, Irving J. Process redesign – Implementation Guide for Managers. New Jersey: Prentice Hall, 2000.

Passos para um redesenho adequado de processos

Muito se tem falado sobre redesenho de processos, mas sempre que há necessidade de fazer uma revisão na forma como a empresa operacionaliza uma ou várias de suas funções, são contratados especialistas no ambiente externo para realizar a tarefa. Muitas vezes esses especialistas não preparam o pessoal interno para que, em uma próxima oportunidade, a empresa possa fazer um redesenho por conta própria. Para orientar uma revisão de processos do tipo "faça você mesmo", listamos, a seguir, 37 passos para uma revisão demandada.

Conhecimento da área
1. Identificação das partes interessadas
2. Levantamento do organograma da área/relações de *report/headcount*
3. Identificação das formas de interação entre os departamentos
4. Identificação de mecanismos de medição de desempenho
5. Identificação da distribuição de autoridade
6. Identificação dos recursos de TI e de RH
7. Levantamento das atividades
8. Consolidação do levantamento

Entendimento dos processos
9. Identificação dos processos

Mapeamento dos fluxos de processos
10. Identificação das áreas atuantes no processo
11. Identificação das fronteiras de cada processo
12. Identificação dos seus objetivos
13. Levantamento do macrofluxo das atividades do processo
14. Identificação das áreas responsáveis
15. Identificação de métricas
16. Consolidação das iniciativas impactantes de cada processo
17. Identificação dos problemas e nível de maturidade

Identificação de oportunidades de melhoria
18. Identificação da necessidade de alteração nas atividades (eliminação, criação, agrupamento, automatização, terceirização etc.)
19. Identificação e geração de alternativas de melhoria
20. Avaliação de alternativas (potencial de ganhos, impacto sobre indicadores de desempenho, viabilidade etc.)
21. Seleção da solução de melhoria
22. Definição da aplicação de terceirização ao processo
23. Distribuição das atividades entre as diferentes entidades organizacionais
24. Redimensionamento de novos recursos materiais e tecnológicos
25. Determinação de viabilizadores e barreiras para a mudança

Escolha do processo crítico para redesenho
26. Indicação do processo a ser redesenhado
27. Análise do potencial de melhoria
28. Análise do impacto às partes interessadas
29. Análise da viabilidade da solução
30. Definição dos processos-alvo do redesenho

Redesenho do processo
31. Repensar o processo
32. Redesenho de novos fluxos
33. Análise do impacto do novo processo
34. Desenho de funções e papéis
35. Definição das necessidades de recursos
36. Plano de implementação
37. Revisita à estrutura organizacional, atentando para um conjunto básico de fatores:

- estabelecimento de prioridades: analisar as alterações organizacionais interessantes para promoção em relação aos processos redesenhados;
- alocação de recursos: recursos passam a ser alocados a processos e desta forma gerenciados;
- comunicação e fluxos de informação: eliminar-se-ão eventuais sistemas informais de comunicação em benefício da objetividade e agilidade na transmissão das informações gerenciais;
- divisão de responsabilidades: a organização desenhada em torno dos processos irá redividir as responsabilidades pelas diversas funções;
- gestão dos processos-chave: a estrutura organizacional deve facilitar a gestão dos novos processos, e não ser uma barreira.

Da cadeia de valor aos subprocessos da empresa

Cadeia de valor, segundo Michael Porter em seu livro *Vantagem competitiva: criando e sustentando um desempenho superior*, "é um conjunto de atividades desempenhadas por uma organização desde as relações com os fornecedores e ciclos de produção e de venda até a fase da distribuição final", ou seja, é o conjunto de processos da empresa que agrega valor aos insumos transformando-os em produtos ou serviços. Portanto, a cadeia de valor é um mapa dos macroprocessos principais e de suporte da organização.

Com base nesse mapa, também chamado mapa de contexto da organização, é possível desenhar os processos da empresa, identificando as áreas atuantes em cada processo, delimitando as fronteiras de cada um, definindo seus objetivos, levantando o fluxo de atividades dos processos, reconhecendo as áreas responsáveis, determinando os indicadores e metas que servirão de medida de desempenho para cada processo, consolidando as iniciativas impactantes de cada um e finalmente mapeando os problemas de nível de maturidade dos processos e de seus operadores.

Os processos da empresa definidos e estudados geram grande oportunidade para que as forças e fraquezas da organização sejam levantadas com o objetivo de auxiliar na geração das estratégias que adequarão a empresa ao ambiente externo, ao sistema de valor. Outra oportunidade que o levantamento dos processos com base na cadeia de valor da organização proporciona é o conhecimento de cada atividade da companhia, seja para ajudar um novato a começar em sua função com uma curva de aprendizagem mais curta, seja para aumentar o conhecimento sobre um processo por quem opera outro antecessor ou subsequente, uma vez que, se escritos de forma sucinta, os processos são um mapa de funcionamento das diversas partes da organização.

Mas, se os processos forem escritos de forma simplificada, como detalhar algumas de suas funções? A resposta está no desdobramento desses eventos ou atividades dentro dos processos em fluxos de subprocessos que garantam a descrição necessária ao entendimento mais detalhado de uma atividade específica. Por exemplo, se na cadeia de valor da empresa aparecer um macroprocesso sob o título gerir os recursos humanos da empresa, seu desdobramento levará a um fluxo de atividades que contempla os seguintes processos: provisão de recursos humanos; aplicação de recursos humanos; desenvolvimento de recursos humanos; manutenção de recursos humanos; e monitoramento de recursos humanos. Cada um desses processos terá alguns subprocessos dentro de seus fluxogramas que poderão ser detalhados para um melhor entendimento do conjunto de atividades da empresa. Provisão contempla recrutamento, seleção e desligamento; aplicação contém integração, desenho de cargos e análise de cargos e salários; da mesma forma, desenvolvimento é composto por treinamento, desenvolvimento organizacional, e desenvolvimento das competências individuais; manutenção é composta pelos subprocessos gestão dos benefícios sociais e relações trabalhistas e legislação; por sua vez, monitoramento contempla operação dos sistemas de informações de RH e gestão do desempenho individual e coletivo da empresa.

Um último ganho para as organizações que possuem uma cadeia de valor definida e que a desdobra em seus processos corporativos e operacionais é ter uma ferramenta prática de sincronismo da organização, uma vez que, definidas as estratégias e os objetivos estratégicos da empresa, é possível relacionar cada conjunto de objetivos com um ou mais macroprocessos da companhia, provocando revisões e atualizações para que as estratégias tenham mais chances de sucesso.

Montando o escritório de processos da empresa

De acordo com Roger Tregear, Leandro Jesus e André Macieira (1998) em seu livro *Estabelecendo o escritório de processos*, para apoiar uma organização que realiza uma gestão por processos, é interessante a montagem de um escritório, visando projetar, construir, operar e transferir conhecimentos, ferramentas e metodologias sobre mapeamento, redesenho e controle de processos para toda a organização, pois é por meio dos processos de negócio que uma empresa executa sua estratégia. Consequentemente, os processos de negócio devem ser geridos e otimizados continuamente; isto é BPM: *business process management* (Gerenciamento de Processo de Negócios).

Para montar um escritório de processos, é necessário que algumas etapas sejam seguidas:

1. **Preparar e planejar**, garantindo recursos e antecipando barreiras.
2. **Divulgar o conceito de BPM** por toda a empresa.
3. **Desenvolver a competência interna** em gestão de processos por intermédio de treinamentos.

Depois de montado, para manter um Escritório de Processos é necessário:

4. Comprometer-se com os processos por meio da ajuda constante às áreas de negócio.
5. Gerenciar as mudanças desenvolvendo os agentes da mudança em cada área.
6. Melhorar continuamente por meio de lições aprendidas e das melhores práticas.

Com base no modelo de escritório de processos definido pelo ELO Group e retratado no livro de Roger Tregear et al., podem-se definir as seguintes áreas dentro do escritório e suas principais atividades:

A. **Desenvolvimento de processos para novos produtos e novos negócios:** entender os processos, definir o escopo dos processos, mapear os processos, suportar a área de marketing de novos produtos e a de planejamento de novos negócios, executar análise de inovação e criação de valor, especificar e testar sistemas de TI para a automação dos processos, administrar o orçamento de CapEx (investimento) na área de processos.

B. **Serviços de gestão e melhoria de processos:** analisar, redesenhar, padronizar e implementar processos e realizar sua operação assistida, mensurar a maturidade dos processos, administrar os papéis e responsabilidades dos agentes de processo, identificar e prover competência a esses agentes, coletar e analisar demandas de melhorias em processos, administrar o orçamento de OPEX (despesas) na área de processos.

C. **Auditoria, controle e certificação de processos:** verificar a conformidade da execução dos processos com sua descrição e seu mapa, executar análise de riscos, acompanhar os principais indicadores de desempenho dos processos, acompanhar o ciclo PDCA (*Plan, Do, Check, Action*) de cada processo de negócio, certificar os processos da empresa, sugerir melhorias nos processos corporativos e operacionais da organização, controlar a respectiva documentação de apoio.

D. **Suporte ao desdobramento das estratégias e gestão da metodologia e projetos BPM:** acompanhar o mapa estratégico da empresa, monitorar os KPIs, fazer o desdobramento dos objetivos estratégicos em processos de negócio, gerenciar as modificações dos processos críticos (os que têm relação com seus objetivos estratégicos e com os FCS), manter a arquitetura dos processos, definir o portfólio de projetos BPM, planejar as atividades de processos do escritório para o ano seguinte.

Roger Tregear et al. (1998) acreditam que o estabelecimento de um escritório de processos pode consolidar o interesse e a criação de um mecanismo de controle efetivo e apoio a muitas iniciativas de processos em andamento: melhorar o serviço ao cliente, reduzir custos, remover retrabalhos e atrasos, assegurar conformidade com as normas e políticas da empresa, além de aproveitar as oportunidades que o mercado oferece.

Processo para desenvolver um novo produto

Desenvolver periodicamente novos produtos é uma necessidade no atual ambiente hipercompetitivo que atravessa o planeta. Os motivos que justificam essa necessidade são: aumento da concorrência e do grau de rivalidade entre os competidores, rápidas mudanças tecnológicas, diminuição do ciclo de vida dos produtos e maior exigência por parte do mercado. Apesar dessa necessidade, não existe muita literatura nesta área com casos práticos e lições aprendidas. No entanto, o grau de incerteza deste tipo de processo, principalmente no início do desenvolvimento, é bem elevado; daí ser fundamental a utilização de uma metodologia que evite o desperdício de recursos e de ideias. Uma grande empresa brasileira de telecomunicações, logo após sua privatização, criou uma metodologia com a qual foi bem-sucedida no desenvolvimento e no lançamento de novos produtos, citada por Santos (2003) em seu estudo sobre educação corporativa. Baseada nessa metodologia, a empresa propôs alguns passos, reproduzidos a seguir, encadeados sob a forma de processo, a serem seguidos por quem deseja ser mais preciso na criação e na disponibilização de um produto ou portfólio para seus clientes.

1. **Criação de um acervo de ideias:** nesta fase são registradas e catalogadas todas as informações, internas ou externas à empresa, que podem, direta ou indiretamente, agregar valor ao seu portfólio. Esta base de conhecimentos tem o objetivo básico de sugerir e estimular iniciativas da gerência de produto para a criação de novos produtos.
2. **Geração de iniciativas:** nesta, as pessoas que lidam com os produtos da empresa em determinada área, com base no acervo de ideias, elaborarão propostas de novos desenvolvimentos para apreciação do PMO (*project management officer*).

Essas propostas deverão vir acompanhadas de justificativas mercadológicas e técnicas consistentes que subsidiem a decisão do PMO quando da opção por uma ou outra iniciativa a ser desenvolvida.

3. **Descrição do produto:** tem como objetivo produzir um documento padronizado, que deverá conter os requisitos de marketing para o produto, apresentados de maneira detalhada, além de fornecer as informações necessárias para que as áreas técnicas sejam capazes de compreender o produto, fazer o desenho preliminar da solução a ser adotada e, consequentemente, permitir avaliação inicial de prazo e custo para seu desenvolvimento.
4. **Avaliação do produto:** tem como objetivo avaliar as solicitações do documento que descreve o produto no que concerne a escopo, tempo, custo, risco, recursos e qualidade, consolidando as soluções apresentadas pelas áreas envolvidas em uma ou mais alternativas para o produto.
5. **Preparação de um *business case* (BC) do produto:** nesta fase é analisada a viabilidade financeira do novo produto, contemplando, além das informações econômico-financeiras (receita, investimento, custos etc.), dados diversos de marketing, engenharia, operações, TI, regulatório e jurídico que possibilitem emitir um parecer, sob a ótica de negócio, do novo produto ou modalidade em análise. Após a aprovação do BC, os requisitos de marketing estarão congelados, e qualquer alteração de requisitos poderá demandar uma nova avaliação e um novo BC.
6. **Detalhamento de requisitos:** nesta fase as áreas de marketing e finanças iniciam o detalhamento dos processos: pré-venda, *fulfillment*, pós-venda, atendimento a clientes etc., além dos modelos de contratos, relatórios para clientes e gerenciais, faturas etc., que serão as entradas da etapa de planejamento, evitando atrasos no lançamento do produto.
7. **Liberação de recursos:** desde que o produto demande investimento, deverá ser elaborado um projeto visando associá-lo à solução aprovada no BC. A conclusão da elaboração do projeto é o preenchimento do formulário para aprovação e liberação de investimentos. Esse formulário também é uma ferramenta para acompanhamento e controle dos investimentos e cronogramas.
8. **Realização do *kick-off* do projeto:** esta fase tem como objetivo a apresentação, pelo responsável do desenvolvimento do produto, da solução aprovada no BC para todas as áreas envolvidas, visando à criação do time que participará do desenvolvimento desta solução.
9. **Planejamento do projeto do novo produto:** esta propõe-se a definir os pontos que nortearão o desenvolvimento do produto, tais como: identificação, mobilização e comprometimento nominal das equipes; definição de WBS (*Work*

Breakdown Structure – Estrutura Analítica de Projetos) do produto, correspondendo tarefas com a responsabilidade de cada membro da equipe; análise da alocação de recursos (humanos, financeiros e equipamentos); geração do cronograma inicial, a ser usado como linha de base para o desenvolvimento do projeto; definição e divulgação dos respectivos métodos de gerenciamento.

10. **Análise e projeto:** esta fase detalha a solução apresentada na avaliação para o desenvolvimento customizado do produto, atendendo a todos os requisitos aprovados no BC.
11. **Construção efetiva do produto:** nesta será efetivamente desenvolvido o produto. O objetivo é implementar as soluções definidas na fase de análise e projeto e gerar os casos de teste para a fase de testes do produto.
12. **Testes do produto:** esta procura garantir a qualidade e o desempenho dos requisitos solicitados pelo marketing. Constitui-se de três etapas: teste de interfaces, teste integrado e testes de aceitação do usuário.
13. **Passagem para a produção:** nesta os sistemas e plataformas deverão ser integrados e configurados para operação em ambiente de produção da empresa.
14. **Alfa teste e beta teste:** tem como objetivo garantir a aprovação do produto pelo cliente interno (alfa) e pelo cliente externo (beta).
15. **Lançamento do produto:** visa à preparação do ambiente, à capacitação e à divulgação interna do produto desenvolvido e à execução do respectivo plano de divulgação externa, com o objetivo de disponibilizar o produto para o mercado.
16. **Fechamento do projeto:** nesta fase o time avalia todo o processo de desenvolvimento do produto em questão com o objetivo de obter um *feedback* para aprimorar o processo de desenvolvimento de produtos e gerar recomendações para as diversas áreas envolvidas.
17. **Pós-audit:** com o produto na fase de maturidade, as áreas de finanças e planejamento comercial farão uma comparação entre as premissas adotadas no BC e os resultados reais de desempenho deste produto.

O encontro dos quatro Ps da gestão na área de processos

Para que uma empresa seja bem administrada, é necessário não só conhecer os quatro Ps da gestão empresarial – planejamento, processos, pessoas e projetos –, como também saber alinhá-los para a maximização dos resultados da organização. O livro dos professores Alan Albuquerque e Paulo Rocha, *Sincronismo organizacional* (2007), bem como o de Robert Kaplan e David Norton, *Alinhamento...* (2009), propõem maneiras análogas, mas distintas, de conseguir este sincronismo. As grandes dificuldades dos gestores em administrar, tendo este alinhamento como direcionador, são duas: entender a finalidade de cada um dos fatores que promovem o sincronismo e encontrar um elemento comum entre esses fatores para alinhá-los.

O **planejamento** estratégico da empresa, em seu desdobramento em objetivos para cada área da organização e com seus planos de ação, é responsável por, no máximo, 20% das ações delegadas à camada operacional da empresa, que deve adicioná-las a suas atividades cotidianas, visando alavancar novas receitas, controlar os custos da operação, utilizar melhor seus ativos e manter a empresa em um bom patamar de competitividade. É a definição de "o que fazer" para continuar viva e saudável no mercado.

Por sua vez, a gestão dos **processos** de negócio e dos processos de suporte da organização deve garantir que os objetivos e metas definidos no planejamento estratégico sejam alcançados por meio de ajustes e melhorias dos processos que, em última análise, são a forma que a empresa utiliza para definir e padronizar sua atuação, ou seja, seu sistema e suas ferramentas de trabalho. É "como fazer" o que foi definido pelo planejamento estratégico da empresa.

As **pessoas**, distribuídas pela organização em diversas funções, podem ser localizadas na sua arquitetura organizacional, na estrutura organizacional que define o mapa de responsabilidades e sua distribuição de poder. Quando um processo sofre uma mudança acentuada, em função de um ou mais objetivos estratégicos da companhia, sua estrutura organizacional deveria também ser modificada para que as pessoas pudessem desenvolver melhor suas atividades visando alcançar as metas desses objetivos. São as pessoas com a responsabilidade de "implementar e operar" os processos que garantirão a realização dos objetivos da organização.

Por fim, os **projetos** são a melhor maneira de reunir especialistas das diversas áreas da empresa para trabalhar "juntos e misturados" na melhoria de seus processos e na solução de problemas, aumentando, assim, a competência necessária à solução, gerando compensação para a falta de adequação da estrutura organizacional e criando uma espécie de ensaio para uma futura forma de trabalhar mais horizontalizada, complementando a forma vertical, ou seja, por função. Os projetos são, assim, as ferramentas que as pessoas utilizam para "criar ou adequar e implementar" os processos da organização.

Conhecidos os papéis de cada fator que promove o alinhamento dos diversos níveis estratégicos da empresa, resta saber qual o elemento comum entre eles para, por meio deste, promover o sincronismo entre a estratégia, os processos e as pessoas da organização com seus projetos. Mas, o que têm em comum estes quatro fatores?

Todos eles controlam seus resultados por indicadores de desempenho:

- Um mapa estratégico de uma organização está repleto de objetivos para suas áreas funcionais, todos eles acompanhados e monitorados por KPIs.
- Cada processo da organização tem desenhado em suas etapas indicadores de desempenho destas fases do processo, para que sejam efetivos (rápidos, simples e de baixo custo) e eficazes (tenham qualidade em suas saídas), ou seja, produzam os resultados esperados.
- As pessoas são avaliadas por seu desempenho por meio de indicadores no nível operacional e por indicadores de capacitação e competências.
- Os projetos são avaliados em seu desenvolvimento por *milestones*, e em seus resultados por indicadores de análise do valor agregado.

Em resumo, todos os fatores que podem promover um sincronismo das diversas funções da organização possuem indicadores que são relacionáveis ou os mesmos, aplicados de forma distinta no planejamento, nos processos, no desempenho das pessoas e nos projetos. Mas, qual o melhor lugar para relacionar esses indicadores?

O melhor lugar é na área processos: quando os objetivos estratégicos da empresa são estabelecidos no **planejamento** com seus indicadores-chave de desempenho, os **processos**, com esses indicadores ou indicadores desdobrados destes, devem ser encontrados e considerados críticos para o sucesso da empresa, ou seja, esses processos devem ter sua revisão e redesenho priorizados por ela. A revisão desses processos será feita por meio de **projetos** de melhoria do negócio, que contarão com profissionais de todas as áreas envolvidas. Os processos redesenhados gerarão novas formas de atuar, pelas quais as **pessoas** serão cobradas e terão seu desempenho avaliado por novos indicadores de processos no nível operacional. Novas competências individuais serão demandadas pelos processos revisados, ocasionando o investimento da empresa em capacitação de seus empregados, que terão novos indicadores de competência sendo monitorados.

Portanto, a área de processos recebe os indicadores do planejamento, providencia o atingimento de suas metas, por meio da melhoria de processos feita por um ou mais projetos, e dispara as novas formas de trabalhar nos processos revistos e novos indicadores individuais de desempenho e capacitação das pessoas, sendo assim o ponto de encontro dos quatro Ps da gestão empresarial.

Gestão por processos *versus* gestão de processos

A maior parte das empresas faz a administração de seus negócios gerindo as funções que o compõem, como comercial, operações, logística, marketing, finanças etc. Contudo, carecem de observar a empresa sob a ótica dos seus processos, que são "os recursos e as atividades da companhia, interligados logicamente, que (atendendo a requisitos) agregam valor aos insumos, gerando produtos segundo as especificações do cliente" (Sinpep Petrobras, 2011), tais como vendas, produção, distribuição de suprimentos, propaganda e merchandising. Esta espécie de miopia, condição em que os olhos podem ver objetos que estão perto, mas não são capazes de enxergar claramente os que estão longe, evita que o gestor perceba as interconexões do quadro maior da empresa, aquele que começa na aquisição de insumos e termina na entrega do produto e no atendimento pós-venda ao cliente. Mais que isso, transfere a prontidão e a energia da diretoria da empresa para as saídas parciais ou totais desta máquina – os resultados. E esta é uma maneira nada preventiva, muito reativa e pouco produtiva de gerenciar um negócio.

Se um processo for considerado como um ente – palavra que, no Moderno Dicionário da Língua Portuguesa Michaelis, além de "ser" também é definida como "coisa, objeto, substância" –, pode-se entender que esse ente necessite de um "tutor", uma pessoa responsável por seu funcionamento dentro de parâmetros preestabelecidos, por seu crescimento e melhoria e por seu desempenho durante sua existência. Esse tutor, nas empresas que adotam as práticas de **gestão por processos**, é chamado de *process owner* (dono do processo). Normalmente é um gerente, ou supervisor, que funciona como uma espécie de "pai" de um processo. Ele e sua "família", profissionais de diversas áreas pelos quais o processo passa, formam um grupo de projeto permanente para garantir o bom desempenho daquele ente.

Se qualquer processo adoece, ou seja, deixa a desejar em funcionalidade, deve ser levado a alguém que o cure, melhore o seu desempenho; os especialistas em processos, em planejamento e em arquitetura organizacional, são os "médicos" dos processos. Para restaurar a condição operativa, eles necessitam fazer uma **gestão de processos**, encontrando as rupturas, por meio de entrevistas com a "família" que o opera e do acompanhamento passo a passo do cotidiano do ente, diagnosticando suas falhas e propondo um novo modelo transacional com o dono do processo.

Estas práticas não invalidam nem retiram o poder dos responsáveis pelas funções da empresa, os diretores das áreas; assim como na vida, eles representam as instituições que tornam produtiva a sociedade e as pessoas que nela vivem. Por exemplo, pode ser feita uma analogia entre a área financeira da empresa e um banco; a área comercial da empresa e um shopping; a área de logística e um supermercado, a área de operações e os estabelecimentos onde a população produz com seu trabalho; o RH com as instituições sociais de saúde e seguridade e com as escolas. Todas importantes, trabalhando com as pessoas das famílias (profissionais) em prol dos entes da sociedade (os processos).

Na verdade, entre os picos e vales do desempenho de um processo é que são encontradas as oportunidades de entendimento do seu funcionamento e de inovações e melhorias na forma como este ente gera os resultados intermediários ou finais da organização. Os gestores das empresas mais bem-sucedidas no mercado já perceberam que a verdadeira essência do trabalho se encontra em seus processos, e não nas áreas funcionais ou nos seus produtos, que são os resultados dos processos da companhia. Assim como na vida, não é o destino que nos deixa felizes ou capazes, ele apenas nos motiva. O que nos torna aptos e realizados é a prática da jornada até ele.

Controle de desempenho

Como os KPI podem ajudar a gerenciar uma empresa

De acordo com Sink e Tuttle (1989), a eficácia organizacional só pode ser atingida quando se administram os processos operacionais essenciais da cadeia de valor da empresa, medindo fatores como velocidade, custo, flexibilidade e confiabilidade desses processos. Por definição, indicadores de desempenho são guias que nos permitem medir a eficácia das ações tomadas, bem como os desvios entre o programado e o realizado. Um conjunto articulado de indicadores de desempenho recebe o nome de sistema de mensuração de desempenho, que visa fornecer uma indicação para os gestores do que se fez e como se fez, para que os processos possam ser continuamente melhorados e os membros da organização alinhados em direção aos seus objetivos estratégicos. Um sistema de mensuração deve capturar e organizar dados, além de comunicar os resultados de forma rápida e clara, permitindo a cada membro da organização tomar as providências necessárias à melhoria do desempenho da empresa.

Em resumo, uma empresa bem gerenciada deve realizar a gestão de desempenho de seus processos. Para tal, necessita de um sistema de mensuração de desempenho composto por uma seleção de KPIs de seus processos. Mas, como gerar um sistema de mensuração de desempenho?

Primeiramente é necessário entender que os KPIs devem medir os seguintes atributos da organização: eficiência, eficácia, qualidade, produtividade, qualidade de vida no trabalho, inovação e lucratividade. Em segundo lugar, é importante conhecer os tipos de indicadores existentes. Índices (*ratio*): tudo aquilo que denota uma qualidade ou característica especial; **coeficientes:** propriedade com algum corpo ou fenômeno avaliado numericamente; **taxas** (*rate*): a relação entre duas grandezas; **parâmetros:** todo elemento cuja variação de valor modifica a solução de um problema sem lhe modificar a natureza; e **porcentagem (%):** parte proporcional calculada sobre uma quantidade de 100 unidades. Exemplos destes tipos de indicadores: índice de audiência – proporção de audiência de uma emissora em relação ao total de receptores ligados em determinado horário; coeficiente de rendimento (CR) – média das notas nas matérias durante todo o curso superior até o momento; taxa de juros – aumento do capital investido sobre o capital investido inicialmente; parâmetro – tempo médio de reparo de um equipamento = 3 horas; porcentagem – aumento dos custos de manutenção = 20% anualmente.

Por fim, é necessário conhecer os seis passos definidos por Sharman (1995) para o desenvolvimento de um sistema de mensuração de desempenho:

1. **Análise estratégica:** visa entender a posição atual e futura da companhia, avaliar as necessidades dos *stakeholders* para, com base em FCS, poder definir as medidas internas a serem perseguidas.
2. **Definição dos processos:** promove a compreensão de todos os componentes do processo. Não só insumos e produtos, também as relações entre os processos, formando-se um mapa detalhado do pedaço da cadeia de valor que afeta diretamente o cliente.
3. **Desenvolvimento de medidas:** elaborado por grupos representativos das áreas funcionais, começa pela saída esperada, passando para o fim do processo, até chegar ao início do processo. As medidas são traduzidas em termos quantitativos ou qualitativos e validadas pelos gestores.
4. **Mensuração do desempenho:** parte da premissa da existência de um sistema de informações gerenciais (SIG) para suportar a automação das medições, que deve levar em conta as sete dimensões de desempenho vistas no terceiro parágrafo desta seção.
5. **Análise de lacunas:** nesta etapa são avaliados o desempenho atual, sua distância do padrão preestabelecido, as oportunidades de melhoria de desempenho. Planos de melhoria são desenvolvidos nesta fase visando aumentar o desempenho no próximo período de avaliação.
6. **Implementação:** são implementados os planos de melhoria, bem como revistas as metas estratégicas e os planos em geral, em busca de um novo patamar de realizações.

As definições e recomendações apresentadas nesta seção ajudam a entender como os KPIs, dentro de um sistema de mensuração de desempenho, podem ajudar a gerir uma empresa.

Acertos e erros nas medições de desempenho

É notório que os indicadores de desempenho de uma empresa, além de úteis para avaliar sua atuação e seus resultados, são o elo de conexão entre as estratégias da empresa e os processos. Uma vez definidos os indicadores a serem acompanhados pelo nível estratégico da organização, os processos com esses indicadores devem ser considerados como críticos para o negócio e necessitam ser revistos e melhorados com prioridade. Mas, como medir com eficiência e eficácia, evitando medidas desnecessárias e indicadores que não agreguem valor ao sistema de mensuração de desempenho?

Primeiramente deve-se ter em mente alguns tipos de erros comuns nas medições e nas escolhas dos indicadores a serem medidos:

A) **Grande número de indicadores:** tentar medir tudo de uma vez.
B) **Não conhecer o significado do indicador:** para que isto não aconteça, uma carteira de identidade do indicador deve ser definida, como no exemplo do diagrama da figura a seguir.
C) **Falta de cuidado na coleta de dados.**
D) **Indicadores não alinhados aos objetivos estratégicos da empresa:** uma consulta ao mapa estratégico deve ser realizada antes da definição dos KPIs, de forma que garanta sua aderência e sua utilidade às estratégias da empresa.
E) **Coletar dados e não analisá-los.**
F) **Selecionar indicadores de baixa relevância:** em uma medição do número de ervas daninhas em uma plantação, utilizar o parâmetro de tempo adequado ajuda a dar relevância ao indicador, ou seja, medir tiriricas (*Ciperus rotundus*) na horta por segundo não tem a menor relevância para o que se deseja mensurar.

Em segundo lugar, uma distribuição equilibrada dos indicadores por seus alvos de medição também ajuda a manter o sistema de mensuração balanceado e adequado ao bom desempenho da organização. Devem-se ter indicadores que meçam ao menos:

1) A situação financeira da empresa.
2) A qualificação das pessoas que trabalham na empresa.
3) A motivação das equipes de trabalho.
4) O nível de aproveitamento dos recursos disponíveis, ou seja, a produtividade das equipes e das pessoas.
5) A satisfação dos clientes.
6) O desempenho dos processos.
7) As características dos produtos e sua adequação às necessidades dos clientes.

Por fim, a divulgação adequada às diversas áreas da empresa das medições dos indicadores é condição fundamental para a evolução de seus resultados e para a melhoria de seu desempenho. Uma maneira eficaz de realizar essa divulgação é por meio de softwares específicos, conhecidos como painéis de controle, *cockpits* ou *dashboards*, que apresentam de forma sucinta e focada os resultados das medições dos indicadores de desempenho da organização. Outra característica destes instrumentos é o poder de refinar o resultado de uma medição até que se conheça seu principal ofensor: uma unidade de negócios específica, um grupo de projeto ou uma equipe funcional da empresa. Os seguintes benefícios são gerados na utilização deste tipo de ferramenta:

- visão integrada do desempenho da organização;
- integração entre os diversos níveis organizacionais e áreas, por meio da busca de resultados pela observação de um mesmo painel;
- comunicação efetiva das prioridades de curto e longo prazos;
- compreensão por parte dos empregados da sua contribuição à melhoria do desempenho da empresa.

	*Nome do indicador:* Satisfação dos clientes
Definição: Nível médio de satisfação dos clientes com a empresa e seus produtos		*Objetivo:* Acompanhar o grau de satisfação dos clientes com os produtos/serviços e atendimento da empresa
Sigla: SCE	*Unidade de medida:* Conceito	*Periodicidade:* Semestral	*Coleta de dados:* Amostras mensais
Fórmula de cálculo: Média das notas obtidas numa escala Likert		*Meta:* Muito satisfeito	*Parâmetro:* >
Fonte: Empresa contratada para realizar a pesquisa		*Automação do indicador:* Não há
Limite de controle inferior: Parcialmente satisfeito		*Limite de controle superior:* Não há
	*Metodologia de mediação:* As pesquisas de satisfação, feitas mensalmente por uma empresa contratada, são compiladas semestralmente e as médias das notas recebidas, por meio de uma escala Likert, para cada item questionado são lançadas em gráficos para posterior análise das áreas de marketing, vendas e pós-vendas. Uma nota global também é atribuída à empresa pelos clientes entrevistados.
	*Análise do indicador:* É feita por meio de gráficos das médias das notas dadas pelos clientes, em cada item questionado, incluindo a nota global, por intermédio de relatório emitido pela área de inteligência competitiva.
Público-alvo: Departamentos de vendas, pós-vendas e marketing		*Responsável:* Inteligência competitiva
	*Observações:* Este indicador é parte integrante do processo de pesquisa de satisfação de clientes

Em suma, as medidas de desempenho servem para aperfeiçoar a gestão organizacional e melhorar a atuação e os resultados da empresa. A melhor maneira de agregar valor a um sistema de mensuração de desempenho é evitar as armadilhas dos erros de medição; equilibrar os indicadores entre as mais importantes grandezas a serem medidas; e divulgar as medições de forma adequada, seja em relação ao público-alvo, seja em relação à forma mais concisa e eficaz de transmitir os resultados das mensurações. Essas três providências certamente reduzirão o número de erros no sistema de medição, com consequente elevação dos acertos nas decisões tomadas, fruto da observação de valores e tendências dos indicadores.

As perspectivas de controle

Seja dos impulsos, das emoções, das paixões, das finanças ou de si mesmo, o controle é algo indispensável em qualquer atividade, dispositivo, pessoa ou organização do planeta. No dicionário, controle é o ato de dirigir qualquer serviço, fiscalizando-o e orientando-o do modo mais conveniente; ou, ainda, fiscalização e domínio de alguém ou alguma coisa. Mas, e numa empresa, o que deve ser controlado para que esteja sob controle?

O professor Josir Simeone Gomes, no livro *Controle de gestão: uma abordagem contextual e organizacional* (2001), aponta para duas perspectivas diferenciadas de controle: uma limitada, que associa o controle organizacional a um acompanhamento dos aspectos financeiros da empresa; e outra mais ampla, que considera também os aspectos ligados à estratégia, estrutura organizacional, comportamento individual, cultura organizacional e contexto social competitivo. As empresas, em sua maioria, ainda preferem trabalhar com a primeira perspectiva, com controles detalhados sobre seus custos e vendas. Contudo, entre as maiores e melhores, encontramos aquelas que optam pela segunda linha de controle, controlando o que pode ser controlado, que nao sao as receitas e as despesas, mas os processos, a forma de atuação das pessoas e o aproveitamento dado a seus ativos.

Vários autores importantes sugerem a troca de um controle puramente financeiro pelas abordagens mais contextuais e sociais. Robert N. Anthony defende uma perspectiva racional de controle, abordagem baseada no estudo dos sistemas de controle, em especial da contabilidade de gestão, cuja implantação permite alcançar por si mesma a eficácia e a eficiência da organização; nesta abordagem, três variáveis influenciam no desenho do sistema de contabilidade de gestão: a tecnologia, a dimensão e o contexto social. G. H. Hofstede, em sua perspectiva psicossocial do controle, estuda a influência das pessoas no exercício do controle organizacional. Seus estudos se desdobram em duas vertentes: a influência da contabilidade de gestão na motivação das pessoas e a influência dos diferentes estilos de liderança no desenho e uso dos sistemas de controle. Por fim, E. G. Flamholtz defende uma perspectiva cultural do controle, em que o sistema de controle é definido como uma série de mecanismos projetados para aumentar a probabilidade de as pessoas se comportarem de modo que alcancem os objetivos da organização. Essas perspectivas, embora de implementação mais complexa, parecem fazer mais sentido que simplesmente acompanhar números e premiar ou castigar os que não conseguem os resultados numéricos esperados.

Portanto, antes de implantar um sistema de controle de desempenho em uma empresa, é necessário definir que tipo de perspectiva seguir, para que os KPIs que materializam o controle da organização compreendam medidas financeiras e não financeiras, tornando o sistema de medição mais completo. D. Scott Sink e Thomas C. Tuttle, em *Planning and Measurement in Your Organization of the Future* (1989), afirmam que o desempenho de uma organização deve ser função da interação de sete atributos: eficiência, eficácia, qualidade, produtividade, qualidade de vida no trabalho, inovação e lucratividade. Portanto, até a qualidade de vida no trabalho deve ser medida e acompanhada para que os indicadores de produtividade e lucratividade tenham suas metas alcançadas.

A nova geração que em pouco tempo estará comandando as empresas ao redor do globo possui, em média, formação acadêmica superior à geração atual de comando. É de esperar que mais métodos e novas práticas surjam nas empresas, vindas dessas novas cabeças. E se isto acontecer, as empresas do tipo Sr. Sirigueijo, aquele patrão do personagem dos desenhos infantis Bob Esponja, não terão um futuro tão promissor quanto às que controlarem aquilo que realmente deve e precisa ser controlado.

O que realmente tem mais valor em uma empresa?

Os diferentes graus de maturidade pelos quais uma organização atravessa podem causar confusão na cabeça de seus colaboradores quanto ao entendimento sobre o que realmente importa em uma empresa. Nas diversas fases de evolução da organização é dito a seus funcionários que "o mais importante é a qualidade total da produção", "o cliente é o rei", "o funcionário é o bem mais precioso da companhia", "exportar é o que importa", "o importante é fazer mais com menos custos", "os resultados financeiros da empresa devem ser acompanhados e fazem parte do cálculo da participação nos lucros". Em suma, as mudanças do que é considerado importante na empresa são tão rápidas e tão agudas (ora produção, ora vendas, ora finanças) que podem deixar os colaboradores um tanto desnorteados. Mas, em verdade, o que importa mesmo em uma empresa?

Para responder a essa pergunta, podem-se utilizar os conceitos de uma ferramenta de gestão estratégica, como o BSC, visando começar a entender a lógica de uma organização com fins lucrativos. O mapa estratégico do BSC é dividido em quatro raias, de cima para baixo, chamadas de perspectivas, a saber: financeira, de clientes ou de mercado, de processos internos e de aprendizado e crescimento. Nesse mapa, os objetivos estratégicos são definidos e cobrados de cima para baixo, ou seja, da primeira para a última perspectiva, mas são alcançados de baixo para cima. Por exemplo: para conseguir um aumento de receita (perspectiva financeira), é necessário ter o cliente satisfeito (perspectiva de cliente ou de mercado); mas para ter o cliente satisfeito, os processos que desenvolvem, produzem, distribuem e mantêm o produto ou o serviço comprado pelo cliente devem ser precisos e de qualidade (perspectiva de processos internos); e, para os processos serem precisos e de qualidade, as pessoas devem estar satisfeitas com o que fazem e com o ambiente no qual trabalham, devem ter as ferramentas adequadas para fazê-lo e precisam estar preparadas para realizar suas funções, ou seja, ter suas competências desenvolvidas (perspectiva de aprendizado e crescimento). Começamos a entender a lógica da empresa: pessoas satisfeitas e competentes trabalham melhor nos processos de produção, vendas, logística etc., e geram produtos de qualidade e de interesse dos clientes, que, satisfeitos, compram esses produtos trazendo mais receita às empresas. Mas qual a ordem de importância dessa sequência ou ciclo virtuoso?

Para entender a importância desse ciclo, é necessário conhecer o ponto comum entre os seus envolvidos: o acionista ou dono da empresa (pai dos objetivos financeiros), o cliente e o empregado da empresa. O ponto comum entre todos eles são os produtos da empresa. Sob a forma física ou intangível de serviço, é o produto que alavanca as vendas, gera emprego nas unidades produtivas da empresa e nas de suporte à produção, traz receita para a companhia e ajuda os clientes em seu dia a dia. Portanto, o produto é o bem mais valioso da empresa. Mas, para que o produto seja vencedor, dois *players* têm de estar de bem com ele: o cliente, que o escolhe e compra; e o empregado, que o desenvolve, produz, vende e mantém. Se o produto tiver um preço alto, isto pode ser aceitável pelo mercado se possuir maior qualidade que os outros; o fato de os processos não estarem ainda muito alinhados é superável se os empregados tiverem as competências necessárias para resolver a situação; dificuldades financeiras da empresa são ultrapassáveis se possuir um produto ou serviço desejado pelo mercado e, consequentemente, uma interessante carteira de clientes.

No fim das contas, ter forte controle sobre as necessidades e possibilidades dos clientes, além de preciso acompanhamento do clima organizacional, da preparação dos funcionários e da infraestrutura necessária à elaboração de bons produtos, é o que mais importa em uma organização com fins lucrativos. Será que estamos dando a devida prioridade ao que realmente tem mais valor em uma empresa?

Controle de desempenho de forma simples e objetiva

Um acadêmico e um consultor conversavam durante um almoço sobre a melhor maneira de explicar aos gestores das empresas como controlar o desempenho. O consultor argumentava de forma apropriada que o desempenho não é só função da eficiência dos seus empregados e da eficácia dos seus processos, ou seja, dos seus resultados, mas de um conjunto mínimo de fatores que vão além da atividade fim do negócio. Voltando para casa, o acadêmico lembrou-se dos conceitos de Sink e Tuttle (1989) e Atkinson et al. (2000) sobre controle de desempenho, acreditando estar ali a resposta para apoiar e desenvolver a ideia do consultor.

De acordo com Sink e Tuttle (1989), o desempenho de uma organização é função da interação de sete atributos já citados: eficiência, eficácia, qualidade, produtividade, qualidade de vida no trabalho, inovação e lucratividade. Para Anthony Atkinson et al. (2000), o sucesso no desempenho de uma organização depende do atendimento dos interesses dos *stakeholders*. Os clientes têm interesses nos serviços, qualidade e custos; os funcionários, na satisfação com seu trabalho e segurança; enquanto os acionistas priorizam o retorno dos investimentos. As visões de Sink e Tuttle e de Atkinson et al. alinham-se perfeitamente quando atribuímos a cada *stakeholder* os sete atributos do desempenho da organização relatados em 1989 mais os atributos de custos, segurança e satisfação, apresentados em 2000: os acionistas interessam-se pela lucratividade e pela eficácia da empresa, incluindo seus custos; os clientes prezam a qualidade e a inovação dos produtos, a eficiência e a produtividade da empresa; e os funcionários buscam a satisfação por meio da qualidade de vida no trabalho e da segurança.

Vale lembrar que, segundo Sink e Tuttle (1989), para operacionalizar as medidas que avaliarão o desempenho, é importante entender a dimensão estratégica da medida, ou seja, deve-se definir como coletar os dados necessários para a medida; deve-se decidir o que é contábil para a medida, qual será a escala utilizada e qual o atributo; deve-se determinar como estocar e recuperar os dados, de forma eficaz e eficiente; e devem-se determinar quais serão o processo, o tratamento e a mecânica que gerarão o indicador de desempenho.

Portanto, um bom conjunto de indicadores para medir o desempenho de uma empresa seria um *mix* balanceado de indicadores, tais como:

1. **Eficácia:** percentual de vendas por vendedor; rotatividade de clientes por região e produto; participação de mercado real e potencial; custos unitários de produção; percentual de entregas pontuais.
2. **Lucratividade:** vendas reais *versus* vendas orçadas; percentual de lucro sobre o capital total empregado (ROI); percentual de lucro sobre as vendas (ROS); lucro por empregado.
3. **Qualidade:** percentual de rejeição nos itens recebidos; quantidade de trabalhos de correção; taxa de reclamações dos clientes.
4. **Produtividade:** vendas por empregado; produção por empregado; tempo entre a entrada da matéria-prima e o produto acabado.
5. **Inovação:** número de novos métodos de produção adotados; economia de tempo e custos pelo emprego de novos métodos e tecnologia.
6. **Eficiência:** níveis máximo; mínimo ou abaixo da meta; percentual de falta de material na produção; relatório de itens de estoques abaixo do mínimo; tempo de manutenção de máquinas; taxas de mão de obra (direta e indireta); tempo médio de processamento.
7. **Qualidade das relações humanas:** taxa de absenteísmo e rotatividade; número de queixas de empregados; número de acidentes de trabalho; horas extras trabalhadas por empregado.

Ter um painel de indicadores é essencial para a condução dos negócios, e estes tanto podem ser de resultados para a empresa toda, como de processo, desde que estejam ligados à estratégia da organização. Diante de uma grande quantidade de termos usados na área de mensuração, é recomendável que se defina uma terminologia que facilite a compreensão dos indicadores e das medidas por quem as utiliza.

BSC: tradução da estratégia ou controle de desempenho? Parte II

Segundo Steven M. Hronec, em seu livro *Sinais vitais: usando medidas do desempenho da qualidade, tempo e custo para traçar a rota para o futuro de sua empresa* (1994), não é simples desenvolver um sistema de medição de desempenho que contemple os interesses de todos os *stakeholders*. A diferença de foco entre as estratégias e as medidas de desempenho encontra-se no eixo dos tempos, pois, enquanto uma visa alvos de longo prazo, como ser o dominante em um nicho de mercado, a outra tem seu foco no cotidiano das operações, como ele se desenvolve e qual a eficiência de seu desempenho. Esta dicotomia também é refletida nos interesses das gerências, que também são diferentes conforme a posição na hierarquia da organização.

O BSC, de acordo com Kaplan e Norton (2009), é um sistema integrado de gestão e implementação da estratégia da empresa, e seu propósito é "... traduzir a missão e a estratégia das empresas em um conjunto abrangente de medidas de desempenho que serve de base para um sistema de medição e gestão estratégica". O BSC integra a visão da empresa, em todos os níveis, a partir de quatro perspectivas complementares: financeira ou de resultados; de clientes ou de mercado; de processos internos; de aprendizado e crescimento.

Kaplan e Norton, no primeiro artigo sobre o tema BSC, publicado na *Harvard Business Review* em 1992, apresentavam uma ferramenta que envolvia um conjunto de medidas para alavancar o desempenho. Neste artigo, eles comentam: "... Penso no *balanced scorecard* como os mostradores e indicadores do painel de uma aeronave. Para a complexa atividade de navegar e pilotar um avião, os pilotos necessitam informações detalhadas sobre muitos aspectos do voo. Eles necessitam informações sobre combustível, velocidade dos ventos, altitude, posição, destino e outras informações que resumam o ambiente atual e o previsto. A confiança em apenas um instrumento pode ser fatal. De forma similar, a complexidade do gerenciamento de uma organização hoje requer que os gerentes sejam capazes de observar a performance em muitas áreas simultaneamente...". Eles também conectaram o conceito de painel de indicadores (*scorecards*) com a estratégia organizacional no artigo *Putting the BSC to Work* (1993). Em suas próprias palavras: "Relacionar as medições com a estratégia é a chave do sucesso no processo de desenvolvimento dos *scorecards* [...]".

Com isso, pode-se observar que o BSC, apesar de comercializado atualmente como uma ferramenta que serve diretamente à estratégia, apresenta uma vocação de berço para o controle e a avaliação de desempenho, trazendo consigo uma vantagem nesta aplicação: utilizado com esta finalidade, não necessita ser implantado em toda a empresa, servindo aos interesses imediatos de controle e reorganização de uma unidade de negócios, mas ao mesmo tempo criando uma cultura em que a utilização dos *scorecards* servirá de preparação para um uso mais ostensivo, voltado aos interesses estratégicos da empresa, mais tarde. Esta variante no uso da ferramenta aponta para a recomendação do uso do BSC como ferramenta de controle de desempenho em empresas que possuam unidades que necessitem de maior visibilidade de seu processo produtivo ou melhor forma de controle, preparando-as para um futuro planejamento integrado de toda a empresa.

Um alerta final quanto ao uso do BSC é a dificuldade de implantação deste tipo de ferramenta em um ambiente que não esteja previamente preparado nas disciplinas que envolvam os conceitos de avaliação, controle e planejamento. Betânia Tanure de Barros e Marco Aurélio Prates, citados no livro de Fernando Prestes

Motta e Miguel P. Caldas, *Cultura organizacional e cultura brasileira*, descrevem uma das características do povo brasileiro, afirmando que ele apresenta códigos de socialização do tempo que o colocaria mais próximo de uma sociedade pouco preocupada com o futuro. O professor Alexandre Mathias, da ESPM, também alerta, em uma entrevista dada ao periódico *Talentos e Resultados*, em 25 de julho de 2003, que "medição tem de servir para motivar e não para controlar. Quando as pessoas pensam no BSC, ainda pensam erroneamente como uma forma para controlar as pessoas". Se tomarmos estas descrições como sendo uma característica de boa parte de qualquer grupo de trabalho, torna-se interessante a recomendação de que, antes de ser implantada uma ferramenta que privilegie a disciplina de controle, treinamentos e dispositivos motivacionais sejam disseminados entre os usuários dessa ferramenta.

O conceito de lógica Fuzzy

Como valorar algo que não pode ser quantificado? E se os dados que definem esse algo não puderem ser exatos nem descritos estatisticamente por modelos probabilísticos tradicionais? Uma solução para tratar estas incertezas, muito comuns no ambiente empresarial, é a lógica difusa, ou Fuzzy.

A teoria dos conjuntos Fuzzy foi desenvolvida na década de 1960 pelo engenheiro eletrônico Lofti Zadeh, professor da Universidade da Califórnia. Na década de 1970, começou a ser largamente adotada, principalmente nas áreas de classificação de dados, sistemas especialistas, análise de decisão, robótica, reconhecimento de padrões e previsão de séries temporais. O cérebro humano percebe a realidade de forma pouco precisa e completa e modela sua percepção em palavras. A teoria dos conjuntos Fuzzy permite transformar expressões da linguagem natural, as palavras, em uma linguagem matemática, passível de ser operada. A imprecisão da linguagem ao ser modelada permite que a potência expressiva destas não seja perdida. A teoria dos conjuntos Fuzzy baseia-se na ideia de que a imprecisão linguística leva à existência de uma incerteza não estatística e não aleatória cuja descrição por modelos probabilísticos tradicionais é pouco apropriada.

O ser humano avalia os diversos conceitos de formas diferentes. Para exemplificar, a frase "qual o valor de um professor" pode ser interpretada de muitas maneiras, dependendo da situação. Em uma instituição de ensino superior, o valor de um professor que ministre boas aulas, seja bem capacitado e tenha doutorado pode ser interpretado como alto, ou seja, 100%, ou qualquer valor superior a 80%. Em uma instituição de ensino secundário esse mesmo profissional não tem o mesmo valor por estar supercapacitado, ou seja, seu valor é mediano e pode ser interpretado como entre 60% e 40%.

Em termos da lógica Fuzzy, "alto valor" é denominado como categoria subjetiva. Outros exemplos de categorias subjetivas podem ser citados na economia, tais como: são imprecisos os conceitos de tempo "curto prazo" e "longo prazo". Um período de tempo pode ser considerado "curto" por preferências individuais. Em modelos teóricos de equilíbrio, porém, "curto prazo" denota o tempo para a dinâmica transicional, e "longo prazo" o tempo após o qual o modelo alcança novo equilíbrio. Mas, quando são definidos em termos de números de anos, lidar com esses termos vagos é difícil. Assim, todas as categorias subjetivas têm em comum o fato de não possuírem fronteiras bem delimitadas.

Em contraste com a teoria da probabilidade convencional, a teoria dos conjuntos Fuzzy usa a incerteza linguística para descrever o mundo real. Permite, assim, a utilização de expressões linguísticas como "o Brasil está com baixo nível de desemprego" e lhe atribui graus de pertinência.

Durante muito tempo, a ciência apenas considerava que os dados deveriam ser exatos, ou seja, a incerteza não fazia parte deste conceito. A lógica booleana admite somente os valores "verdadeiro ou falso". Tradicionalmente, uma proposição lógica tem dois extremos: ou "completamente verdadeiro" ou "completamente falso". Entretanto, na lógica Fuzzy, uma premissa varia em grau de verdade de 0 a 1, o que a leva a ser parcialmente verdadeira ou parcialmente falsa. Com a incorporação do conceito de "grau de verdade", a teoria dos conjuntos Fuzzy estende a teoria dos conjuntos tradicionais. Os grupos são rotulados qualitativamente (usando termos linguísticos, tais como: alto, morno, ativo, pequeno, perto etc.) e os elementos deste conjunto são caracterizados variando o grau de pertinência (valor que indica o grau em que um elemento pertence a um conjunto). Por exemplo, pessoas com alturas entre 180 cm e 210 cm pertencem ao conjunto das "pessoas altas", embora a altura de 210 cm tenha um grau de pertinência maior neste conjunto (Oliveira Junior H. et al., 2007).

O raciocínio Fuzzy também é conhecido como raciocínio aproximado e pode ser aplicado em muitas áreas de controle de desempenho empresarial. Esse raciocínio pode ser dividido em cinco etapas:

1. Transformação das variáveis do problema em valores Fuzzy, ou fuzzificação.
2. Aplicação dos operadores Fuzzy.
3. Aplicação da implicação.
4. Combinação de todas as saídas Fuzzy possíveis.
5. Transformação do resultado Fuzzy em um resultado nítido, a defuzzificação.

O que são fuzzificação e defuzzificação de um valor numérico?

Fuzzificação é usada para converter um valor numérico em um conjunto nebuloso. Essa conversão é feita usando-se as funções de pertinência.

O conjunto Fuzzy, que reflete a lógica Fuzzy, é formado por pares em que um elemento do par representa a variável em estudo, e o outro, uma função cuja imagem está contida no intervalo (0,1) e que caracteriza o grau de pertinência da variável.

O sistema de inferência Fuzzy tem como entrada valores precisos, não Fuzzy, que são mapeados pelas funções de pertinência estabelecidas na construção do sistema, esta é a etapa de fuzzificação, que fornece parâmetros Fuzzy a uma máquina de inferência que processa uma série de regras do tipo "se–então", constituída de proposições, envolvendo termos de variáveis linguísticas. Ao final do processamento das regras, o valor Fuzzy, obtido como resposta, é defuzzificado se a máquina de inferência tiver como saída valores Fuzzy, obtendo-se, assim, uma saída precisa novamente. Se a máquina de inferência tiver como saída valores precisos, estes já serão a resposta do sistema.

O conjunto nebuloso de saída é em geral o resultado da união de uma série de funções de pertinência. A defuzzificação transforma o resultado obtido em valores clássicos. Os métodos de defuzzificação mais utilizados são o centroide, bissetor, entre outros.

Sistema de inferência nebuloso

Fuzzy reasoning, ou *approximate reasoning*, é um procedimento de inferência que deriva conclusões de um conjunto de regras Fuzzy "se–então" e fatos conhecidos. Antes de estudar *Fuzzy reasoning*, é preciso discutir a regra composicional de inferência, que tem papel central neste estudo.

O raciocínio Fuzzy é **baseado em dados imprecisos, representados por graus de pertinência a um conjunto Fuzzy**, e chega a uma conclusão sobre um fenômeno em estudo.

O conhecimento do fenômeno é expresso por meio de afirmativas do tipo: "se (um conjunto de condições é satisfeito) então (pode-se inferir um conjunto de consequências)".

Um sistema de inferência nebuloso pode ter entradas determinísticas ou Fuzzy, mas as saídas sempre serão conjuntos Fuzzy. Quando se deseja obter uma saída exata, usa-se um dos métodos de defuzzificação para conseguir o valor que melhor represente o conjunto nebuloso de saída. A formulação das regras "se–então" para a criação do sistema de inferência Fuzzy é, na prática, bastante difícil. As regras são decididas *a priori*, baseadas no conhecimento do sistema em estudo.

O raciocínio nebuloso é formado pelos seguintes eventos:

1. Transformação de variáveis numéricas em nebulosas usando o processo de fuzzificação.
2. Criação de uma base de regras nebulosas expressas por declarações do tipo "se–então".
3. Criação de um sistema de inferência que mapeie conjuntos nebulosos em conjuntos Fuzzy.

Esse sistema manipula como as regras serão combinadas. O resultado é obtido utilizando-se um defuzzificador que mapeia o conjunto nebuloso de saída a um número real. Os sistemas de inferência Fuzzy diferenciam-se principalmente nos consequentes de suas regras de inferência, em como é feita a agregação e defuzzificação das saídas.

Um sistema de inferência nebuloso bastante utilizado é o de Mamdani, que tem um conjunto Fuzzy como resultado, sendo necessário um procedimento de defuzzificação para obter um resultado exato. Outro é o de Takagi-Sugeno, que tem um número real como resultado.

Na teoria clássica dos conjuntos, um subconjunto C de um conjunto S é definido como um mapeamento dos elementos de S nos elementos do conjunto {0,1}. Esse mapeamento pode ser expresso por pares ordenados em que o primeiro elemento do par é representativo de um dos elementos do conjunto S, e o segundo, um elemento do conjunto {0,1}. Esses valores 1 e 0 representam, respectivamente, a pertinência e a não pertinência de um elemento de S em C (ou a verdade e a falsidade da afirmação de que um elemento de S pertence a C).

Analogamente, um subconjunto Fuzzy F de um conjunto S pode ser definido como um conjunto de pares ordenados, em que o primeiro elemento do par pertence a S, e o segundo elemento ao intervalo [0, 1]. Esta união de valores define um mapeamento entre os elementos do conjunto S e valores no intervalo [0, 1]. O valor 0 é usado para representar a completa não pertinência; já o valor 1 para representar a completa pertinência. Os valores entre 0 e 1 são usados para representar graus de pertinência intermediários dos elementos do conjunto S em F.

Frequentemente, o mapeamento é descrito como uma função; a função de pertinência de F. O grau pelo qual a afirmação x Î F é verdadeira é determinado pelo par ordenado do qual o primeiro elemento é x. O grau de veracidade da afirmação é determinado pelo segundo elemento do par; e poderá ser *completamente falso* se o valor for 0; ou *completamente verdadeiro* se o valor for 1, sendo admitidos, também, valores intermediários.

Um conjunto Fuzzy A é caracterizado pelo par (x, $m_A(x)$), em que: x é a variável, contínua ou discreta, do universo em estudo, e m_A é uma função cuja imagem está contida em [0,1].

Um conjunto Fuzzy A contínuo é representado por sua função de pertinência, a qual é uma expressão ou conjunto de expressões. Por exemplo:

$$\mu_A(x) = \begin{cases} 0 & \text{para } x < 0 \\ x/a & \text{para } 0 \leq x < a \\ 1 & \text{para } x \geq a \end{cases}$$

Regras Fuzzy

Toda regra tem, no mínimo, um antecedente e um consequente. Para uma regra na lógica clássica, por exemplo:

Se o céu está azul (antecedente), então não vai chover (consequente).

Para uma regra Fuzzy, um antecedente e um consequente podem ser expressos da seguinte forma:

Se o céu está um pouco nublado (antecedente),
então pode chover pouco (consequente).

Nota-se que, no primeiro exemplo, vai ou não vai chover, tornando a afirmativa verdadeira ou falsa (analogamente, zero ou um; verdadeiro ou falso...). Para o segundo exemplo, por estarmos tratando de afirmações Fuzzy, existe um "ar de dúvida", podendo a afirmativa assumir graus de verdade (pouco nublado = chover pouco; muito nublado = chover muito etc.).

Podemos dizer que uma base de regras Fuzzy é um conjunto de várias regras Fuzzy. Para exemplificar, podemos dizer que uma base de regras Fuzzy pode ser descrita do seguinte modo:

- Variáveis de entrada → Escolaridade e experiência.
- Domínio das variáveis de entrada → Escolaridade de 0 a 15 anos.

Experiência de 0 a 25 anos.

- Variável de saída → Salário.
- Domínio da variável de saída → de 0 a 1000 unidades monetárias.

Uma regra pode ser:

Se a escolaridade é pouca e a experiência é pouca (antecedentes), o salário é baixo (consequente).

Usando-se essas variáveis, pode-se ter, por exemplo, a seguinte base de regras Fuzzy:

- Regra 1 – Se a escolaridade é média e a experiência é pouca, então o salário é muito baixo.
- Regra 2 – Se a escolaridade é média e a experiência é média, então o salário é pouco baixo.
- Regra 3 – Se a escolaridade é média e a experiência é grande, então o salário é médio.
- Regra 4 – Se a escolaridade é alta e a experiência é pouca, então o salário é pouco baixo.
- Regra 5 – Se a escolaridade é alta e a experiência é média, então o salário é médio.
- Regra 6 – Se a escolaridade é alta e a experiência é alta, então o salário é pouco alto.

Podemos ressaltar que a fuzzificação das entradas foi feita por meio de palavras. Ela é na realidade feita com as funções de pertinência que modelarão matematicamente as palavras. Observa-se, também, que as entradas estão interligadas com a palavra "e", que é o conectivo "E (AND)", podendo ser um operador produto ou mínimo. Caso as entradas estivessem interligadas com a palavra "ou", que é um conectivo "OU (OR)", ela pode ser um operador máximo ou soma.

O que são métodos quantitativos?

No dicionário, método é o conjunto dos meios dispostos para alcançar um fim, e especialmente para chegar a um conhecimento científico ou comunicá-lo aos outros, ou seja, é a escolha de procedimentos sistemáticos para a descrição e a explicação de fenômenos; delimitação de um problema e seus objetivos específicos; realização e interpretação de observações, com base nas relações encontradas, fundamentando-se nas teorias existentes.

Os métodos podem ser qualitativos ou quantitativos. Estes são os que empregam a quantificação tanto na coleta de informações quanto no tratamento delas por meio de técnicas estatísticas. Portanto, para avaliar o desempenho dos processos de uma empresa, por exemplo, torna-se fundamental a aplicação de métodos quantitativos para evitar os "achismos" e os desejos políticos, que normalmente não agregam valor ao bom desempenho de uma organização. Edward Deming, pai dos programas de gerenciamento pela qualidade total, costumava dizer *"In God we trust. Anyone else has to bring data"*.

Como exemplos de métodos quantitativos podem ser citados:

Teste de hipóteses: é um método para verificar se os dados são compatíveis com alguma hipótese, podendo muitas vezes sugerir sua não validade. Este teste é um procedimento estatístico baseado na análise de uma amostra, por meio da teoria de probabilidades, usado para avaliar determinados parâmetros desconhecidos em uma população. Seu objetivo é decidir se uma afirmação, em geral, sobre parâmetros de uma ou mais populações é, ou não, apoiada pela evidência obtida de dados amostrais. Tal afirmação é o que se chama hipótese estatística, e a regra usada para decidir se é verdadeira ou não é o teste de hipóteses.

Regressão linear: algumas vezes estamos interessados em saber não apenas se existe associação entre duas variáveis quantitativas x e y, mas temos também uma hipótese a respeito de uma provável relação de causa e efeito entre elas. Desejamos saber se y "depende" de x. Neste caso, y é chamado de variável dependente, ou variável resposta, e x de variável independente. Na regressão linear, temos a hipótese de que o valor de y depende do valor de x e expressamos matematicamente esta relação por meio de uma equação, assumindo que a associação entre x e y é linear, ou seja, descrita adequadamente por uma reta. A regressão é usada basicamente com duas finalidades: de previsão (prever o valor de y a partir do valor de x) e estimar o quanto x influencia ou modifica y.

Programação linear: programação linear (PL) é uma das técnicas da pesquisa operacional mais utilizadas em problemas de otimização. Os problemas de programação linear buscam a distribuição eficiente de recursos limitados para atender a determinado objetivo, em geral, maximizando lucros ou minimizando custos. Em se tratando de PL, este objetivo é expresso por meio de uma função linear, denominada "função objetivo", que se combina com as restrições de recursos do problema para gerar uma otimização.

Os métodos quantitativos podem auxiliar uma organização a controlar sua logística, seus custos, a utilização de suas máquinas, a otimização de seus contratos, o rendimento de seus investimentos, o máximo aproveitamento de seu parque industrial, entre outras aplicações. Cabe aqui ressaltar que, apesar de o paradigma quantitativo ser mais tradicional e aparentar ter mais força entre os pesquisadores do meio científico, a visão qualitativa ganha mais força e mais adeptos na área de administração. Atualmente, o que se percebe é uma tentativa de utilizar os dois meios como poderoso instrumento de pesquisa e avaliação de desempenho.

Como a programação linear pode ajudar no controle de desempenho?

Pesquisa operacional é um método matemático desenvolvido com o objetivo de resolver problemas ligados às operações estratégicas e táticas. Suas origens mostram sua aplicação na área decisória, sendo empregada nas análises empresariais, principalmente com referência à melhor utilização dos recursos escassos. Recursos escassos são característicos em ambientes de hipercompetição. Embora a aplicação prática de um modelo matemático seja ampla e complexa, ela fornecerá um conjunto de resultados que possibilitam eliminar parte do subjetivismo existente no processo decisório quanto à escolha de alternativas de ação (Bierman e Bonini, 1973).

A pesquisa operacional pode auxiliar o processo decisório por meio do modelo de programação linear. Esse modelo é próprio para a resolução de problemas como alocação de recursos escassos para alcançar certo objetivo. A programação linear lida com tipos especiais de problemas matemáticos, desenvolvendo regras e relações, que objetivam a distribuição dos recursos limitados, sob restrições impostas por aspectos tecnológicos ou práticos, quando deve ser tomada uma decisão de atribuição (Andrade, 1990). Um tipo de problema para o qual a programação linear proporciona uma solução pode ser assim resumido: maximizar ou minimizar alguma variável dependente, que é função linear de diversas variáveis independentes, sujeitas a muitas restrições. Exemplo: maximizar lucros, retornos de investimentos, vendas; minimizar custos, horas-máquina, quantidades de estoques de materiais etc.

Para resolver problemas por meio do modelo proposto é preciso estruturar uma formulação geral. Os problemas tratados referem-se à otimização de recursos de certa função objetivo "f", sujeita às restrições do sistema e/ou ambiente. Quando o problema envolve "n" variáveis decisórias e "m" restrições, o modelo pode ser representado, matematicamente, na forma de maximização ou minimização da função objetivo (Corrar e Teóphilo, 2003). Por exemplo, para um problema de maximização:

MAXIMIZAR Z = C1X1 + C2X2 + ... + CnXn

Sujeita às restrições:
a11X1 + a12X2 + ... + a1nXn < = b1
a21X1 + a22X2 + ... + a2nXn < = b2
am1X1 + am2X2 + ... + amnXn < = bm

Sendo obrigatório que:
X1, X2, ... ,Xn > = 0 (obs.: valores não negativos)

Uma forma prática de entender essa representação matemática é considerarmos um problema de entrega de uma série de itens em uma construção, em que C1 = sacos de cimento, C2 = número de vergalhões, C3 = caminhões de areia, C4 = centos de tijolos etc. No entanto, as restrições poderiam ser: o número de sacos de cimento mais os vergalhões, os caminhões de areia e os centos de tijolos não poderiam custar mais que X reais; quanto de cimento, vergalhões, areia e tijolos são necessários para erguer um pedaço da construção, como uma parede; entre outras possíveis restrições. A programação linear, com uma função no aplicativo MS Excel chamada SOLVER, pode conseguir um valor ótimo para a função objetivo, que seria qual quantidade de sacos de cimento, vergalhões, caminhões de areia e centos de tijolos deveriam ser entregues a cada carreto, para que a obra não parasse por falta de uma ou outra matéria-prima.

Portanto, o uso de programação linear é recomendado aos ambientes de produção, mesmo na prestação de serviços, visando à maximização da produtividade ou mesmo à redução de custos. Esse mesmo método pode balizar a aquisição de recursos para ativação de circuitos em telecomunicações, o aluguel de facilidades de terceiros ou a programação de férias do quadro do pessoal envolvido com algum projeto vital, visando uma distribuição dos recursos humanos, ao longo do ano, mais compatível com a demanda de tarefas.

O que é um teste de hipóteses?

Algumas vezes existe um interesse na decisão sobre a verdade ou não de uma hipótese específica, como se dois grupos têm a mesma média ou não, ou se um parâmetro populacional tem um valor em particular ou não, entre outras.

Os testes de hipóteses nos fornecem subsídios para que se realize esse tipo de estudo. Existe grande quantidade de testes de hipóteses. A escolha do mais adequado é feita em função do estudo que se deseja realizar. Os testes de hipóteses podem ser paramétricos e não paramétricos. Os paramétricos devem ser usados em dados que apresentem distribuição normal. Os não paramétricos são usados em distribuição de dados não conhecida ou que apresente variação acentuada. Portanto, antes de utilizar os testes de hipóteses deve-se verificar a distribuição amostral.

O objetivo de um teste de hipóteses é verificar se são verdadeiras as afirmações sobre os parâmetros de uma ou mais populações. Em qualquer teste de hipóteses existem duas hipóteses: a nula (H0) e a alternativa (H1). O objetivo do teste de hipóteses é rejeitar H0 com um nível de significância α.

Em um estudo para avaliar um novo motor instalado em automóveis, em que um grupo de pesquisa busca evidências para concluir que o novo motor aumenta a média da autonomia do veículo, que atualmente é de 15 quilômetros com um litro de gasolina, as hipóteses seriam:

H0: $\mu \leq 15$ (hipótese nula)
Ha: $\mu > 15$ (hipótese alternativa)

Neste exemplo, a hipótese alternativa é a hipótese de pesquisa. Em tal caso, as hipóteses nula e alternativa devem ser formuladas de modo que a rejeição de H0 suporte a conclusão e a ação procuradas.

As hipóteses podem ter várias formas:

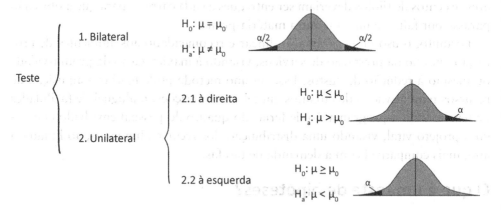

$\mu 0$ é o valor numérico específico considerado nas hipóteses nula e alternativa. Os testes de hipóteses são baseados em estatísticas de amostras realizadas em uma população, e estão sujeitas a erros:

Erro tipo I: rejeitar H0 quando está verdadeira.
Erro tipo II: não rejeitar H0 quando está falsa.

A probabilidade de cometer erro tipo I é denominada "nível de significância" e é denotada por α, enquanto a probabilidade de cometer erro tipo II é denotada por β. Na prática, é especificada a probabilidade máxima permissível de cometer o erro tipo I, chamado nível de significância. Escolhas comuns para o nível de significância são: 0,05 (5%) e 0,01 (1%). Os passos para realizar um teste de hipóteses são os seguintes:

Passo 1: Interprete a situação de modo que obtenha a média μ.
Passo 2: Construa as hipóteses, dizendo se é bilateral ou unilateral, considerando a média em questão.

Passo 3: Obtenha o grau de significância.
Passo 4: Verifique qual o tipo de distribuição é mais apropriado (normal ou t-Student).
Passo 5: Calcule a estatística de teste, usando:

$$z = \frac{\bar{x} - \mu}{\sigma / \sqrt{n}} \qquad t = \frac{\bar{x} - \mu}{s / \sqrt{n}}$$

A primeira para distribuição normal e a segunda para t-Student.

Passo 6: Interprete a estatística de teste para verificar se a hipótese nula será ou não rejeitada. Se z ou t corresponder a valores da região crítica, rejeite H0; caso contrário, não rejeite H0.

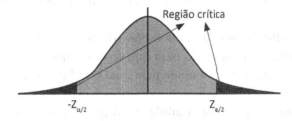

Diferentes níveis de significância podem gerar diferentes conclusões. Com um nível de 5%, H0 poderá ser rejeitado, mas com 1% poderá ser aceito.

Como definir um indicador de desempenho

Pela definição da Fundação para o Prêmio Nacional da Qualidade (FPNQ, 2003), indicador é uma variável numérica a que se atribui uma meta e que é trazida, periodicamente, à atenção dos gestores de uma organização. Os níveis básicos de hierarquia para os indicadores de uma organização são: estratégico, gerencial e operacional. Também denominados indicadores de desempenho, compreendem os dados que quantificam os insumos, recursos, processos, produtos, o desempenho dos fornecedores e a satisfação das partes interessadas. Portanto, qualquer dado que não seja analisado periodicamente não pode ser chamado de indicador, pois não está indicando nada a ninguém.

A escolha de um indicador de desempenho não é coisa simples. De acordo com Sink e Tuttle (1989), ela envolve a necessidade de aferição de sete parâmetros que devem interagir para denotar o desempenho de uma organização: **eficiência** e **eficácia** dos processos da empresa, **qualidade** de seus produtos, **produtividade** e **qualidade de** vida no trabalho de seus colaboradores, grau de inovação que a empresa apresenta em seus produtos, seus processos e em sua forma de gestão, além da lucratividade da companhia. Ela também envolve o conhecimento dos processos em que serão feitas as coletas de dados; e, ainda, a definição detalhada deste indicador, evitando assim erros comuns como o desconhecimento do significado do indicador, a falta de alinhamento entre os indicadores e os objetivos estratégicos da empresa, e a utilização de indicadores de baixa relevância.

Um indicador deve ter uma espécie de carteira de identidade para que qualquer pessoa consiga identificá-lo, entender sua serventia e utilizá-lo como base na tomada de decisão sobre ações para aperfeiçoar o planejamento de empresa, melhorar o desempenho de seus processos operacionais e corporativos, aumentar o grau de motivação e de qualificação das pessoas e crescer o nível de aproveitamento dos recursos disponíveis em seus projetos. Esta carteira de identidade serve tanto aos indicadores quantitativos como para os qualitativos, e deve conter as seguintes informações:

Definição do indicador – contendo uma espécie de descrição macro do indicador;
Objetivo do indicador – informando para que serve e o que visa o indicador;
Sigla do indicador – apontando o nome pelo qual o indicador é conhecido nos sistemas de TI;
Unidade de medida – explicando a unidade em que o indicador é medido (quilo, metro, bom, satisfeito);
Periodicidade – alertando de quanto em quanto tempo o indicador é disponibilizado;
Coleta de dados – esclarecendo com que frequência os dados necessários a sua mediação são obtidos;
Fórmula de cálculo – elucidando como os dados coletados são combinados para gerar o indicador;
Meta – gerando uma expectativa de qual seria o valor ou situação ideal deste indicador;
Parâmetro – clareando, para quem lê o indicador, se um resultado ótimo para ele seria estar acima ou abaixo do valor atual medido;
Fonte – aclarando para quem vai coletar os dados para o cálculo do indicador a origem de cada dado coletado;
Automação do indicador – explanando se há um sistema de TI que calcule o indicador ou se sua geração é manual;
Limite de controle inferior – definindo, se for o caso, o valor mínimo tolerável como resultado da sua medição;
Limite de controle superior – estabelecendo, se for o caso, o valor máximo tolerável como resultado da sua medição;

Metodologia de medição – comentando como é realizada a medição, em que processo(s) ela é feita, quem a realiza, para quem é encaminhada e o resultado processado do indicador;
Análise do indicador – instruindo como é feita a análise do indicador e para que serve essa análise;
Público-alvo – declarando quem é responsável em fazer a análise do indicador;
Responsável – determinando quem é responsável por levantar os dados e gerar o indicador. Este agente também é conhecido como *control owner*, dono do controle no processo;
Observações – criando um campo livre para anotações de relevância sobre o indicador.

Estes dezoito itens formam um conjunto integrado de informações detalhadas, que definem, de forma única e suficiente, qualquer indicador de desempenho de um processo de negócio, de um objetivo estratégico, de uma atividade operacional ou de um projeto da empresa. Uma recomendação final que pode garantir a boa definição de um indicador de desempenho é ter cuidado para evitar que um conjunto de indicadores possa ser bom para uma unidade, mas ir contra os interesses da companhia. Para que tal não ocorra, é importante entender a dimensão estratégica da medida, procurando as estratégias ou os objetivos estratégicos da empresa para descobrir qual deles será beneficiado com a melhoria do indicador definido. Caso esta relação de causa e efeito não seja encontrada, o indicador deverá ser revisto, pois talvez outra variável deva ser considerada para quantificar ou qualificar a grandeza que se deseja acompanhar.

Referências

ACKOFF, R. L.; SASIENI, M. W. *Pesquisa operacional*. Trad. de José L. M. Marques e Cláudio G. Reis. LTC: Rio de Janeiro, 1971.
ALBUQUERQUE, A.; ROCHA, P. *Sincronismo organizacional: como alinhar a estratégia, os processos e as pessoas*. São Paulo: Editora Saraiva, 2007.
ALMEIDA, F. C. Novo modelo organizacional baseado no cérebro humano. *Revista de Administração de Empresas (FGV)*. São Paulo, v. 30, n. 1, p. 46-56, 1995.
ANDERSON, D. R.; SWEENEY, D. J., WILLIAMS, T. A. *Estatística aplicada à administração e economia*. Trad. Luiz Sérgio de Castro Paiva. São Paulo: Pioneira Thomson Learning, 2003.
ANDRADE, E. L. *Introdução à pesquisa operacional*. Rio de Janeiro: LTC, 1990.
ANTHONY, R. N.; DEARDEN, J.; VANCIL, R. F. *Management control systems, text cases and readings*. Homewood, Illinois, EUA: Richard D. Irwin, Inc., 1972.
ANTHONY, R. N.; GOVINDARAJAN, V. *Sistemas de controle gerencial*. Trad. Adalberto Ferreira das Neves. São Paulo: Editora Atlas, 2002.
ATKINSON, A. A.; BANKER R. D.; KAPLAN R. S.; YOUNG S. M. *Contabilidade gerencial*. São Paulo: Editora Atlas, 2000.
BIERMAN, H.; BONINI, C. P.; HAUSMAN, W. H. Quantitative Analysis for Business Decisions. Porto Alegre: RD Editora, 1973.
BUENO, J. H. *Manual do agente de mudanças – a era da qualidade*. 2. ed, São Paulo: LTR, 1995.
CAMPOS, V. F. *TQC – Controle da qualidade total*. Belo Horizonte: Editora INDG, 1999.
CATELLI, A. *Controladoria: uma abordagem da gestão econômica*. 2. ed. São Paulo: Editora Atlas, 2001.
CLEMENTE, R.; PAIM, R.; CARDOSO, V.; CAULLIRAUX, H. *Gestão de processos: pensar, agir e aprender*. Porto Alegre: Editora Bookman, 2009.
CORRAR, L. J.; TEÓPHILO, C. R. *Pesquisa operacional para decisão em contabilidade e administração*. Rio de Janeiro: Editora Atlas, 2003.
CRUZ, T. *Sistemas, métodos e processos*. São Paulo: Editora Atlas, 2003.
CUNHA JR., M. *Análise multidimensional de dados categóricos: a aplicação das análises de correspondência simples e múltipla em marketing e sua integração com técnicas de análise de dados quantitativos*. Porto Alegre: Cadernos de Estudos do PPGA, UFRGS, 1998.
D'ASCENÇÃO, L. C. M. *Organização, sistemas e métodos: análise, redesenho e informatização de processos administrativos*. São Paulo: Editora Atlas, 2001.
D'AVENI, R. *Hipercompetição*. Rio de Janeiro: Editora Campus, 1995.

DE SORDI, J. O. *Gestão por processos: uma abordagem da moderna administração*. 2.ed. São Paulo: Editora Saraiva, 2008.
DUTRA JUNIOR, A. Fundamento da gestão de processos. Disponível em: <http://www.ilion.com.br/arquivos/downloads/Fundamentos_da_Gestao_de_Processos_41744.pdf>. Consulta em: 1º jul. 2011.
ECCLES, R. G. The performance manifesto. In: *Harvard Business Review*. Boston: V. jan./fev., p. 1-8, 1991.
FLAMHOLTZ, E. G.; DAS, T. K.; TSUI, A. S. Toward an integrative framework of organizational control. In: *Accounting, Organizations and Society*, [S. I.], v. 10, n. 1, p. 35-50, may, 1985.
FPNQ, Fundação para o Prêmio Nacional da Qualidade. *Critérios de excelência – o estado da arte da gestão para a excelência do desempenho*. São Paulo: FPNQ, 2004.
─────. *Planejamento do sistema de medição do desempenho*. 2. ed. São Paulo: FPNQ, 2003.
GARRISON, R. H.; NOREEN, E. W. *Contabilidade gerencial*. Trad. José Luiz Paravato. 9.ed. Rio de Janeiro: LTC, 2001.
GOMES, J. S.; SALAS, J. M. A. *Controle de gestão: uma abordagem contextual e organizacional*. 3. ed. São Paulo: Editora Atlas, 2001.
GOMES, L. F. A. M. *Teoria da decisão*. São Paulo: Editora Thomson Learning, 2006.
GOMES, L. F. A. M.; GOMES, C. F. S.; ALMEIDA, A. T. de. *Tomada de decisão gerencial enfoque multicritério*. 3. ed. São Paulo: Editora Atlas, 2009.
HALL, R.H. *Organizações: estruturas, processos e resultados*. 8. ed. São Paulo: Pearson/Prentice Hall, 2004.
HARVARD BUSINESS REVIEW. *Gestão da mudança*. Rio de Janeiro: Editora Campus Elsevier, 2005.
─────. *Mudança*. 4. ed. Rio de Janeiro: Editora Campus, 1999.
HEMÉRITAS, A. B. *Organização e normas*. São Paulo: Editora Atlas, 1985.
HRONEC, S. M. *Sinais vitais: usando medidas do desempenho da qualidade, tempo e custo para traçar a rota para o futuro de sua empresa*. São Paulo: Makron Books, 1994.
HOFSTEDE, G. *Culture and organizations: software importance for survival*. London: Harper Collins, 1994.
INSTITUTE OF MANAGEMENT ACCOUNTANTS – IMA. *Statements on Management accounting. Practices and techniques: Tools and techniques for implementing integrated performance management systems*. Montvale, Nova Jersey: Statement nº 4DD, 15 maio 1998.
ITTNER, C. D.; LARCKER, D. F. Are non-financial measures leading indicators of financial performance: an analysis of customer satisfaction. *Journal of Accounting Research*, v. 36, p. 1-35, 1998.
KANITZ, S. C. *Controladoria: teoria e estudos de caso*. São Paulo: Pioneira, 1976.

KAPLAN, R. S.; NORTON, D. P. The balanced scorecard measures that drive performance. In: HBR on point articles by Harvard Business Review. Boston, p. 72-79, jan/fev. 1992.

_____. *Alinhamento utilizando o balanced scorecard para criar sinergias corporativas.* Trad. Afonso Celso da Cunha Serra. Rio de Janeiro: Editora Campus, 2009.

KAZIMIER, L. J. *Estatística aplicada à economia e administração.* Trad. Carlos Augusto Crusius. São Paulo: Pearson/Makron Books, 2004.

KOCHAN, T. A.; USSEM, M. *Transforming organizations.* Oxford: Oxford University Press, 1992.

LAURINDO, F. J. B.; ROTONDARO, R. G. (Coords). *Gestão integrada de processos e da tecnologia da informação.* São Paulo: Editora Atlas, 2008.

MACHADO, M. A. S. *Notas de aula de métodos quantitativos.* Rio de Janeiro: Faculdades IBMEC, 2004.

MARTINS, H. Uma metodologia de modelagem da estrutura organizacional. Disponível em: <http://www.sel.eesc.usp.br/informatica/graduacao/material/etica/private/uma_metodologia_de_modelagem_da_estrutura_organizacional.pdf>. Consultado em: 10 set. 2011.

MEDEIROS, V. Z.; CALDEIRA, A. M.; PACHECO, G. L.; et al. *Métodos quantitativos com Excel.* São Paulo: Editora Cengage Learning, 2008.

MERCHANT, K. A. The control function of management. *Sloan Management Review.* Boston, v. 23, n. 4, p. 43-55, 1982.

MEYER, C. Como os indicadores adequados contribuem para a excelência das equipes. *Harvard Business Review. Medindo o desempenho empresarial.* Rio de Janeiro: Campus, 2000, p. 85-116.

_____. Putting the balanced scorecard to work. In: HBR on point articles by Harvard Business Review. Boston, p. 135-147, set/out. 1993.

MINTZBERG, H. *The Structuring of organizations: A synthesis of the research.* Nova Jersey: Prentice-Hall Inc., 1979.

_____.; HEYDEN, L. V. der. Organigraphs: Drawing how companies really work. *Harvard Business Review,* p. 87-94, set./out. 1999.

_____.; QUINN, J. B. *O processo da estratégia.* Trad. James Sunderland Cook. 3.ed. Porto Alegre: Bookman, 2001.

MATHIAS, A. Entrevista com Alexandre Mathias, Diretor Geral da ESPM do Rio de Janeiro. In: Talentos e resultados. Disponível em www.talentoeresultados.com/material.htm. Acesso em: 18/6/2011.

MOTTA, F. C. P.; CALDAS, M. P. Cultura organizacional e cultura brasileira. São Paulo: Atlas, 1997.

NADLER, D. A.; GERSTEIN, M. S.; SHAW, R. et al. *Arquitetura organizacional: a chave para a mudança empresarial.* Rio de Janeiro: Campus, 1994.

NAKAGAWA, M. *Introdução à controladoria: conceitos, sistemas, implementação*. São Paulo: Editora Atlas, 1993.
ÑAURI, M. H. C. *As medidas de desempenho como base para a melhoria contínua de processos: o caso da Fundação de Amparo à Pesquisa e Extensão Universitária (FAPEU)*. Florianópolis, 1998. Dissertação (Mestrado em Engenharia de Produção) – Universidade Federal de Santa Catarina.
NODA, K. *Estudo da administração estratégica com foco no processo da qualidade*. Florianópolis, 1998. Dissertação (Mestrado em Engenharia de Produção) – Universidade Federal de Santa Catarina.
OLIVEIRA JUNIOR, H. A. *lógica difusa: aspectos práticos e aplicações*. Rio de Janeiro: Interciência, 1999.
OLIVEIRA JUNIOR, H. A.; CALDEIRA, A. M.; MACHADO, M. A. S.; et al. *Inteligência computacional aplicada à administração, economia e engenharia em MATLAB*. São Paulo: Cengage Learning, 2007.
OURO, R. *Mudança organizacional: soluções genéricas para projetos*. Rio de Janeiro: Editora Qualimark, 2005.
SANTOS, L. A. S. *A educação corporativa como ferramenta de desenvolvimento do capital intelectual na EMBRATEL*. Trabalho apresentado como projeto final de um curso de especialização na FGV em 2003. Disponível em: <http://www.educor.desenvolvimento.gov.br/public/arquivo/arq1228925400.pdf>. Consultada em: 16 set. 2011.
SCHMENNER, R. W. *Administração de operações em serviços*. Trad. Lenke Peres. São Paulo: Futura, 1999.
SHARMAN, P. How to implement performance measurement in your organization. *Certified Managements Accountants Magazine*. Ontário, Canadá, v. 39, p. 33-7, maio 1995.
SINK, S.; TUTTLE, T. C. *Planning and measurement in your organization of the future*. Norcross, Geórgia: Industrial Engineering and Management Press, 1989.
SINPEP. *Glossário do Sistema Nacional de Padronização Eletrônica da Universidade Corporativa Petrobras*. Documento interno da empresa Petróleo Brasileiro S.A., 2011.
SOLOMONS, D. *Divisional performance: Measurement and control*. 10. ed. Homewood, Illinois, EUA: Richard D. Irwin Inc., 1976.
TREGEAR, R.; MACIEIRA, A.; JESUS, L. *Estabelecendo o escritório de processos*. Rio de Janeiro: ELO Group, 1998.
UZÊDA, H. Organização e métodos. Unidade II: Modelos de organização. Disponível em: <http://www.uff.br/sta/textos/hu002.pdf>. Consultado em: 4 set. 2011.
VOM BROCKE, J.; ROSEMANN, M. *Handbook of Business Process Management*. Berlin: Editora Springer-Verlag, 2010.
YIN, R. K. *Estudo de caso planejamento e métodos*. 4. ed. Porto Alegre: Editora Bookman, 2010.

IV

PESSOAS

- Motivação
- Liderança
- Trabalho em equipe
- Referências

IV

Motivação

Este grande desafio da gestão chamado motivação

Um dos assuntos mais abordados nas reuniões de planejamento das áreas de recursos humanos das empresas é o desafio de criar um grupo de empregados motivados na realização de suas tarefas e projetos. Muitas horas são gastas falando em incentivos como remuneração variável, gratificações, campanhas de premiação e pacotes de benefícios.

A verdade é que ninguém é capaz de motivar outra pessoa. Alguns incentivos podem ser dados em direção à motivação, criando temporariamente um condicionamento, mas apenas a pessoa consegue ou não se motivar para a realização de uma atividade em qualquer área da vida. Cecília Whitaker Bergamini, em seu livro *Motivação nas Organizações* (1997), explica que a melhor maneira de criar um condicionamento mais duradouro, denominado motivação consciente, é investir nos eventos futuros, ou seja, criar no indivíduo a crença e a expectativa de que seus objetivos pessoais – normalmente ligados à ascensão na pirâmide de Maslow – serão alcançados por meio do caminho da alta produtividade. Daí ele tenderá a assumir altos padrões de desempenho.

Para os que não estão familiarizados com o termo pirâmide de Maslow, refere-se a uma hierarquia criada por Abraham Harold Maslow, na qual as necessidades de nível mais baixo de um ser humano devem ser satisfeitas antes das de nível mais alto. Cada um tem de "escalar" uma hierarquia de necessidades para atingir sua autorrealização.

A questão é que algumas vezes o papel do gerente exige exatamente o contrário: cobranças de prazos e monitoramento de trabalhos, visando aos interesses da empresa em detrimento das expectativas futuras do empregado. Uma forma de minimizar este efeito e promover mais a motivação consciente é entender os oito papéis fundamentais do líder, sugeridos por Robert E. Quinn et al. em seu livro *Competências gerenciais: princípios e aplicações* (2004), e vivenciá-los de maneira equilibrada.

Dentro da área de processos internos da empresa, o líder tem o papel de monitor, averiguando se o trabalho está sendo bem-feito, e de coordenador, providenciando os recursos diversos para a facilitação do trabalho. Na área de metas racionais da organização, o líder tem os papéis de diretor, explicitando as expectativas da empresa e distribuindo as tarefas e objetivos de cada membro de sua equipe; e o de produtor, mantendo o foco no trabalho e aumentando a motivação da equipe por meio do exemplo e do fomento de um ambiente produtivo. Considerando a empresa como um sistema aberto, o líder tem os papéis de negociador, representando a empresa e usando de persuasão para conseguir recursos externos e negociar acordos e compromissos; e o de inovador, identificando as tendências de mudança e vislumbrando inovações no trabalho. Por fim, existem as relações humanas em todo ambiente de convivência, e neste caso o líder deve exercer os papéis de facilitador, fomentando os esforços coletivos, a coesão do grupo e o trabalho em equipe; além do de mentor, dedicando-se ao desenvolvimento das pessoas e à compreensão de si mesmo e dos outros.

Se o gerente criar escaninhos físicos ou mentais para cada um desses papéis, depositando ali, semanalmente, o que fez em cada um deles, e ainda procurar na semana seguinte equilibrar o peso das ações de cada escaninho, estará contribuindo de forma adequada para criar uma motivação consciente em sua equipe, fazendo-a enxergar o casamento entre seus interesses de ascensão na pirâmide de Maslow e os de sobrevivência e sucesso da empresa.

Esta carência gerencial chamada autoconhecimento

Um artigo da psicóloga Rosemeire Zago, especialista em psicossomática, ciência que integra diversas especialidades da medicina e da psicologia para estudar os efeitos dos fatores sociais e psicológicos sobre os processos orgânicos do corpo, intitulado "A importância do autoconhecimento", tinha em seu início uma constatação e uma questão: "A autoestima oscila de acordo com as situações e principalmente em como nos sentimos em relação a cada uma delas. Mas o que faz com que algumas pessoas sejam mais seguras de si, mais estáveis emocionalmente enquanto outras se perdem, se desesperam quando algo acontece?". Esta questão, embora esteja relacionada aos indivíduos, em verdade preocupa muitos autores da literatura empresarial. Robert E. Quinn et al., em *Competências gerenciais – princípios e aplicações*, definem oito papéis para um gestor e três competências-chave para cada papel. O papel de mentor tem como sua primeira competência-chave a "compreensão de si mesmo e dos outros".

Ora, se um gestor tem de ser empático com seus liderados para entender como incentivá-los a desempenhar um papel mais produtivo, deve ter um equilíbrio emocional para também estar motivado a ultrapassar seus desafios. Voltamos a

Rosimeire Zago (2011), que afirma: "o diferencial que faz que cada um consiga ter controle sob suas emoções é o autoconhecimento". Harry Palmer, em seu livro *Vivendo deliberadamente* (2008), afirma, com relação aos que estudam o ser humano, que "muitos esqueceram que elas (as pessoas) são os grandes soberanos, criadores oniscientes de suas próprias vidas" e "nós criamos possibilidades por nos acreditar dentro delas, e nós dissolvemos limitações por nos experimentar fora delas".

À luz disto, como um gestor pode operar de forma plena sem conhecer a si mesmo? Sem esse conhecimento, talvez ele seja o primeiro membro da equipe a trazer problemas ao grupo, por, inconscientemente, não concordar com seus próprios planos, sabotando de forma inconsciente a almejada vitória sobre os desafios da equipe. Os pilares que deveriam sustentá-lo – observação e poder de análise acurados, movimento e ação inteligentes e autoconhecimento e compreensão – hoje carecem de base de sustentação forte no terceiro pilar.

Autoconhecimento em filosofia, segundo a *Stanford Encyclopedia of Philosophy*, significa "conhecer o estado mental de alguém, incluindo suas crenças, seus desejos e suas sensações". Atualmente, esse conhecimento não faz parte das ementas dos programas de desenvolvimento gerencial, nem dos currículos das escolas de administração ou psicologia, pelo menos não como uma disciplina. Contudo, algumas iniciativas das mais diversas áreas, no sentido de criar ambiente propício ao estudo de si mesmo, começam a permear nossa sociedade, como os grupos do Avatar, de Harry Palmer; do Autoconhecimento – o caminho da verdade, no Espaço Maçom; do Forum For The Discussion Of Nondualism Advaita As Taught In The Upanishads Vedanta, And Self-Knowledge Atma-Bodha, do filósofo hindu Adi Shankara.

Entretanto, esses grupos ainda necessitam alcançar um *awareness*, que significa o quanto uma pessoa ou cultura ou sociedade têm percepção de determinado assunto, fenômeno ou objeto, que lhes permitam transformar essas iniciativas ainda isoladas, por maiores que algumas sejam, em um esforço mais coordenado entre esses grupos. Talvez o ambiente empresarial, em especial o nicho gerencial das empresas, possa ser o catalisador da universalização desta necessidade que cada um tem de conhecer nosso maior aliado e, ao mesmo tempo, nosso mais implacável predador: nós mesmos.

O trabalhador superqualificado

A *Harvard Business Review* divulgou um artigo, de Andrew O'Connell, sobre os trabalhadores superqualificados. Nele são apresentadas razões para que as empresas não descartem os candidatos com qualificação maior que a exigida para o desempenho de um cargo ou função. Esta argumentação foi baseada em duas pesquisas, uma com 5 mil empregados norte-americanos e outra com 244 empregados turcos. As pesquisas concluíram que empregados superqualificados têm desempenho superior a seus colegas com exatamente a *skill* necessária ao desempenho da função. Contudo, em seu último parágrafo, o artigo apresenta a necessidade de lidar com o problema que traz a superdotação para o exercício de uma função: o sentimento do profissional que pensa "Posso fazer muito mais que isto! Talvez eu seja bom demais para este trabalho". Como solução, é apresentada a necessidade de dar ao superqualificado maior autonomia de ação e decisão em sua função.

Vinte e cinco anos de experiência gerenciando pessoas mostraram que essa autonomia é de pouca valia no médio prazo. Se a tarefa está aquém da capacidade de quem a realiza, qualquer soberania dada ao profissional só adia, por curto período, seu sentimento de frustração e insatisfação com a tarefa realizada. Povoar um cargo com pessoas preparadas para exercer funções mais desafiadoras só funciona bem durante um tempo e se houver a visualização, por parte do ocupante do cargo, de uma luz no final do túnel de sua vida útil naquela função.

Cecília Whitaker Bergamini, em seu livro *Motivação nas organizações*, quando fala sobre motivação consciente, inteligência e motivação, diz que a decisão de se engajar em uma atividade depende do valor que se atribui àquilo que ela pode oferecer como resultado. Dessa forma, a atividade em si é considerada recurso instrumental para chegar a algum resultado de valor. Se isto estiver correto, um superqualificado para uma função pode tirar dela muito pouco no que diz respeito ao aprendizado de fazer a tarefa, mas pode realizá-la com grande afinco e motivação se perceber que ela vai levá-lo a outra atividade mais compatível com seu preparo e intelecto.

Isto nos leva a outra questão que parece resolvida no atual ambiente empresarial, mas que, em verdade, ainda não está: o desacreditado plano de carreira. A partir dos anos 1990, muitas empresas deixaram de lado a formalização de um plano de evolução profissional de seus empregados, exceção feita aos de maior desempenho, considerados peças-chave para a organização. Esta falta de visibilidade da luz no fim do túnel para a maior parte dos colaboradores de uma organização leva a um alto nível de rotatividade voluntária de seus quadros, o que reflete um aumento nos custos médios com os recursos humanos da empresa, função dos frequentes desligamentos, recrutamentos e treinamentos.

Uma alternativa intermediária entre os caros e complexos planos de carreira dos anos 1980 e o "cada um por si" do início do milênio não está apenas no plano de retenção das pessoas-chave atualmente praticado, mas também em uma proposta baseada na teoria da expectativa de Victor Vroom (1964), que tenta responder a três anseios de uma pessoa que desenvolve determinada tarefa: **valência** –

demonstrar claramente ao empregado o valor da atividade que realiza, associando-a a um valor provável de redução de custo, de aumento de receita ou de percepção de qualidade para a empresa; **instrumentalidade** – dar ao profissional percepção clara da compensação que terá se alcançar certo resultado, além de nítida possibilidade de passar a um próximo degrau na organização se mantiver este nível de resultados por certo tempo (esta é a luz no fim do túnel); **expectância** – mostrar ao ocupante do cargo que determinado tipo de comportamento e forma de realizar sua atividade tem alta probabilidade de levar a um resultado desejável.

Desta forma, mesmo um profissional superqualificado poderia passar por qualquer função de forma motivada e por um tempo maior que o normalmente esperado.

Relação, envolvimento ou compromisso com a empresa?

No mundo atual, pode ser observado que os profissionais tendem a manter laços cada vez mais fracos com as empresas. A priori, isto não é bom nem ruim. Cada posicionamento, mudança ou evento apresenta ameaças e oportunidades. Cabe entender o porquê dos fenômenos e suas consequências, para tratá-los de forma adequada.

Se as palavras relação, envolvimento e compromisso forem colocadas nos infinitivos verbais, e então consultados seus significados no dicionário *Aurélio*, aparecerão as seguintes informações:

- **Relacionar:** ligar-se; travar conhecimento ou amizade.
- **Envolver:** abranger; importar; seduzir; cativar; prender.
- **Comprometer:** obrigar por compromisso; empenhar; expor a perigo; arriscar; aventurar; assumir responsabilidade.

Com base nessas definições, fica claro o grau de profundidade de cada ação. **Relação** reflete um primeiro contato, uma curiosidade em conhecer ou entender algo. Um vínculo momentâneo, muitas vezes movido pela empolgação da descoberta. **Envolvimento** já sugere algo mais profundo e abrangente, como importar-se com o objeto ou o sujeito do contato, a ponto de ser seduzido, cativado e preso por ele. O que dizer então de **compromisso**? Estar obrigado a um relacionamento, arriscar-se, expor-se ao perigo, assumindo responsabilidades e se empenhando para manter um forte vínculo.

Ora, observando o imediatismo com que a sociedade trata seus principais temas e a velocidade com que as instituições, as empresas, os produtos e as organizações passam, fica claro que a tendência de qualquer pessoa é ter dificuldades em se aprofundar em um vínculo.

Equivocadamente, alguns diagnósticos sobre esta tendência falam em "geração sem compromisso", "juventude imediatista, que não gosta de vestir a camisa da empresa". Este fenômeno não tem relação direta com as novas gerações, mas com os novos tempos. A forma que as pessoas, jovens ou maduras, encontraram para tratar tantos temas, conhecimentos e obrigações que se apresentam no seu cotidiano é abordá-los de maneira superficial. No longo prazo, isto pode trazer um déficit de pessoas que façam a diferença. Aqueles que apaixonadamente inovam, inventam, entendem com profundidade o funcionamento de um equipamento, de um processo, de uma empresa, de uma pessoa, de uma doença, de uma cura, de um modelo, de uma sociedade.

Mas, o que fazer para que este efeito indesejável não ocorra? As empresas podem ter papel relevante no desenvolvimento deste antídoto, composto de dois ingredientes: a sistematização e o registro periódico do conteúdo de suas mentes brilhantes, metodizando e documentando suas práticas, descobertas, formas de trabalho e suas lições aprendidas; e o desenvolvimento de um compromisso de longo prazo com seus mais caros colaboradores, em bases de motivação consciente, ou seja, investindo no desenvolvimento pessoal das pessoas-chave por meio não só de treinamentos e avanços na carreira, mas principalmente pelo entendimento e consideração de suas crenças e expectativas, antecipando o que o indivíduo aspira em termos de eventos futuros.

Desta forma passa a ser viável um real comprometimento do indivíduo com a organização, evitando, assim, a erradicação dos vínculos de longo prazo no planeta.

Agentes do conhecimento: instrumento de motivação e resultados

Imagine que você foi indicado por sua empresa para fazer um curso de pós-graduação na área de gestão empresarial e que, dentre as disciplinas cursadas, se destacou em estratégia e planejamento estratégico, concluindo a disciplina com a nota máxima. De volta à empresa, descobre que uma consultoria, famosa e muito cara, vai trabalhar dentro da organização durante os próximos três meses (novembro, dezembro e janeiro) ajudando-a a desenvolver seu planejamento estratégico para o próximo ano. Comentando com um amigo sobre a necessidade de utilizar tão dispendiosa consultoria, uma vez que a empresa é de médio porte, este sugere que outra consultoria, nacional, de menor porte, talvez fosse a escolha mais correta. Contudo, ninguém pensa ou sugere que a "prata da casa", treinada nas melhores escolas de negócio do país nos temas que envolvem a gestão empresarial, seja aproveitada nessa tarefa.

Um agente do conhecimento é alguém com uma função específica em qualquer parte da empresa, mas que se dedica a estudar determinado tema que pode ou não ter relação com a atividade. Esse tema, na área de gestão empresarial, precisa ser de interesse para o bom desempenho da organização. Normalmente esta pessoa tem forte conhecimento do tema e pode ser aproveitada para desenvolvê-lo, mesmo sem deixar sua função original na companhia. As formas pelas quais um agente do conhecimento pode ajudar a organização são:

1. Disponibilizar um contato, preferencialmente de comunicação escrita, para ser consultado por qualquer outro funcionário sobre o tema de seu domínio.
2. Participar como consultor nas atividades matriciais (projetos, mapeamento de processos, iniciativas estratégicas, desenvolvimento de produtos) que envolvam seu tema de domínio.
3. Ser utilizado como instrutor nos treinamentos internos da empresa sobre o assunto em que ele é *expert*.

Uma maneira simples de a área de recursos humanos começar a recrutar os agentes do conhecimento é cadastrar as notas que os empregados conseguem em suas pós-graduações custeadas pela empresa. O objetivo é registrar as notas de destaque como primeiro indício de um possível agente do conhecimento naquela disciplina. Outra forma seria realizar concursos sobre os temas que necessitam dos agentes, visando descobrir os talentos da empresa em relação a eles.

Considerando que os agentes do conhecimento terão tarefas adicionais às suas, uma forma de mantê-los motivados e fiéis ao programa é premiá-los, não com recompensas financeiras, mas com treinamentos ou breves períodos de descanso patrocinados pela empresa: a oferta de um par de passagens e três ou quatro diárias de um bom hotel para um feriado é um exemplo de baixo custo se comparado às despesas de viagens de uma grande empresa. Em uma empresa de menores possibilidades, treinamentos avançados dentro do tema de atração do agente também são possibilidades de reconhecimento.

Para o profissional que aceita participar do programa, três são as vantagens para fazê-lo: reconhecimento e prestígio na organização, acúmulo de conhecimento sobre diversas partes da empresa e aumento de suas possibilidades de empregabilidade no mercado. Se na história do início desta seção houvesse um programa de agentes do conhecimento na companhia, com certeza você e outros colegas com o mesmo perfil seriam convidados a trabalhar no desenvolvimento do planejamento estratégico da empresa, economizando um bom quinhão em seus custos e desenvolvendo de forma prática as metodologias aprendidas no curso de pós-graduação. Quer retorno melhor para ambos?

Estamos preparados para integrar as novas gerações ao ambiente de trabalho?

Um artigo de Adriano Maluf Amui na *Revista da ESPM* (maio/jun. 2011) indagava "como converter o nível de engajamento dos novos profissionais, da chamada geração Y, em força motriz e oxigênio para capacitação das oportunidades apresentadas ao Brasil?". O conhecimento das características de cada uma das quatro gerações da atualidade é de vital importância para integrá-las não só ao mercado de trabalho, como também umas às outras, de forma harmônica e responsável.

A expressão *baby boomer* significa os nascidos durante uma explosão populacional. Esta geração, surgida entre 1940 e 1960, época da Segunda Grande Guerra e um pouco depois, em que a população, sentindo-se ameaçada, aumentou sua taxa de reprodução gerando um *boom* populacional, apresenta as seguintes características: renda mais consolidada, padrão de vida mais estável, maior preferência por produtos de alta qualidade, acredita que experiências passadas servem de exemplo para o futuro, não se influencia facilmente por outras pessoas, não vê o preço como obstáculo para perseguir um desejo, é firme e madura nas decisões.

A geração X, nascida entre 1960 e 1980, são os filhos dos *baby boomers* e precursores da geração Y. Busca a individualidade sem a perda da convivência em grupo, tem maturidade e escolhe produtos de qualidade; rompeu com as gerações anteriores, atribui grande valor a indivíduos do sexo oposto, persegue seus direitos, tem menor respeito pela família que outras gerações, procura a liberdade e tem ambição pelo poder.

A geração Y, composta pelos nascidos entre 1980 e 2000, chegou a um mundo em transformação para uma grande rede global. Ela é acusada pelos gestores de empresas de baixo engajamento nas atividades corporativas. Esta situação delicada, segundo Adriano Amui, é atribuída ao fato de que essa geração, ao contrário de seus pais e avós, "vive em um ambiente superprotetor, encontrado em escolas, famílias e grupos, sejam eles sociais ou mesmo digitais (redes sociais). Essa esfera superprotetora faz que estes jovens superestimem seu potencial realizador, demonstrando confiança excessiva em suas competências e habilidades". Amui afirma ainda ser esta a causa de problemas e atritos quando os Y são confrontados com os papéis e processos de uma empresa privada. Suas principais características: estão sempre conectados, preferem computadores a livros, vivem em redes sociais e buscam sempre novas tecnologias.

A geração Z, que estará no mercado dentro de mais uns 10 anos, é aquela dos nascidos a partir de 2000 e um pouco antes. É assim denominada por serem aqueles que passam o tempo todo "zapeando" – ora na TV, ora no telefone, ora na internet. São pessoas com capacidade nata de multiprocessamento: ao mesmo tempo que escutam música no MP3, conectam-se a vários sites, estudam e assistem a filmes. Este tipo de perfil requer uma prática educativa com foco na resolução de problemas.

O artigo de Amui aponta para soluções da integração dos Y às empresas por meio de *workshops* dedicados a aspectos comportamentais, planos de carreira de médio e longo prazos, além de um processo de *coaching* acadêmico ao longo do curso universitário.

Como complemento ao artigo e contribuição ao tema, pode ser apontado o capítulo 3, Next Generation Consulting, no livro *Millennial leaders*, de Rebecca Ryan (2008), que destaca seis pontos fundamentais para os jovens Y se manterem motivados e integrados à empresa:

1. **Voz:** a geração Y quer ser ouvida, deseja que sua opinião seja respeitada.
2. **Participação:** querem fazer parte de algo com significado, algo que tenha impacto sobre a empresa, as pessoas, o ambiente e a sociedade.
3. **Significado:** os jovens Y se importam com mais coisas que somente o resultado financeiro da companhia. Querem que a empresa seja responsável social e ambientalmente.
4. **Equilíbrio entre vida pessoal e profissional:** dedicam-se à empresa, mas querem manter a qualidade de vida.
5. **Desenvolvimento pessoal:** estão ávidos por conhecer ferramentas, tecnologias e competências necessárias para executar seu trabalho atual e para crescer pessoal e profissionalmente.
6. **Reconhecimento:** desejam ser reconhecidos por seus méritos. Acreditam que promoções devem estar relacionadas à competência, e não ao tempo de casa.

Para extrair o melhor da geração Y e das próximas, será preciso administrar as expectativas de forma correta, flexibilizando um pouco mais as atuais estruturas corporativas.

A teoria da expectância nos dias de hoje

Algumas teorias mais modernas de motivação, classificadas como teorias contingenciais, substituíram os tradicionais modelos de McGregor, Herzberg e Maslow, baseados em princípios uniformes, hierárquicos e universais das necessidades humanas. Dentre estas teorias, podemos citar a teoria da contingência de Fiedler, o modelo de liderança situacional de Hersey e Blanchard e a teoria da expectância ou teoria das expectativas de Victor H. Vroom.

A teoria de Vroom procura explicar a motivação das pessoas com base nos objetivos e escolhas de cada uma e nas suas expectativas em atingir esses objetivos. Para esse autor, a motivação é o produto da percepção de três fatores distintos: valência, instrumentalidade e expectativa. O produto desses três fatores é um índice que revela a força motivacional que impulsiona e estimula o indivíduo em seu ambiente de trabalho, condicionando seu desempenho.

- **Valência** retrata o valor da atividade que a pessoa realiza, associando essa atividade a um valor provável de redução de custo, de aumento de receita ou de percepção de qualidade para a empresa; ou, ainda, a importância que a atividade depois de realizada terá para uma parte dos *stakeholders*: clientes, corpo de empregados, acionistas, governo, sociedade. Neste caso, devem ser descobertos e considerados quais os valores morais, éticos e princípios que mais impulsionam a pessoa, para adequar o tipo de tarefa ao perfil psicográfico do profissional.
- **Instrumentalidade** é a percepção clara da compensação que a pessoa terá se alcançar certo resultado, além de uma nítida possibilidade de passar a um próximo degrau na organização se mantiver este nível de resultados por certo tempo; bem como a competência obtida na realização da tarefa que aumenta o portfólio de conhecimentos e habilidades do profissional.
- **Expectância**, ou **expectativa**, mostra que tipo de comportamento e que forma de realizar a atividade tem maior probabilidade de levar a um resultado desejável; como também a relação percebida pela pessoa entre o esforço empreendido na realização da tarefa e o nível de resultado conseguido.

Como se trata de um produto dos três fatores, caso algum desses elementos seja zero a motivação será nula, ou seja, caso o trabalhador não considere interessante a recompensa (instrumentalidade), ou se o seu esforço for desproporcional à recompensa (expectativa), ou, ainda, se a tarefa não tiver uma importância compatível com o esperado pelo profissional (valência), essa pessoa não terá motivação, ou seja, terá uma atitude ruim para a realização daquela tarefa e para o alcance dos resultados esperados.

A teoria das expectativas de Vroom apresenta algumas características que a torna mais realista do que outras para explicar as motivações; mais realista, por exemplo, do que as teorias das necessidades humanas, que colocam pouca ênfase nas características individuais.

No cenário atual, em que as empresas dependem e carecem de profissionais cada vez mais preparados e motivados, considerando que há um real movimento nas instituições governamentais e privadas visando investir na preparação das pessoas para o mercado de trabalho, a teoria da expectativa pode ser uma ferramenta bastante útil para que os gestores entendam melhor o que motiva seus profissionais e consigam melhor associação das tarefas aos perfis e interesses de seus colaboradores, produzindo um quadro de pessoal de melhor atitude e, consequentemente, de maior competência para a empresa.

Resiliência: a ductilidade do ser humano

Ciro Mendonça da Conceição, ex-diretor regional de operações de uma grande companhia brasileira de telecomunicações, costumava dizer que "para trabalhar no ambiente empresarial moderno, o profissional precisa ser mais que flexível. Ele precisa ser dúctil". Ductilidade é a capacidade de determinados materiais sólidos sofrerem permanentes mudanças de forma sem quebrar. O cobre, por exemplo, pode sofrer deformação plástica sem rotura nem fissuração. Tal deformação chama-se plástica, em contraposição à deformação elástica, característica dos materiais flexíveis como o náilon, que vergam, mas voltam a sua condição original.

Com o ser humano não é diferente: existem as pessoas inflexíveis, que não se curvam a nenhuma outra posição ou composição; flexíveis, que aceitam atuar fora de suas zonas de conforto durante certo tempo, retornando a sua maneira original terminado o período compromissado; e as que se moldam com alguma facilidade aos diversos ambientes e situações que a vida lhes oferece. Essas pessoas, com essas características relacionais dúcteis, são chamadas resilientes.

Resiliência é um conceito psicológico emprestado da física, definido como a capacidade de o indivíduo lidar com problemas, superar obstáculos ou resistir à pressão de situações adversas, choque, estresse etc., sem entrar em surto psicológico. As características de um indivíduo resiliente, segundo Flach (1991), incluem:

- forte sentido de autoestima;
- independência de pensamento e ação;
- habilidade de dar e receber nas relações com os outros;
- um bem estabelecido círculo de amigos pessoais, que inclua um ou mais amigos que servem de confidentes;
- um alto grau de disciplina pessoal e um sentido de responsabilidade;
- reconhecimento e desenvolvimento de seus próprios talentos;
- mente aberta e receptiva a novas ideias;
- grande variedade de interesses;
- apurado senso de humor;
- percepção dos próprios sentimentos e dos sentimentos dos outros e capacidade de comunicar esses sentimentos de forma adequada;

- grande tolerância ao sofrimento;
- grande capacidade de concentração;
- um compromisso com a vida;
- um contexto filosófico no qual as experiências pessoais possam ser interpretadas com significado e esperança;
- alto grau de criatividade.

Atualmente, as empresas procuram profissionais com características resilientes: com força, capacidade e sabedoria para enfrentar os problemas a sua volta de forma que busquem a melhor solução sem desespero ou excessos. Mas, por que as empresas cobiçam esse tipo de profissional? O conceito de resiliência ultrapassou as fronteiras do individual e começa a aparecer no coletivo: as empresas resilientes. Este tipo de companhia possui alta capacidade de mutação de acordo com as necessidades do mercado, adequando sua estrutura, seja física, financeira, de recursos humanos etc., para atender às necessidades do mercado e demandas específicas dos clientes. Para tornar uma empresa resiliente, é preciso ter profissionais com essas características, que entendam a necessidade de adaptação às condições mutantes do mercado, que hoje é influenciado não só pela cultura local, mas por todos os potenciais clientes da aldeia global.

Mas, e os profissionais sem essas características, podem aprendê-las? Rita Alonso (2011), em um artigo sobre estresses pós-traumáticos ocasionados por tragédias e desastres, aponta a correlação entre resiliência e espontaneidade, destacando a importância do psicodrama no treino da espontaneidade, favorecendo as pessoas a ser mais resilientes.

Em conclusão, Ciro Mendonça tinha razão em seu princípio da necessidade da ductilidade humana nas empresas, ou seja, da resiliência emocional, que pode e deve ser perseguida e desenvolvida pelos interessados em participar deste novo tipo de empresa que se anuncia para ocupar um lugar de destaque no mercado em um futuro próximo.

Os quatro Cs do bom relacionamento empresa-empregado

Um conjunto de condições deve ser fornecido pela empresa para que seus profissionais trabalhem motivados. Contudo, alguns destes pré-requisitos são de vital importância para que a relação entre o empregado e a empresa seja harmoniosa e frutífera. Katzell e Thompson (1990) alertam sobre a necessidade de "prestar mais atenção às diferenças individuais". Segundo os autores, as teorias sobre motivação focalizam principalmente os determinantes ambientais das atitudes e do comportamento, e pouco as disposições, interesses, valores e metas do indivíduo que podem determinar os níveis de energia que investem no trabalho. O empregado precisa perceber que sua presença na empresa é importante e que ele faz parte da caminhada do negócio. Precisa sentir-se participante efetivo dos processos produtivos, encarando os negócios como se fossem seus. Quatro fatores podem ser explorados pela empresa para que ele se sinta um parceiro necessário à organização, aumentando seu grau de relacionamento com a empresa:

Comunicação: de acordo com Stefano e Ferraciolli (2004), para obter um desenvolvimento profissional, a empresa precisa estar atenta às diversas maneiras de comunicação existentes. A comunicação interna é um setor planejado para viabilizar toda a interação possível entre a organização e seus empregados, usando ferramentas de comunicação institucional e até da comunicação mercadológica. Também chamada de endomarketing, é responsável por fazer circular as informações, o conhecimento, de forma vertical, ou seja, da direção para os níveis subordinados; e horizontalmente, entre os empregados de mesmo nível de subordinação. Quanto mais bem informados estiverem os funcionários, mais envolvidos com a empresa, sua missão e seu negócio eles estarão. A comunicação interna amplia a visão do empregado, dando-lhe conhecimento sistêmico do processo. Sua opinião sobre a organização vale muito para quem está de fora. Ele é o maior divulgador de sua organização, e sem informação apropriada pode não propagar corretamente o perfil, os valores e as reais pretensões e possibilidades da empresa.

Conexão: no dicionário, conexão é a ligação de uma coisa com outra; dependência, relação, nexo; analogia entre coisas diversas; coerência. Para que o empregado tenha uma conexão forte com a empresa, a ponto de gostar de fazer parte daquela organização, a empresa deve possuir mecanismos que garantam a conexão entre seus três níveis hierárquicos: o estratégico (E), o tático ou funcional (T/F) e o operacional (O). Os profissionais e as equipes devem entender que em até 20% de suas tarefas (O) estão contidos os alicerces que permitirão o desenvolvimento dos objetivos estratégicos de cada área da empresa (T/F), que, por sua vez, garantirão a implementação efetiva das estratégias da companhia (E). Este alinhamento entre os diversos níveis verticais da empresa, que pode ser alcançado por meio do constante monitoramento dos KPIs, dos indicadores de desempenho dos processos e dos *milestones* dos projetos, incentivam o alinhamento horizontal entre suas diversas funções e o consequente desejo do empregado de maior conexão com a organização, no intuito de entendê-la.

Confiança: alguns pensadores contemporâneos, como Kieron O'Hara (2004), apontam a confiança como o grande problema do século XXI, e em um momento em que a sociedade se recupera de uma ampla crise financeira e corporações enfrentam problemas de perda de clientes, líderes e gestores deparam-se com o desafio de construir novas relações. Stephen M. R. Covey, em seu livro *The Speed of Trust* (2006), baseado em um estudo de mais de dez anos em empresas norte-americanas, retrata o alto custo da baixa confiança da empresa em seus colaboradores e em sua capacidade de sucesso no mercado. Quando a confiança é baixa, as empresas têm custos maiores e a velocidade de suas operações é menor. Quando a confiança é alta, os custos são menores e suas operações ganham velocidade. "Nada é tão rápido quanto a velocidade da confiança. Nada é tão lucrativo quanto a economia da confiança. Nada é tão crucial para uma organização quanto os relacionamentos de confiança", diz Covey. Se a empresa não tem confiança no que faz e com quem se relaciona para fazer, como esperar que seus empregados confiem na eficácia de seus projetos e no seu relacionamento com a própria organização?

Comprometimento: a etimologia do verbo comprometer apresenta o seguinte significado: "Fazer promessa com", ou seja, obrigar-se; assumir responsabilidade com alguém ou alguma coisa. Só se compromete quem tem confiança no outro; só se assume compromisso com quem se tem valores ou uma causa em comum. Estar comprometido com uma meta ou com o atingimento de um resultado ajuda a superar perdas ocasionais de motivação. Eugênio Mussak (2008) apresenta cinco condições para que se consiga o real comprometimento de alguém: **admiração, respeito, confiança, paixão e intimidade**. Profissionais que só realizam o necessário em suas tarefas não admiram o suficiente a empresa; não têm grande respeito pela instituição; não têm a confiança necessária para ousar nem paixão pelo que fazem; ou não conseguem desenvolver um relacionamento mais próximo com a companhia na qual trabalham. O que as empresas estão fazendo para criar essas condições apresentadas por Mussak? De acordo com Allen e Meyer (1990), para que um profissional tenha sério comprometimento com a empresa, três aspectos devem ser trabalhados pela organização: afetivo, instrumental e normativo.

Para um comprometimento afetivo, a empresa deve ter bom desempenho empresarial, valores compatíveis com os interesses do profissional e boa imagem no mercado, o que garante uma identificação do empregado com a empresa e o orgulho de pertencer a tal organização. Para um comprometimento instrumental, a organização deve fazer que o indivíduo perceba a perda de benefícios e a dificuldade de adaptação a outro ambiente de trabalho ocasionadas por uma possível sua saída da organização. Por fim, para um comprometimento normativo, a empresa deve propiciar o desenvolvimento de um sentimento de obrigação no profissional, pelo entendimento de que já recebeu muito da organização, seja sob a forma material ou não, como treinamentos, oportunidades de progressão na carreira, prêmios ou reconhecimentos; sentimento este que gera a percepção de que não é correto abandoná-la.

Em resumo, para que um profissional tenha bom relacionamento com a empresa, quatro fatores, apelidados de quatro Cs, são necessários: **comunicação** eficiente de todas as formas, não só a escrita; forte **conexão** entre todas as áreas da organização, o que lhe propiciará maior entendimento do todo; a confiança da organização em seus profissionais e em si mesma, aumentando a **confiança** do próprio empregado; e um **comprometimento** com a empresa em três dimensões: a afetiva, a do benefício ou instrumental, e a moral ou normativa.

Pesquisa de clima: instrumento de motivação?

Atualmente nas empresas, as pessoas têm cada vez mais tarefas, trabalham mais horas, submetidas a um elevado grau de tensão, dentro de um único ambiente, em sua maioria. Faz-se, portanto, necessário que esse ambiente possua as melhores características possíveis para a produção empresarial e satisfação do indivíduo. Pesquisas sobre esse ambiente multiplicam-se nas empresas, sob o título de pesquisa de clima organizacional. De acordo com a consultoria Reciprhocal (2005), especialista em gestão estratégica de recursos humanos, o clima organizacional é a tendência de percepção que os membros de uma organização possuem a respeito de seu grau de satisfação em relação ao conjunto ou a determinadas características dessa organização. Ela representa o conjunto de sentimentos predominantes em determinada empresa e envolve a satisfação dos profissionais tanto com os aspectos mais técnicos de suas carreiras e trabalho quanto aos afetivos e emocionais, refletidos em suas relações com os colegas de trabalho, com os superiores e com os clientes. O estudo do clima permite a identificação de indicadores capazes de subsidiar ações de intervenção, monitoramento e acompanhamento de melhorias que precisam ser efetuadas para que o equilíbrio entre a realização profissional e o desempenho organizacional seja alcançado.

Para melhor identificar os indicadores que subsidiarão ações para a manutenção desse equilíbrio, é necessário que se conheça a cultura da organização alvo do estudo, que deriva de uma cultura mais ampla de empresas e, em última análise, da cultura do país em que a organização está inserida.

De acordo com Dubrin (2003), motivação, em um ambiente de trabalho, é o processo pelo qual o comportamento é mobilizado e sustentado no interesse da realização das metas organizacionais. Segundo Sievers (1990), a motivação está hoje preocupada em entender o homem e sua constituição individual, e transformou-se em um instrumento pragmático para influenciar o comportamento humano.

O processo de realização de uma pesquisa de clima e cultura organizacional pode disparar o mecanismo de redes informais da organização, uma vez que as pessoas acabam por se conectar, visando entender e avaliar os resultados da pesquisa, que em última análise pode ser, por si só, forte instrumento de motivação e sinergia dos colaboradores, uma vez que possui o significado de ser ouvido; desde que esta venha a ter consequências e desdobramentos.

Partindo das premissas básicas de que ninguém motiva ninguém e de que cada ser humano se motiva por razões diferentes, alguns fatores causadores de impactos sobre o nível de motivação dos empregados devem ser considerados na realização de uma pesquisa de clima organizacional, tais como:

- existência de desafios a serem vencidos na empresa;
- percepção da existência de sentido na realização de tarefas;
- existência de uma cultura e práticas de valorização e reconhecimento das pessoas;
- sentimento de participação e utilidade nos colaboradores;
- perspectiva de crescimento profissional na empresa;
- clareza do papel dos líderes e seus estilos de liderança;
- capacidade de integração e sinergia entre as diversas áreas da organização; e
- reconhecimento financeiro aos empregados.

Já os pré-requisitos para o uso de uma metodologia adequada a uma pesquisa de clima e cultura organizacional em uma empresa são os seguintes:

a) tratamento diferenciado para as lideranças;
b) formação de equipe neutra de pesquisa;
c) utilização de entrevistas e questionários previamente definidos e planejados;
d) análise da pesquisa por estratos com vários recortes, e não da empresa como um todo; e
e) escolha de um público-alvo para a pesquisa o mais abrangente possível dentro da organização, preferencialmente ouvindo 100% dela.

De acordo com a consultoria Reciprhocal, as organizações modernas realizam pesquisas que não levam em conta as particularidades de sua própria cultura e valores, nem a subjetividade de seus profissionais, seus desejos e capacidades de afetar o curso do próprio trabalho; nem focalizam a gestão da realização humana como um elemento vital, seja para o desempenho da organização como um todo, seja para o desempenho pessoal e profissional de seus colaboradores. Pesquisas do Instituto MVC (2005) indicam que colaboradores com baixos índices de motivação utilizam somente 8% de sua capacidade de produção. Em empresas em que existem colaboradores motivados, esse mesmo índice pode chegar a 60%.

Ainda de acordo com o Instituto MVC (2005), um processo de elaboração e realização de pesquisa de clima e cultura organizacional deve ser dividido em cinco fases:

1. **Planejamento e preparação:** preparação dos instrumentos de pesquisa; definição da logística de aplicação; apresentação às lideranças; comunicação aos colaboradores.
2. **Aplicação dos instrumentos de pesquisa:** aplicação dos formulários; entrevistas com o pessoal da liderança.
3. **Tabulação dos dados:** digitação e conferência dos dados; emissão dos relatórios.
4. **Análise e interpretações:** cruzamento das respostas; análise dos pontos fortes e oportunidades de melhoria.
5. **Apresentação dos resultados:** emissão dos relatórios finais; reuniões de apresentação.

Em paralelo a cada fase do processo, ações de mobilização e motivação dos empregados devem ser desenvolvidas pelo endomarketing da empresa.

Segundo o MVC, uma pesquisa de clima e cultura organizacional faz que os colaboradores tenham a oportunidade de refletir sobre suas realidades, desenvolvimento profissional e pessoal. Uma simples participação em pesquisas pode promover entre os colaboradores uma considerável elevação dos seus níveis de motivação. Além disso, a apresentação dos resultados é uma ótima oportunidade de avaliação e reorientação das lideranças em torno dos mesmos objetivos, o que propicia um clima adequado à realização de outros trabalhos no nível de comando da organização, aumentando a sinergia entre gerentes e subordinados.

Cultura organizacional brasileira e motivação

Cultura é um conceito estudado principalmente pelos antropólogos e sociólogos. A origem da palavra "cultura" deriva da palavra latina *colere*, que significa habitar, cultivar ou honrar. Essa noção é ligada à atividade humana. Por isso, envolve conceitos como crescimento, mudança e movimento no tempo (Barros, 2003). De acordo com Motta e Caldas (1997), cultura organizacional pode ser encarada como o conjunto de hábitos, comportamentos e percepções dos integrantes de uma organização. É o elemento diferenciador que individualiza cada instituição, seja esta uma empresa privada com fins lucrativos, órgão público ou qualquer tipo de sociedade; trata-se de uma "assinatura" psicossocial coletiva. Nas últimas décadas, começou-se a considerar o papel da cultura nacional no desenvolvimento de modelos e ferramentas gerenciais, na aceitação de mudanças e na motivação das pessoas. No entanto, a cultura nacional determina os valores e crenças das pessoas. Por isso influencia os comportamentos de um indivíduo ou de um grupo. A cultura organizacional beneficia-se desse sistema de valores e crenças. Com efeito, os funcionários trazem para as organizações sua própria cultura, ou seja, a cultura nacional. Desta forma, a cultura organizacional é fruto da cultura nacional e dos valores desenvolvidos pela alta administração da organização. Os valores de cada pessoa contribuem para estabelecer a cultura organizacional. Cultura nacional e cultura organizacional são assim dois conceitos complementares.

De acordo com Tanure e Cançado (2005), o gerenciamento brasileiro pode ser definido em função das características da sua cultura nacional. Valores culturais, como o coletivismo, o "jeitinho", a informalidade, o protecionismo, o personalismo e a afetividade, influenciam o tipo de gestão. Por exemplo, a resolução de um conflito não implica confronto direto das partes envolvidas, mas são utilizadas as relações pessoais para saná-lo. O objetivo é evitar o confronto direto entre os indivíduos. Esta atitude tem por origem a dimensão coletivista da sociedade brasileira. No que diz respeito às práticas gerenciais, as técnicas e ferramentas organizacionais, a receptividade brasileira favorece a implementação de modelos estrangeiros, principalmente norte-americanos ou japoneses. No entanto, a forte concentração de poder limita a adaptação dos modelos aos valores locais. Com efeito, essa variável cria uma incompatibilidade entre responsabilidade e autoridade na mesma pessoa. A responsabilidade é transferida à autoridade externa. Isto por causa do medo de assumir os riscos ligados as suas posições e decisões.

Quanto à motivação, de acordo com Dubrin, em um ambiente de trabalho, ela é o processo pelo qual o comportamento é mobilizado e sustentado no interesse da realização das metas organizacionais. A motivação intrínseca defende que certas características de uma tarefa, tais como o desafio e a autonomia, promovem motivação porque dão margem à satisfação das necessidades para a competência e a autodeterminação. As percepções dos empregados de por que desempenham uma tarefa também podem afetar sua motivação intrínseca. Segundo Katzenbach (2000), existe hoje nas empresas a necessidade da aplicação de mais de um tipo de mecanismo para alinhar os comportamentos de pessoas em toda a organização. É preciso reforçar periodicamente os valores e crenças da organização a todas as pessoas que nela trabalham. Um desses mecanismos é o que promove redes informais na organização. Elas permitem que as pessoas se conectem umas com as outras fora das estruturas, processos e fóruns formais.

Outra maneira de permitir que a cultura da organização seja um instrumento de integração e motivação das pessoas é trabalhando o clima organizacional da empresa. Clima organizacional é um conjunto de propriedades mensuráveis do ambiente de trabalho percebido, direta ou indiretamente, pelos indivíduos que vivem e trabalham nesse ambiente. Ele influi diretamente na motivação e na produtividade, pois o grau de salubridade de uma organização depende de sua atmosfera psicológica. Essa atmosfera é fruto do conjunto de percepções das pessoas que compartilham seu dia a dia com a organização. Com um clima organizacional satisfatório, as empresas conseguem gerar condições para encorajar empregados potenciais a ingressar na empresa; estimular os empregados a produzir mais, a desempenhar suas funções com eficácia; e persuadir empregados a permanecer na empresa.

A individualidade e o comportamento motivacional

Cecília Bergamini Whitaker, em seu livro *Motivação nas organizações*, esclarece que a motivação de um indivíduo é fruto da combinação de quatro parâmetros: a realidade motivacional da pessoa, moldada pela história de sua vida particular; a cultura que cerca o indivíduo, ou seja, o sistema de padrões de comportamento adquiridos, próprios dos membros de uma sociedade; o ambiente natural em que o indivíduo vive; e sua personalidade, que, entre outras coisas, é derivada das funções psíquicas que energizam seu comportamento. Dentro deste último item, os indivíduos podem ser classificados de forma mais abrangente em quatro tipos de comportamento:

1. Aqueles com uma **orientação participativa**. Suas características são:

Traços comportamentais: têm a convicção pessoal de que o mais importante na vida é "promover o valor que os outros têm"; são descritos como prestativos, sendo sempre possível contar com a sua ajuda; possuem grande sensibilidade com relação aos problemas dos demais.
Situações de satisfação: encontram-se satisfeitos quando podem seguir uma orientação grupal; quando consultam pessoas e são consultados por elas; quando usam seus talentos pessoais para o desenvolvimento da organização; quando promovem o desenvolvimento dos talentos daqueles com os quais trabalha.
Situações de insatisfação: esse tipo de pessoa se encontrará insatisfeita quando receber tratamento impessoal; quando for forçada a desenvolver atividades sem significado; quando sentir que as intenções não são reconhecidas; quando tiver de conviver em meio a um clima de falsidade em que as pessoas não são levadas a sério.

2. Aqueles com **orientação para ação**. Neste caso, a atuação dos indivíduos tem os seguintes aspectos:

Traços comportamentais: trazem implícito o desejo de fazer que as coisas aconteçam; sentem grande atração por situações em que são desafiados a demonstrar sua competência pessoal; o importante não é aquilo que o mundo lhes apresenta como dado de realidade, mas aquilo que configuram como realidade para si mesmas.

Situações de satisfação: estão satisfeitos quando se sentem desafiados a comprovar sua eficiência; quando podem se dirigir com autonomia; quando desenvolvem atividades variadas; quando são tratados de igual para igual, sem medo.

Situações de insatisfação: não estão realizados quando se sentem cerceados em sua ação e presos a rotinas desinteressantes; quando faltam objetivos claramente fixados; quando há falta de responsabilidade dos demais; quando sentem que é impossível controlar as variáveis que afetam os resultados.

3. Aqueles que sustentam uma **orientação para a manutenção** podem ser identificados pelas seguintes naturezas:

Traços comportamentais: há clara preocupação com a segurança, fazendo que construam cuidadosamente sua vida de maneira a se apoiarem em vitórias passadas; isto leva as pessoas a se moverem mais lentamente para que possam garantir a boa qualidade daquilo que estiverem fazendo; possuem raciocínio privilegiado.

Situações de satisfação: quando têm oportunidade de usar lógica e organização; quando contam com tempo suficiente para garantir a boa qualidade daquilo que está sendo feito; quando dispõem de fontes confiáveis de consulta; quando sentem que há coerência e justiça no trato com pessoas.

Situações de insatisfação: quando trabalham com informações confusas e incompletas; quando estão sujeitos a um clima de constantes mudanças; quando convivem com pessoas dadas a explosões emocionais; quando tratam os assuntos de forma incompleta e superficial.

4. Aqueles que se valem de uma **orientação para a conciliação** são indivíduos que assim se caracterizam:

Traços comportamentais: mostram como principal preocupação estar em sintonia com os demais; socorrem-se maciçamente da negociação e procuram entender o ponto de vista dos outros; são, acima de tudo, flexíveis e estão dispostos a rever seus próprios pontos de vista com diplomacia e tato social.

Situações de satisfação: quando desfrutam de uma convivência social harmônica; quando contam com um ambiente flexível em que seja possível fazer concessões; quando são reconhecidos como importantes dentro do grupo; quando conhecem a repercussão social das suas ações.

Situações de insatisfação: quando são colocados em ridículo perante o grupo; quando precisam seguir normas e horários rígidos; quando se sentem socialmente colocados de lado; quando estão em um ambiente sério demais em que as pessoas se atritam constantemente.

E você? No fundo, retiradas as máscaras dos diversos papéis que realiza nesta vida, tem seu comportamento guiado principalmente por que tipo de orientação?

Liderança

Liderança situacional ou transformacional: o que demandam as organizações?

Parte significativa da força de trabalho emergente das novas gerações já não se identifica com muitos dos ideais profissionais perseguidos por seus pais e avós, tais como estabilidade no emprego, orgulho em "vestir a camisa" de uma organização, ambição de ser responsável por uma atividade ou um grupo na empresa. Para adaptar-se a esta nova realidade as empresas demandam um novo modelo de liderança, mais adaptável ao perfil de cada conjunto de empregados. Mas qual seria esse modelo?

O modelo de liderança situacional, de Paul Hersey e Kenneth H. Blanchard (1986), explica como combinar o estilo de liderança com a prontidão dos membros do grupo, ou seja, ela se adapta a diferentes tarefas propostas: o estilo precisa se ajustar à situação.

Esse modelo está baseado em duas variáveis: o comportamento do líder (como orienta para as tarefas e como é seu relacionamento com os liderados) e a maturidade de seus subordinados, que se divide em suas habilidades e sua disposição. Habilidade é composta por conhecimento, experiência e destreza que um indivíduo, ou um grupo, traz a uma tarefa ou atividade em particular. Disposição é a medida na qual um indivíduo, ou grupo, tem a confiança, o comprometimento e a motivação para realizar uma tarefa específica. Esta ideia se divide em quatro estilos ou formas de liderança, juntamente dos quatro níveis de maturidade:

Determinação: adequado a pessoas com baixo nível de maturidade. Neste caso, os subordinados não estão habilitados nem têm disposição para assumir responsabilidades. Um comportamento específico para este caso é dar ordens e pouca ênfase ao relacionamento.
Persuasão: este estilo compreende alto nível de comportamento orientado para a tarefa e uma razoável atenção ao relacionamento, uma vez que os subordinados mostram alguma disposição, mas não se sentem preparados para assumir responsabilidades.

Participação: orienta-se fortemente para o relacionamento, mas com pouca ênfase na tarefa, pois os subordinados têm habilidade, mas não estão dispostos a assumir responsabilidades.

Delegação: esse estilo consiste em pouca preocupação tanto com a tarefa quanto com o relacionamento, pois os subordinados são capazes e querem assumir responsabilidades.

Uma preocupação no uso desta teoria é a ideia de que as pessoas imaturas devem ser tratadas com "pulso forte", mas este tipo de tratamento não as desenvolve, apenas pode aumentar seu grau de imaturidade.

No entanto, a liderança transformacional atua no aperfeiçoamento do liderado, transformando sua visão sobre a organização e sobre o trabalho. A transformação ocorre de uma ou mais maneiras:

- aumentando o nível de consciência das pessoas sobre a importância e o valor das recompensas designadas e o modo como alcançá-las;
- fazendo que as pessoas ultrapassem os interesses pessoais pelo sucesso do trabalho em equipe e da empresa;
- expandindo o foco das pessoas, de satisfações menores para a busca da autorrealização; ao mesmo tempo, os integrantes do grupo são encorajados a buscar a satisfação das necessidades de níveis mais altos;
- ajudando os trabalhadores a adotar uma perspectiva ampla, de longo alcance, e a focar-se menos nas preocupações do cotidiano;
- ajudando as pessoas a entender a necessidade de mudanças, reconhecendo o componente emocional da resistência à mudança e lidando com isso de maneira aberta; investindo em gerentes com um senso de urgência;
- comprometendo-se com a grandeza, que inclui o esforço para a eficácia da empresa, como obtenção de lucros, alto valor das ações, bem como uma ética impecável.

Então, talvez a resposta à pergunta do título esteja em não escolher entre os dois tipos de liderança, mas combiná-los para que os empregados mais imaturos ou aqueles que ainda não possuem as habilidades necessárias para a realização de suas tarefas possam contar com o líder como um treinador (*coach*) para desenvolver suas habilidades e incentivar seu processo de amadurecimento.

Quais são os papéis de um líder?

Um verdadeiro líder encarna vários papéis quando está atuando em uma organização ou na vida. Não basta o líder saber influenciar e orientar as pessoas, deve ajudá-las a desenvolver a capacidade de realizar bem suas tarefas, a crescer como pessoas e a evoluir em sua forma de lidar com a empresa, com as instituições e com a sociedade.

Robert E. Quinn et al., em seu livro *Competências gerenciais*, apontam oito papéis para um líder dentro de uma organização, classificando-os em quatro modelos: das metas racionais, dos processos internos, das relações humanas e dos sistemas abertos.

No modelo das metas racionais, um dos papéis desenvolvidos pelo líder é o de **diretor**. Neste papel, suas competências devem ser o desenvolvimento e a comunicação de uma visão; o estabelecimento de metas e objetivos; e o planejamento e a organização dos trabalhos. Suas principais atividades são: explicitar expectativas por meio de processos, tais como planejamento e delimitação de metas; ser um deflagrador decisivo, que define problemas, seleciona alternativas, estabelece objetivos; e definir papéis e tarefas, gerando regras e políticas e fornecendo instruções. Outro papel do líder neste modelo é o de **produtor**, que reúne as seguintes competências: trabalho produtivo; fomento de um ambiente de trabalho produtivo; gerenciamento do tempo e do estresse. Neste papel suas características são: orientação para tarefas; manutenção do foco no trabalho; alto grau de interesse, motivação, energia e ímpeto pessoal; assunção de responsabilidades; elevada produtividade pessoal; e motivação da equipe pelo exemplo.

Na área dos processos internos, um dos papéis que desenvolve um líder é o de **monitor**, que tem por principais competências: o monitoramento do desempenho individual; o gerenciamento do desempenho e processos coletivos; e a análise de informações com pensamento crítico. Neste papel, o líder deve realizar as seguintes tarefas: averiguar se os liderados estão fazendo sua parte; dominar todos os fatos e detalhes e ser um bom analista; analisar e responder a informações de rotina; conduzir inspeções e vistorias; e rever relatórios e outros documentos. Um segundo papel do líder quando está atuando de acordo com o modelo dos processos internos é o de **coordenador**, com as seguintes competências-chave: gerenciamento de projetos; planejamento do trabalho; gerenciamento multidisciplinar. As principais tarefas do líder neste papel são: sustentar a estrutura e o fluxo do sistema; providenciar recursos diversos para a facilitação do trabalho; agendar, organizar e coordenar os esforços da equipe; administrar e enfrentar as crises; resolver dificuldades de ordem tecnológica, logística e doméstica.

No modelo dos sistemas abertos, o papel de **inovador** deve estar presente com as seguintes competências: convívio harmônico com a mudança; pensamento criativo; e gerenciamento da mudança. Ao mesmo tempo, suas principais atividades são: identificar tendências significativas dentro de um ambiente de mudanças; conceitualizar e projetar as mudanças necessárias; tolerar as incertezas e os riscos; sonhar e criar, ser capaz de enxergar longe, vislumbrar inovações e convencer os demais de que são necessárias e desejáveis. No mesmo modelo de atuação, o líder também tem o papel de **negociador**, com as seguintes competências associadas: construção e manutenção de uma base de poder; negociação de acordos e compromissos; apresentação de ideias. No mesmo papel, seus desafios são: sustentar a legitimidade exterior e obter recursos externos; ter astúcia política, capacidade de persuasão e influência e poder; representar e negociar; vender e servir de intermediário e porta-voz.

Por fim, o menos explorado pelos atuais líderes de empresa é o modelo das relações humanas, muitas vezes mal interpretado como o modelo das "ralações" humanas, que também prevê dois papéis para o líder: no papel de **facilitador**, o líder deve ter como competências a construção de equipes; o uso do processo decisório participativo; a administração de conflitos. Os principais desafios são fomentar os esforços coletivos; promover a coesão e o trabalho em equipe; administrar conflitos interpessoais; reforçar a coesão do grupo trabalhando no moral coletivo; e obter colaboração e participação na solução dos problemas do grupo. No segundo papel, o de **mentor**, o líder deve trabalhar as competências: compreensão de si mesmo e dos outros; comunicação eficaz; desenvolvimento dos empregados. Neste papel, suas principais tarefas são: dedicar-se ao desenvolvimento das pessoas; ser solícito, atencioso, sensível, afável, aberto e justo; escutar e apoiar as reivindicações legítimas de seu grupo; transmitir apreciação e distribuir elogios e reconhecimentos; proporcionar oportunidades de treinamento para seus liderados.

Conforme o posto de trabalho, a situação contingencial ou a área de atuação, um líder terá de desenvolver muitos desses papéis ao longo de sua carreira. Contudo, para realizar bem sua missão, um líder de alto desempenho deve procurar garantir todas as competências aqui citadas – e muitas vezes tem sucesso apenas parcial.

A saudável transformação do gerente em líder?

Muitas empresas confundem os conceitos de gerente e de líder. Em verdade, ignoram as duas definições quando simplesmente trocam os títulos da função, acreditando que com esta nova vestimenta seus "Clark Kent" se transformarão automaticamente em super-homens. Este engano leva dirigentes a amargos dissabores, como o aumento das demissões voluntárias de seus principais talentos, e promessas, invariavelmente acompanhadas de uma triste entrevista de desligamento, na qual é registrada uma fase lapidar para a empresa: "Não aguento mais trabalhar com o meu gestor". Mas, como trabalhar uma real transformação dos gerentes em líderes? Primeiramente é necessário conhecer os conceitos que envolvem estes dois perfis.

Warren Bennis e Burt Nanus, em seu livro *Líderes: estratégias para assumir a verdadeira liderança* (1988), apontam claras distinções entre um líder e um gerente:

"O líder opera sobre os recursos emocionais e espirituais da organização, sobre seus valores, comprometimento e aspirações. Em contraste, o gerente opera sobre os recursos físicos da organização, sobre seu capital, habilidades humanas, matérias-primas e tecnologia. Um gerente excelente pode providenciar para que este trabalho seja feito produtiva e eficientemente, seguindo-se o cronograma e com um alto nível de qualidade. Fica a cargo do líder efetivo ajudar as pessoas a sentirem orgulho e satisfação em seu trabalho, para que esta produtividade seja duradoura."

Portanto, é fundamental observar que não existe gerente de pessoas, mas sim de atividades. As pessoas devem ser orientadas por um líder. Quando a empresa envia um gerente para realizar um treinamento sobre ferramentas de TI, logística empresarial ou práticas de vendas está desenvolvendo seu gerente. Quando relutantemente permite que ele participe de seminários sobre teorias de motivação, autoconhecimento, comunicação oral e escrita, trabalho em equipe ou poder na organização, está preparando um líder.

James Kouzes e Barry Posner, em seu livro *O desafio da liderança* (1997), sugerem um perfil para o líder da atualidade, ponderando que:

Os líderes desafiam o estabelecido: eles buscam oportunidades para mudar o *status quo*.
Os líderes inspiram uma visão compartilhada: eles acreditam apaixonadamente que podem fazer diferença; imaginam o futuro, criando uma imagem ideal e singular do que a comunidade, o órgão governamental ou a organização podem vir a ser.
Os líderes permitem que os outros ajam: eles incentivam a colaboração e formam equipes afinadas; sabem que o que mantém os esforços extraordinários é o respeito mútuo; lutam para criar uma atmosfera de confiança e dignidade humana.
Os líderes apontam o caminho: eles criam padrões de excelência e dão o exemplo para que os outros sigam; estabelecem os valores de como os seguidores, colegas e clientes devem ser tratados.

A preparação técnica de um gerente é importante e bem trabalhada hoje pelos responsáveis por treinamento e desenvolvimento nas empresas. Contudo, esta ginástica localizada está deixando nossos gerentes com braços, pernas e hemisfério esquerdo do cérebro cada vez mais musculosos e saudáveis, mas com o coração e o hemisfério direito do cérebro mais atrofiados e doentes. Resta saber se isquemia arterial aguda acompanhada de esclerose múltipla será a causa de sua morte, *causa mortis* esta que na maior parte das vezes carrega junto a organização, ou se as empresas salvarão o paciente incentivando-o a desenvolver seu quinhão de líder, que o fará muito mais saudável e útil à empresa, além de mais adequado aos tempos modernos.

Qual o tipo mais moderno de liderança?

Para responder a esta pergunta, primeiramente é necessário entender que liderança é a capacidade de influenciar pessoas; ou ainda, de acordo com Kim e Mauborgne (1992), "é a habilidade de inspirar confiança e apoio entre as pessoas de cuja competência e compromisso depende o desempenho".

Em verdade, o tipo de liderança que alguém pode exercer está diretamente associado ao tipo de poder que ela possui. De acordo com Cecília Bergamini (2002), existem cinco tipos de poder que podem ser exercidos por alguém: o **poder legítimo**, aquele em que a autoridade foi delegada pelos constituintes de níveis mais altos em qualquer organização; o **poder de recompensa**, que se origina da possibilidade que o líder tem de recompensar o seguidor todas as vezes que este assim o merecer; o **poder coercitivo**, que funciona até certo ponto, mas que pode levar o seguidor a reagir pela resistência, pois este se submete à coerção para evitar punições; o **poder de especialista**, em que o seguidor está convencido de que seu líder tem algum conhecimento especial a respeito de como resolver um problema, dentro de uma ótica mais adequada; e, finalmente, o **poder de referência**, que tem sua eficácia porque o seguidor admira e se identifica com a pessoa do líder e com a causa que ele defende.

Deste último tipo de poder deriva uma forma de liderar que não é moderna, uma vez que Jesus de Nazaré já se utilizava dela no início do primeiro milênio da era cristã, mas que os líderes parecem ter esquecido. É uma forma natural de arrebanhar seguidores: a liderança serva ou *servant leadership*. O nome, a princípio, engana, pois parece que se trata de uma inversão de papéis e que ser um servo do seguidor é a proposta desse tipo de liderança. Não é bem assim: o princípio desse modelo diz que um líder, para ser seguido, deve ter, em sua forma de liderar, princípios, ideais e propostas com valor para seus seguidores, ou seja, que sejam de serventia aos interesses de seus liderados. Dessa forma ele demonstra que sua visão de mundo, suas convicções e seus objetivos valem ser seguidos e alcançados.

A forma pela qual o conceito de liderança é utilizado deixa pouco espaço para que as pessoas possam exercer, em determinadas oportunidades, algum tipo de influência no sentido ascendente. No entanto, esse tipo de liderança privilegia a implantação dos modelos de administração participativa, levando o seguidor a sentir cada vez mais o desejo de envolver-se na resolução dos problemas enfrentados pelo grupo. Trata-se, para ele, da oportunidade de atingir sua própria autorrealização, uma vez que os objetivos e ideais que seu líder persegue são de extrema serventia para os seus planos e aspirações. Além disto, o poder de referência que caracteriza esse modelo de liderança, é exercido de forma muito fluida, sem conflitos ou necessidade de persuasão dos seguidores.

Em suma, este parece ser o modelo de liderança do futuro, em que teremos o grande desafio de liderar cada vez mais pessoas bem informadas e mais bem preparadas para exercer suas funções que as gerações anteriores (para mais detalhes sobre esse tipo de liderança veja *Servant Leadership. A Journey into the Nature of Legitimate Power and Greatness*, de Robert K. Greenleaf, 1991).

Competências são feitas de CHA ou de CAFE?

Nos últimos tempos, quando as empresas falam em competências de seus colaboradores e líderes, três parâmetros invariavelmente aparecem unidos para definir ou desdobrar este conceito: Conhecimento, Habilidades e Atitudes, mais conhecidos como CHA.

No dicionário *Aurélio*, **conhecimento** é definido pelas palavras ideia, noção, informação, notícia, ciência, discernimento; no modelo CHA, conhecimento é *"o saber"*. Ainda neste dicionário, **habilidade** é definida como "Notável desempenho e elevada potencialidade em qualquer dos seguintes aspectos, isolados ou combinados: capacidade intelectual geral, aptidão específica, pensamento criativo ou produtivo, capacidade de liderança, talento especial para artes, e capacidade psicomotora". O modelo CHA simplifica este conceito dizendo que **habilidade** é "o saber fazer" ou, ainda, "a forma de fazer". Por fim, o parâmetro em que as diretorias de recursos humanos detectam maior carência nas competências de um líder ou profissional é a **atitude**, definida no dicionário como "Modo de proceder ou agir; comportamento, procedimento; propósito ou maneira de se manifestar este propósito"; que no modelo CHA é retratada como "o querer fazer".

Há algo estranho no fato de o problema da competência de um profissional estar no "querer fazer"; afinal, ele, ou ela, se prepara adquirindo os conhecimentos necessários ao bom desempenho de suas funções nos cursos de graduação, pós-graduação, extensão e especialização, muitas vezes patrocinados pela empresa; e trabalham cada vez mais horas, desenvolvendo uma enorme habilidade em fazer sua atividade de forma cada vez mais eficiente. Então, por que esse ou essa líder ou profissional não teria a atitude adequada ao seu trabalho e à organização em que ele(a) contribui para a sociedade?

A resposta talvez esteja no entendimento de por que aquela tarefa necessita ser feita daquela forma e com aquele grau de urgência solicitado. Muitas vezes, o profissional e mesmo o líder não recebem informações suficientes do contexto que leva as organizações a agirem de determinada forma, e sequer são consultados sobre qual seria a melhor maneira de desenvolver sua própria tarefa. São solicitados apenas grandes volumes de produção individual e o alcance dos resultados esperados – resultados estes muitas vezes definidos com base em expectativas irreais ou inalcançáveis. Ora, uma mente que se preparou com tanto conhecimento e que encarou horas a fio de trabalho para ser hábil em suas tarefas, acaba por rejeitar a condição de colaboradora em um processo produtivo, por meio de uma atitude incompatível com o que deseja a organização, por não entender a importância de sua participação no processo.

Portanto, talvez o CHA não seja forte o suficiente para formar uma competência profissional, mas quem sabe o CAFE (conhecimento, atitude, forma de fazer e entendimento) o seja. Uma participação ativa dos diretores e do RH da empresa, promovendo uma respeitosa transparência em seus comunicados e divulgação de informações aos colaboradores, talvez consiga gerar melhor entendimento pelos profissionais que compõem seus quadros do real motivo e valor de suas contribuições aos processos corporativos da organização. Com esse entendimento fica mais fácil desenvolver uma atitude favorável e benéfica à empresa.

Em conclusão, para a obtenção de melhoria nas atitudes dos profissionais e líderes de uma organização, urge uma substituição na receita do modelo de desenvolvimento de competências: sai o britânico CHA e entra o brasileiríssimo CAFE, mais potente e adequado aos dias de hoje.

Incentivando a geração de talentos no mercado

Um artigo de Luiz Edmundo Rosa, escrito para a edição número 3 da *Revista da ESPM* (v. 18, ano 17), atribuía ao descompasso da educação a relevante falta de pessoal qualificado, em todos os níveis estratégicos da empresa. O artigo chegava a citar levantamentos sobre queda nas matrículas da educação básica, evolução dos ingressos no ensino superior e dos formados nos últimos oito anos. Contudo, o que mais chamava a atenção eram as causas da aparente desaceleração no provimento de profissionais para o mercado e suas propostas de solução para o problema.

Um dos parágrafos da matéria era dedicado à reflexão: faz sentido tributar a educação?, mostrando que nos países desenvolvidos só são cobrados impostos dos lucros, mas não da prestação de serviços educacionais, o que evita o aumento dos custos da educação. Mostrava também que, no Brasil, as bolsas de estudo oferecidas pelas empresas às universidades também são alvo de tributação, prejudicando a qualificação de muitos jovens, tão necessários ao mercado de trabalho. Outro responsável pelo que o artigo chamou de apagão de talentos é a cultura brasileira, que se acostumou a conviver com a falta de educação e suas inevitáveis consequências: o desemprego, os serviços ruins, a criminalidade, entre outros.

Apontando os caminhos para a solução dessa carência de profissionais qualificados, o artigo apontava para as empresas que, por meio de um conjunto de medidas, podem enfrentar o referido apagão. Essas medidas podem ser agrupadas em quatro conjuntos de ações: tornar-se um melhor empregador, ou seja, ter mais atrativos na empresa para a retenção de talentos; desenvolver uma cultura escola-empresa, que significa trabalhar a educação corporativa em parceria com a universidade; investir no empregado ainda muito jovem, preferencialmente das classes menos favorecidas, flexibilizando inclusive as formas de contratação; e trabalhar de forma mais matricial/processual que verticalizada, criando equipes multifuncionais para atender às principais necessidades da empresa e do mercado.

Como contribuição ao artigo e para que este elenco de ações seja eficaz, algumas recomendações podem ser feitas (de acordo com outro artigo da mesma edição da revista, cujo título é "Toda carreira é uma estratégia a ser construída", escrito por Paulo Roberto Ferreira da Cunha, e com o site Corporate University Xchange <http://www.corpu.com>):

1. Para ter mais atrativos visando à retenção de talentos, uma política voltada para o apoio à construção da primeira fase da carreira do empregado, ajudando-o a encontrar algo que dê sentido a sua vida profissional; além de maior transparência na relação com o colaborador, fazendo-o compreender que existirão pelo menos três encarnações profissionais em sua carreira, diferenciais que podem ser oferecidos e explorados pela empresa e por seus líderes.
2. Para trabalhar uma cultura de educação corporativa continuada e integrada com a universidade, uma boa alternativa é aproximar-se dos conceitos desenvolvidos pela CorpU sobre as organizações que aprendem, por seu blog (http://blogs.corpu.com), tópicos de pesquisa (http://corpu.com/research/) e suas notícias e eventos (http://corpu.com/news/).
3. Para investir na descoberta de talentos de forma precoce é recomendável a participação das empresas nas redes sociais como o Linkedin, encarando-as

como áreas de descoberta de talentos; bem como o incentivo ao *networking* de seus gerentes, em especial os de RH, com gerentes de outras organizações que sejam ou não do mesmo segmento da empresa.
4. Para o trabalho sob a forma matricial, é necessário desenvolver uma visão sistêmica de seus gerentes e profissionais, bem como incentivar a atuação por processo e por projeto, no lugar da atuação por função.

Assim, trabalhando juntos pela mesma causa, empresa, escola e profissional poderão combater esta falta de talentos no mercado, enquanto governo, escolas do ensino fundamental e instituições de ensino superior trabalham pela solução definitiva do problema: mais vagas e maior qualidade nos bancos escolares.

A barca de Caronte nas empresas: alternativas para as demissões em série

Caronte, na mitologia grega, é o barqueiro que carrega as almas dos recém-mortos para o Hades, o reino dos mortos, sobre as águas dos rios Estige e Aqueronte que dividem, segundo o mito, o mundo dos vivos do mundo dos mortos. Uma moeda para pagá-lo pelo trajeto era por vezes colocada dentro ou sobre a boca dos cadáveres, de acordo com a tradição funerária da Grécia antiga. Nos últimos anos, esse personagem foi associado aos filmes de terror e a qualquer atividade aterrorizante, como as demissões em profusão que realizam algumas empresas quando sua situação financeira encontra-se desequilibrada. Mas, por que as empresas tomam tão rapidamente, sem aviso-prévio ou sintomas, esta triste providência?

Cláudia Vassallo (2010), na carta ao leitor da revista *Exame* da segunda quinzena de maio de 2011, utiliza a frase "a fortuna normalmente nos conduz à imprudência" quando comenta sobre os problemas econômicos que rondam as partes latina, grega e britânica da Europa. Esta frase pode ser universalizada aplicando-se também às empresas bem-sucedidas que de repente entregam uma grande quantidade de almas profissionais à barca de Caronte. Uma empresa bem-sucedida deve sempre se perguntar, do alto de seu pedestal de bons resultados, se está sendo conduzida à imprevidência: se frequentemente quebra promessas; se teve uma postura negativa numa negociação com seus fornecedores; se não acompanha com tanta frequência seus KPIs; se insiste em desdenhar seus processos operacionais e corporativos. Estas medidas insensatas podem acabar com a riqueza adquirida num momento anterior da empresa.

De acordo com Elizeu de Albuquerque Jacques, em seu artigo O controle interno como suporte estratégico ao processo de gestão (2011), para evitar estas insipiências, um sistema de controle interno pode ser adotado, visando fornecer aos gestores informações precisas, para alocar recursos físicos, financeiros e humanos nas diversas divisões do ambiente de trabalho, e assim controlar a execução das operações, com as seguintes medidas:

1. Verificar e assegurar o cumprimento das políticas e normas da companhia, incluindo o código de ética nas relações comerciais e profissionais.
2. Obter informações adequadas, confiáveis, de qualidade e em tempo hábil, que sejam realmente úteis para as tomadas de decisões.
3. Prevenir erros e fraudes. Em caso de sua ocorrência, possibilitar a descoberta o mais rápido possível, determinar sua extensão e as atribuições das responsabilidades corretas.
4. Registrar adequadamente as diversas operações, de modo que assegure a utilização eficiente dos recursos da empresa.
5. Assegurar o processamento correto das transações da empresa, bem como a efetiva autorização de todos os gastos incorridos no período.

No entanto, alternativas para desembarcar custos da empresa podem ser adotadas em vez de embarcar boa parte do "bem mais precioso da organização" no transporte do já celebrizado barqueiro. De acordo com o Instituto de Estudos Financeiros (IEF), a adoção de algumas medidas isoladas pode reduzir sensivelmente o custo de operação das empresas:

Buscar sugestões dos empregados: os melhores resultados são obtidos quando os pedidos de sugestões são orientados para objetivos determinados (por exemplo, redução de consumo de água, energia elétrica, material de escritório etc.).
Renegociar contratos: esta medida baseia-se na utilização do poder de barganha de que dispõe o contratante.
Eliminar o custo financeiro das compras faturadas: a organização compradora deve optar pelo pagamento à vista mediante a obtenção de um desconto no preço de compra.
Reduzir despesas financeiras: diminuição do estoque da dívida; substituição de dívidas mais caras, contratadas há mais tempo, por outras mais baratas.
Aumentar o giro dos estoques: vender mais rápido reduz a necessidade de capital de giro, que, por sua vez, diminui os custos do seu financiamento.
Mudar o regime de tributação: a mudança do sistema de lucro presumido para o regime de tributação pelo lucro real poderá propiciar redução do imposto de renda e contribuição social.

Comprar com base no lote econômico de compra: os modelos de lote econômico de compra visam determinar a quantidade de compra que conduz ao menor custo total de posse do estoque.
Explorar as vantagens dos contratos de compra: para alguns produtos ou serviços, a compra avulsa é antieconômica.
Usar materiais alternativos: substituir um material em uso por outro de menor custo, mas que desempenhe a mesma função (valor) que o atual.
Eliminar desperdícios: deve ser usada com rigor porque nem sempre os desperdícios são facilmente identificáveis.
Aumentar a produtividade dos recursos humanos e físicos: reduzir os custos unitários de produção. Para um mesmo valor de gastos, deve-se obter um maior número de unidades de produtos ou serviços. Esta medida busca eliminar a ociosidade dos recursos disponíveis.
Otimizar a rota de entrega: para as organizações que incorrem em custo logístico, a otimização da rota de entrega, quando uma mesma viagem se destina a atender a várias entregas ou coletas, gera redução do custo de transporte.
Fazer a substituição ótima de equipamentos: as máquinas e equipamentos têm uma vida econômica que é o número de anos ideal para que valha a pena mantê-los em operação. Este procedimento significa trocar equipamentos na época certa.
Implementar parcerias estratégicas: parcerias ou associações estratégicas podem ser adotadas de modo que se ganhe escala nas atividades de venda ou compra sem alterar o porte da empresa. O efeito será a redução de custos de compra, publicidade, serviços de apoio etc.
Mudar a localização da empresa ou unidade operacional: custos logísticos, de pessoal, tributários e outros podem ser reduzidos com a mudança da localização da empresa ou de unidades operacionais.

Desta forma, as lideranças da empresa, responsáveis em primeira instância por seu bom desempenho, podem ter ciência constante de como caminha a organização, bem como evitar os difíceis períodos de pós-demissões nas diversas áreas da organização, que normalmente entram em uma fase de depressão e baixa produtividade durante os três ou quatro primeiros meses de "luto" e em profunda reflexão sobre seu real comprometimento com a companhia.

Apesar de Caronte ter sido notabilizado até pela Escola de Samba Unidos da Tijuca, no carnaval de 2011, não parece interessante soar pelos corredores da empresa e pela cabeça de seus colaboradores os versos: "Tá com medo do quê? O filme já vai começar. Você foi convidado, Caronte no barco não pode esperar!".

A chegada de um novato

A chegada de uma nova vida ao planeta é sempre coberta de expectativas positivas, de motivação para quem vai recebê-la (os pais) e de muita preparação. Os pais fazem o enxoval do neném, preparam um lugar para acomodá-lo, seu berço, e um lugar para guardar as coisas do recém-nascido. Na sua chegada, ele é saudado com presentes dos parentes e amigos da família, recebe um nome e até um padrinho para ser seu pai espiritual por toda a vida. Enfim, um ambiente de total satisfação e um clima de boas-vindas ao recém-chegado. Mas, e nas empresas? Como um novato é recebido?

Muitas são as solicitações e tentativas para obter um novo recurso para determinado setor da companhia. Justificativas da necessidade do recurso são feitas e defendidas pelo gestor da área, visando conseguir uma vaga no quadro de pessoal da empresa; requisitos de formação e experiência são apresentados à área de recrutamento e seleção, que, por sua vez, contrata uma consultoria para garantir uma seleção compatível com a necessidade da área requisitante, para finalmente o recurso estar disponibilizado para o setor demandante.

Todavia, na chegada do novato, muitas vezes as coisas parecem mudar de figura: ninguém do setor o recebe; alguém do RH precisa perseguir e capturar o gerente para que este indique alguém para receber o estreante. Por sua vez, este não recebe a metade das ferramentas que necessita para produzir: senhas, computador, endereços de e-mail, mesa, cadeira, armário, ramal, telefone móvel, quando aplicável; nada parece estar disponível para o início de atividade do recém-admitido. Um curso requentado sobre a empresa lhe é oferecido no primeiro ou no segundo dia de trabalho, e as tarefas mais indesejáveis, repetitivas e de pouca valia são entregues a seus cuidados sem a menor explicação da importância do setor e do trabalho que ele está recebendo para a empresa. Mas, onde ficou a necessidade premente da vaga e do profissional? Onde esconderam a cultura do ser humano em receber os novatos (bebês) com aquele planejamento, apadrinhamento e atenção? Como esperar que esse novato se integre à empresa sentindo-se orgulhoso, no futuro, em participar daquele grupo de trabalho? Isso lamentavelmente demonstra ao gestor do setor e seus colaboradores a falta de propósito, de incoerência e incongruência com suas próprias demandas.

Há uma alternativa a esta forma de tratar um novato, que algumas empresas apelidaram de "anjos da guarda do novo empregado". Neste processo, um gerente, que necessariamente não deve ser do setor recebedor do recurso, é convidado a ser uma espécie de padrinho de um ou dois novatos que estão para chegar à empresa, em uma fase em que eles ainda estão sendo selecionados pelo RH. Com a ajuda do pessoal de RH e de sua assistente, pois normalmente esse anjo da guarda é alguém graduado na organização, o padrinho deve se preocupar com os seguintes passos:

Fase de preparação: antes da chegada dos novatos
Passo 1 – Identificar os problemas de uma integração. Qual o perfil do cargo? Quem serão seus colegas de trabalho? Quais as habilidades e conhecimentos solicitados aos candidatos? Que tipo de tarefas eles farão? Quais são as melhores tarefas no setor para eles executarem em um primeiro momento?
Passo 2 – Identificar e providenciar a infraestrutura necessária para o trabalho. Computador, senhas, material de escritório, estação de trabalho, meios de comunicação, meio de transporte, se for o caso.

Fase de recepção: na chegada dos novatos
Passo 3 – Apresentação da organização ao empregado. Apresentação das políticas de recursos humanos (visão, missão e valores); das normas de segurança; dos produtos ou serviços da organização, bem como sua história e atuação no mercado.
Passo 4 – Visitação aos principais setores da organização. Solicitando um relatório do novato após cada visita, pois trata-se mais de um estudo da organização do que de uma simples visita.
Passo 5 – Envio do colaborador ao treinamento introdutório da empresa. Cobrando dele os resultados satisfatórios ao final do treinamento; o novato deve demonstrar o que aprendeu sobre a empresa.
Passo 6 – Encaminhamento do novo colaborador ao setor. Uma apresentação formal deve ser feita pelo padrinho ao gerente do setor, com uma recomendação dos novatos ao gerente sob a forma de uma reunião. Afinal, a esta altura, o anjo da guarda conhece melhor os novatos do que seu futuro gerente.

Fase de integração: durante o primeiro mês dos novatos
Passo 7 – Acompanhamento e avaliação de desempenho: uma reunião semanal deve ser feita, durante o primeiro mês, com os novatos para entender seu grau de motivação com o setor, além do grau de conhecimento deles sobre a mecânica operacional da área; e também com o gestor do setor para fornecer, com o RH, uma garantia de qualidade dos recursos humanos recrutados ou uma possibilidade de troca.

Esta forma de tratar por processos a entrada de um novato traz benefícios às quatro partes envolvidas: ao setor requisitante, a garantia de que seu recurso está sendo realmente preparado para assumir as funções demandadas, e uma sensação de retaguarda (*back office*) incomum nas organizações modernas; ao novato, a motivação necessária para seu maior comprometimento com a empresa e a satisfação de começar da maneira correta, pelas mãos de alguém experiente e diligente na empresa; ao gerente-anjo, um maior conhecimento das diversas partes da organização, além de certo prestígio junto aos empregados se sua função for feita com esmero e destaque, uma verdadeiro *coaching* nível 1; e à área de RH, tudo aquilo que ela mais deseja: os gestores da empresa trabalhando como verdadeiros agentes da área de recursos humanos.

A saída de um veterano

Luiz Angelo Grisolia, ex-gerente de uma grande empresa brasileira de telecomunicações, ao comentar um artigo lido sobre a entrada de um novato em uma companhia, lembrou-se da saída dos veteranos das empresas em que trabalhou e comentou: "... a organização deveria se preocupar na reposição de mão de obra oficializando um processo de saída da empresa, onde o empregado experiente que queira sair deveria, sob contrato, repassar toda a sua experiência para os novatos...". Em verdade, a saída de um veterano é tão traumática quanto a chegada de um novato. De um modo geral, as empresas não estão preparadas para perder seus melhores recursos, e muitas delas não colocam atenção no tempo de casa de cada um de seus colaboradores experientes nem em suas intenções quanto à aposentadoria. Há uma falsa premissa de que todos desejam continuar na empresa pelo máximo tempo possível, uma vez que passaram boa parte de suas vidas nela. Entretanto, muitos funcionários sabem que existe vida profissional após a aposentadoria e, hoje em dia, com o aumento mundial da longevidade, muita gente cria sua segunda encarnação profissional na academia, nas consultorias, nas ONGs e nos serviços sociais, na elaboração de um livro, em um pequeno negócio ou em pequenos projetos pessoais.

Tanto do ponto de vista do empregado quanto da empresa, essas saídas podem acontecer de duas formas: de maneira consciente e tranquila, ou sentida com grande intensidade tanto pelo profissional, que diminui, de forma drástica, seu ritmo de vida, podendo ocasionar doenças psicossomáticas, como pela empresa, que perde seus principais recursos instantaneamente sem ter uma reposição compatível com a necessidade do posto de trabalho. Para que as saídas sejam conscientes e tranquilas, sem ser muito sentidas pela empresa ou pelo empregado, alguns passos se fazem necessários:

Antes da época de aposentadoria
Passo 1: reuniões periódicas entre o RH e os aposentáveis nos próximos três anos deveriam ser constantes. Uma pergunta básica deveria ser feita pelo RH aos aposentáveis:

o que gostaria de fazer após a aposentadoria? Esta questão visa, no mínimo, fazê--lo pensar com tranquilidade sobre a aposentadoria e, no máximo, ajudá-lo na elaboração e concretização de um planejamento de vida profissional na melhor idade.
Passo 2: uma orientação psicológica e financeira também são duas atividades que poderiam ser facilitadas pela empresa para o possível postulante à aposentadoria.
Passo 3: quando se configurar uma real próxima aposentadoria por desejo do profissional, um novato deveria ser contratado como *trainee* nas atividades desempenhadas pelo veterano, para ser uma espécie de assistente do primeiro, mesmo criando uma situação provisória de "sobrequadro" na empresa, visando à preparação do novo recurso pelo próprio empregado experiente.

Durante o processo de aposentadoria

Passo 4: o RH deve procurar entender se as aptidões do veterano podem levá-lo a ser útil à empresa após a aposentadoria. Por exemplo, se possui competência que pode transformá-lo em consultor da empresa por algum tempo.
Passo 5: a empresa deve disponibilizar ferramentas de assessoria ao veterano, como a área jurídica e de contabilidade da empresa para quem quer abrir uma pessoa jurídica; ou a área de treinamento e desenvolvimento e a biblioteca da empresa para quem quer ingressar na academia. Estas atitudes podem garantir à empresa uma possível ajuda do ex-funcionário em sua nova atividade profissional para suprir alguma demanda futura da companhia.
Passo 6: uma cerimônia ou comemoração que marque a saída do empregado – um ritual de agradecimento e valorização da pessoa que tanto contribuiu para a organização, incentivando sua nova atividade pós-aposentadoria com um presente relacionado a ela – produz um efeito renovador no veterano, de fechamento de um ciclo e de abertura do próximo, além de passar ao novato, que vem acompanhando o veterano nos últimos tempos, um orgulho de fazer parte de uma organização que verdadeiramente reconhece o valor dos seus membros.

Após o processo de aposentadoria

Passo 7: manter viva durante um tempo a memória do ex-colaborador aposentado, por meio de convites para as festividades de aniversário da empresa ou para um almoço informal com seus companheiros de trabalho no dia do seu aniversário, reforça o laço de respeito e camaradagem entre o quadro da empresa e o ex-empregado, podendo ser útil à organização em uma eventual necessidade de utilização das competências do veterano, seja em sua nova atividade, seja em uma situação de emergência da empresa.

Passo 8: os planos de saúde da empresa, que tanto serviram ao empregado e sua família durante sua permanência na companhia, poderiam ser oferecidos ao aposentado como opção aos planos de saúde comerciais, a preços justos, trazendo para a empresa volume de participantes em seu plano, o que poderia ser útil em uma negociação de valores com as entidades prestadoras deste tipo de serviço.

É muito fácil liberar um veterano sem a menor cerimônia ou preocupação, sob a alegação de que o mercado está repleto de mão de obra preparada para ocupar qualquer função nas empresas. Contudo, neste caso há duas reflexões fundamentais: o exemplo passado no tratamento de um veterano servirá de base para o grau de comprometimento de um novato com a organização; afinal, ele será veterano um dia; além disso, os maiores vendedores da imagem e dos produtos de uma empresa são seus empregados, estejam ou não na ativa, pois podem e querem falar com propriedade e conhecimento sobre a empresa em que trabalham ou trabalharam. Fica a cargo da empresa o desejo de ter cada vez mais aliados ou críticos.

O que é gestão estratégica de pessoas?

Para responder ao que é gestão estratégica de pessoas é preciso entender o que é gestão de pessoas em uma empresa. A gestão de pessoas compreende um conjunto de ações que começa com o recrutamento e a seleção de um profissional, passa pela gestão de suas competências, por meio de treinamento e desenvolvimento, saúde ocupacional, segurança no trabalho, remuneração e benefícios, comunicação interna e endomarketing, relações trabalhistas, controle das informações do pessoal da organização, e termina com o desligamento do profissional, findando seu ciclo na empresa.

Acontece que essas funções são realizadas sem que o pessoal de RH tenha noção clara dos objetivos estratégicos da empresa. Como consequência, há um apoio incompleto aos gestores da organização e ao seu quadro gerencial na administração de sua força de trabalho. A gestão estratégica de pessoas veio cobrir esta lacuna corporativa, ou seja, veio integrar a gestão de pessoas à gestão estratégica da organização. Esse tipo de gestão trabalha com base em princípios voltados à aprendizagem organizacional, visão sistêmica e valorização das pessoas. Ela foi definida por Dessler (2004) como a união da administração de recursos humanos com metas e objetivos estratégicos para melhorar o desempenho da empresa e desenvolver culturas organizacionais que encorajam a inovação e a flexibilidade.

Paulo Marchesini (2005), do Instituto de Pesquisas Energéticas e Nucleares – IPEN, em seu estudo de caso sobre aprendizagem organizacional no programa nuclear da

Marinha do Brasil, afirma que esta estratégia de administração apresenta características diferenciadas da gestão de RH voltada para o controle, pois prevê ações que propiciem melhor desempenho e confiança mútua entre equipes de trabalho, como maior participação dos funcionários nas tomadas de decisões, redução de níveis hierárquicos, foco no longo prazo e desenvolvimento de carreiras.

Os grandes objetivos da gestão estratégica de pessoas são: ajudar a organização a alcançar seus objetivos e realizar sua missão por meio do comprometimento e da motivação de seus profissionais; garantir o equilíbrio entre os interesses dos colaboradores e os da organização, gerando um clima favorável ao trabalho produtivo; contribuir para a melhoria do desempenho individual e organizacional; e administrar as mudanças, atualmente constantes no ambiente de trabalho.

Nesta estratégia de administração, a interconexão entre a gestão estratégica da empresa e a gestão de pessoas acontece por meio dos indicadores de desempenho. Uma relação entre os KPIs e os de gestão de pessoas, que se dividem em demográficos; financeiros; operacionais, de processo ou de desempenho; do clima organizacional; e do balanço social e responsabilidade social, deve ser preparada por meio de ferramentas como o BSC, criando uma função de transferência entre os objetivos financeiros, de mercado, de processos internos da empresa e os objetivos de aprendizado e crescimento dos profissionais da empresa, para que o alcance destes últimos signifique um caminho preparado para atingir os objetivos empresariais que envolvam os resultados, os clientes e os processos da corporação.

O que é caminho-meta de liderança?

A teoria do caminho-meta de liderança, desenvolvida por Robert House (1971), trata de como os líderes devem ajudar os empregados a encontrar o caminho correto para atingir uma meta. O líder deve esclarecer quais são os caminhos preferenciais, reduzir o número de obstáculos e armadilhas, além de aumentar as oportunidades de satisfação durante o percurso para atingir uma meta. A teoria enfatiza o relacionamento entre o estilo do líder, as características dos subordinados e o conjunto do trabalho. De acordo com a teoria do caminho-meta, o líder precisa escolher entre quatro diferentes estilos de liderança para lidar com as demandas contingenciais de dada situação:

- **estilo diretivo:** envolve estabelecer diretrizes sobre padrões e comunicar expectativas;
- **estilo de apoio:** dá ênfase em demonstrar a preocupação com o bem-estar dos membros do grupo e desenvolver relacionamentos mutuamente satisfatórios;
- **estilo participativo:** envolve a consulta aos membros do grupo para solicitar suas sugestões e então usá-las para tomar decisões;

- **estilo orientado pela realização:** o líder estabelece metas desafiadoras, promove a melhoria do trabalho, cria expectativas altas e espera que os integrantes do grupo assumam responsabilidades.

Esta é uma teoria que envolve menos variáveis que o modelo de liderança situacional de Paul Hersey e Kenneth H. Blanchard (1986), sendo, portanto mais fácil de aplicar, apesar de menos rica no encaixe em alguns tipos de grupo de liderados. As situações em que cada um dos estilos é mais efetivo são:

- **estilo diretivo:** afeta positivamente a satisfação dos liderados que trabalham em tarefas ambíguas, como as de relações públicas ou comunicação interna; e negativamente aos que trabalham em tarefas claramente definidas, como as de uma linha de produção;
- **estilo de apoio:** afeta positivamente a satisfação dos liderados que trabalham em tarefas insatisfatórias, estressantes ou frustrantes, como as atividades de atendimento ao público;
- **estilo participativo:** afeta positivamente a satisfação dos liderados envolvidos pelo ego em tarefas não repetitivas, como as de um centro de pesquisa ou atividades de criação ou estratégicas;
- **estilo orientado pela realização:** afeta positivamente a confiança de que o esforço levará ao desempenho eficaz dos liderados que trabalham em tarefas ambíguas e não repetitivas, como as atividades que envolvem projetos ou vendas.

Os modelos de liderança servem para orientar quem comanda um grupo quanto às estratégias de relacionamento com as pessoas adotadas, visando maximizar os resultados do grupo e à satisfação das pessoas em investir tempo e esforço na busca desses resultados. Eles não são, nem devem ser, receitas de como tratar as pessoas, mas alertas informativos de como cada perfil psicológico se manifesta diante das situações e tarefas a eles oferecidas, e diante dos diversos estilos comportamentais dos colegas com quem terá de lidar, incluindo o líder do grupo. Os modelos de liderança são como mapas incompletos; mas em uma terra ainda pouco conhecida, como a do comportamento humano, é melhor ter um mapa incompleto do que não ter mapa algum.

A alternativa à barganha posicional

Qualquer negociação deve produzir um acordo sensato e ser eficiente; e toda negociação envolve objetivos ideais, realistas e prioritários. Cabe aos negociadores mais habilidosos alcançar, ao menos, os realistas e os prioritários, uma vez que o lado oposto da negociação pode não estar de acordo com o que é pedido pelo outro lado. Normalmente, os negociadores tendem a tomar uma posição, defendê--la e fazer concessões para chegar a uma solução de compromisso; eles assumem sucessivamente, e depois abandonam, uma sequência de posições para chegar ao acordo final. Essa forma de negociação, chamada de barganha posicional, não é eficaz. Ela põe em risco a manutenção do relacionamento entre os negociadores e inviabiliza uma negociação multilateral. Porém, ser gentil em uma negociação não é a resposta para chegar a um bom acordo. O meio do caminho mais sensato repousa na metodologia chamada negociação baseada em princípios.

Elaborado em Harvard, este método de negociação, explicitamente destinado a produzir resultados sensatos, eficientes e de forma amigável, também chamado negociação dos méritos, pode ser resumido em quatro pontos fundamentais:

- **pessoas:** separe as pessoas do problema;
- **interesses:** concentre-se nos interesses, não nas posições;
- **opções:** crie várias possibilidades antes de decidir o que fazer;
- **critérios:** insista em que o resultado tenha por base algum padrão objetivo.

Nesta técnica, a negociação deve ser dividida em três etapas: análise, planejamento e discussão. Durante a fase de análise, o negociador deve tentar diagnosticar a situação, colhendo informações, organizando-as e analisando cada uma. Para que tal seja feito de maneira eficaz, deve desconsiderar os problemas pessoais, as emoções, e garantir uma comunicação clara, além de identificar seus interesses e os da outra parte. Deve identificar critérios para utilizá-los como base para o acordo. Durante o estágio de planejamento devem ser geradas ideias que sirvam de base para decidir o que fazer. Entre seus interesses, quais são os mais importantes? Quais os objetivos realistas, quais os ideais e quais os prioritários? Na fase de discussão, as diferenças de percepção, os sentimentos negativos e as dificuldades de comunicação podem ser reconhecidos e abordados pelos negociadores. Cada lado precisa compreender os interesses do outro. Ambos podem gerar opções mutuamente vantajosas e procurar concordar quanto a padrões objetivos para conciliar os interesses opostos.

O livro *Como chegar ao SIM – a negociação de acordos sem concessões*, de Bruce Patton et al.(2005), descreve com detalhes esta brilhante alternativa à barganha posicional. As principais diferenças entre estes dois métodos são: na barganha posicional, os negociadores são amigos ou adversários; na negociação baseada em princípios, eles são solucionadores de problemas. No primeiro método, os negociadores são afáveis ou ásperos uns com os outros, dependendo do perfil de cada pessoa; no segundo, os negociadores são afáveis uns com os outros e ásperos com os problemas, separando as pessoas da questão a ser resolvida. Na barganha posicional há pressões e desconfianças; na negociação de méritos prevalece a razão, ou seja, deve-se proceder independente da confiança entre os negociadores. Por fim, na negociação baseada em princípios, a disputa por vontades, as perdas e as exigências por vantagens são substituídas pelas múltiplas opções de caminhos desenvolvidas durante o planejamento da negociação e pelos resultados baseados em padrões. Além disso, o método da negociação baseada em princípios é uma alternativa que reforça os valores morais no jogo das negociações.

Trabalho em equipe

Buscando a máxima eficiência no trabalho de equipe

Uma das habilidades que um líder deve ter na organização é conseguir fazer seus liderados trabalhar de forma eficiente, harmônica, engajada e produtiva. Para que ele seja bem-sucedido nesta tarefa, duas providências são fundamentais: servir-se de alguns princípios na montagem da equipe e utilizar um método que maximize a cooperação dentro do grupo.

Trabalhar em equipe, como tudo na vida, tem vantagens e desvantagens. Como exemplos de vantagens podemos citar: o trabalho em equipe ajuda a liberar a criatividade; satisfaz o sentimento de pertencer a um grupo, que é uma necessidade humana; leva a um aprimoramento da eficiência (sinergia). Exemplos de desvantagens seriam: excessivo tempo e energia gastos para aprimorar o processo de comunicação; as características de alguns indivíduos, importantes para um projeto, podem ser contrárias ao estilo necessário para o trabalho em equipe; as equipes podem disputar entre si em detrimento da empresa como um todo. Contudo, existe uma vantagem do trabalho em equipe que o torna indispensável em uma empresa: algumas tarefas exigem trabalho em equipe para se concretizar. Portanto, não há como fugir da tarefa de montar e manter uma equipe em um bom patamar de produtividade e motivação.

Na montagem de uma equipe devem-se observar quatro princípios básicos para o seu sucesso:

1. Alguns dos integrantes da equipe devem possuir o conhecimento do negócio, e outros, do assunto especializado.
2. As pessoas com facilidade para trabalhar de forma cooperativa devem ser priorizadas na escolha dos participantes da equipe.
3. Escolher pessoas com característica marcante para assumir responsabilidades.
4. Mesclar na equipe pessoas disciplinadas, organizadas e bem estruturadas com outras que sejam inovadoras, criativas e abertas ao novo.

Para garantir a exatidão do proposto no item 4, existem alguns métodos científicos que testam as características e preferências pessoais de um indivíduo, como o teste Myers-Briggs Type Indicator.

Allan Cohen e Stephen Fink, em seu livro *Comportamento organizacional – conceitos e estudos de casos*, propõem um método para maximizar a cooperação dentro de um grupo ou entre grupos de trabalho baseado em seis passos, que foram para este segmento adaptados da seguinte forma:

1. Incentivar a participação dos membros do grupo em grupos de trabalho de outras áreas da empresa.
2. Investir em pessoas que façam a ligação ou conexão entre os diversos grupos existentes na organização.
3. Criar pequenos subgrupos, forças-tarefas que atuem de forma conjunta com outros subgrupos dentro e fora da equipe de trabalho.
4. Tornar periódicas as reuniões do grupo de trabalho e dos subgrupos.
5. Incentivar a troca de tarefas e também o intercâmbio de profissionais entre os subgrupos.
6. Manter a proximidade física dos subgrupos no ambiente de trabalho.

Servindo-se dos princípios recomendados neste segmento para a montagem da equipe e utilizando os passos propostos por Cohen e Fink no cotidiano da equipe de trabalho, o líder terá maior possibilidade de maximizar a cooperação dentro do grupo, conseguindo desempenho mais eficiente e produtivo de seus liderados.

As equipes e os três Cs do bom ambiente

Para formar grandes equipes, não basta ter integrantes competentes e os recursos necessários ao desenvolvimento das tarefas ou dos projetos. É preciso que o ambiente seja apropriado ao alto desempenho: que o **clima** de trabalho seja favorável; que a verdadeira **colaboração** exista entre os membros da equipe e que as **comemorações** aconteçam como uma espécie de ritual de energização do time. Mas o que são estes três Cs?

Clima – Do grego *klima*, que significa tendência, inclinação; segundo o Congresso Mundial de Remuneração, Benefícios e Ambiente de Trabalho, compreende o grau de satisfação com seus pares, o grau de satisfação com seus superiores, o grau de satisfação com políticas e práticas de RH e, finalmente, o grau de satisfação com a organização. O líder de uma equipe pode contribuir em muito para que esses parâmetros sejam favoráveis e um excelente clima seja alcançado na equipe se: planejar as atividades da equipe, der suporte aos colaboradores em sua execução, apresentar com clareza as estratégias e planos de trabalho, ter e demonstrar confiança, orgulho e respeito à equipe, tratar a todos com uma postura de camaradagem.

Colaboração – No Moderno Dicionário da Língua Portuguesa Michaelis, colaborar, do latim *collaborare*, significa trabalhar em comum com outrem na mesma obra; cooperar na realização de qualquer coisa, mesmo sem pertencer a um grupo. Portanto, colaboração é um ato de desprendimento, de satisfação em ajudar, independente de qualquer glória ou vantagem neste ato. Uma maneira de aumentar o nível de colaboração de um grupo é horizontalizar suas funções, evitando um excesso de hierarquia que só afasta os nobres ideais de cooperação. Outra forma de majorar os eventos colaborativos é evitar missões solo e sempre delegar tarefas a pares ou trios de profissionais dentro da equipe. Ainda uma terceira maneira de manter o alto nível de cooperação é promover um marco, uma bandeira, um ideal que represente o grupo e que o unifique, simbolizando suas realizações e aspirações, sem exagerar em sua importância perante a empresa, por exemplo.

Comemorações – As vitórias individuais e principalmente as coletivas devem ser comemoradas e reconhecidas. Ao final de cada *milestone* ou fase de um projeto, ao final do próprio projeto ou em festas comemorativas, como Páscoa e Natal, preparar uma minissolenidade de entrega de prêmios e reconhecimentos pelos melhores projetos ou iniciativas de um período, divididos em categorias. Quando, ao final, todos os membros da equipe têm seus esforços reconhecidos, marca uma atenção real do líder aos esforços do grupo e massageia o ego dos indivíduos, que normalmente passam por sacrifícios e dissabores para entregar os resultados de suas atividades a tempo e com a qualidade solicitada. Quando não existirem recursos necessários a uma premiação, um simples reconhecimento nas palavras do líder agradecendo este e aquele esforço de cada um dos membros cumpre o efeito de uma premiação.

Estes três Cs, se bem combinados, geram um quarto: a competência da equipe. Um predicado que transcende a aptidão de cada um de seus membros; uma vitória do coletivo sobre os talentos individuais; a soma que contraria a matemática, em que um mais um não são dois, mas valem três, quatro, cinco... Vamos tentar?

As necessidades de muitos

Em *Star Trek*, famoso seriado de TV, o ator Leonard Simon Nimoy deu vida a um personagem chamado Mr. Spock, alienígena de um planeta chamado Vulcano, cujos habitantes pautavam seu comportamento pela lógica, enterrando seus sentimentos de forma bem profunda em suas poderosas mentes. Na série, este foi o primeiro povo extraterrestre a fazer contato com o nosso lindo, mas ainda conturbado, balão azul. Esse personagem tinha várias frases que marcaram o seriado, como o seu cumprimento, em que ele desejava uma "vida longa e próspera"; além de sua filosofia para o trabalho em equipe, que dizia que "as necessidades de muitos superam as necessidades de poucos, ou de um só" (*logic clearly dictates that the needs of the many outweigh the needs of the few, or the one*). A frase era sempre contradita por seu superior, o Capitão James Tiberius Kirk, personagem protagonizado pelo ator William Alan Shatner. Será que o princípio era contestado por que o capitão era um humano e descendia dos terráqueos de hoje, que praticam e acreditam que a vontade e as necessidades de uns poucos devem calar as necessidades e os sonhos de muitos?

David McClelland, psicólogo norte-americano, em 1961, desenvolveu uma teoria que busca explicar a motivação dos indivíduos em seu trabalho de acordo com a satisfação de suas necessidades. Essas necessidades correspondem aos níveis mais altos da pirâmide de Maslow e aos fatores motivacionais de Herzberg. Segundo o autor, três tipos de necessidade merecem atenção: as de realização, as de poder e as de associação. Essas necessidades são desenvolvidas pelo indivíduo com base em sua experiência de vida e suas interações com outros indivíduos e com o ambiente. A necessidade de realização é o desejo da pessoa de atingir objetivos que a desafiem, em buscar fazer sempre melhor e mais eficientemente, em perseguir a excelência e o sucesso e em obter reconhecimento por suas conquistas. McClelland (2010) define a necessidade de associação como o desejo que o indivíduo tem de estabelecer, manter ou restabelecer relações afetivas positivas com outros indivíduos. Essa necessidade está intimamente ligada ao desejo de se sentir querido ou aceito. Dessa forma, indivíduos com alta necessidade de associação preferem trabalhos em que haja interações com outras pessoas e valorizam o trabalho em equipe, em que exista cooperação, apoio, coleguismo, concordância e coesão entre os membros da equipe. Por fim, a necessidade de poder é o desejo que o indivíduo tem de possuir o controle dos meios de influenciar outros indivíduos. De acordo com o autor, pessoas com alta necessidade de poder tentam se destacar ou causar impacto de alguma forma diante de outros, em detrimento de trabalhar com algo em que possam ter bom desempenho.

Considerando que os indivíduos possuem diferentes níveis de atração para cada uma das necessidades descritas por McClelland, cabe aos líderes das organizações e dos grupos de trabalho promover o alinhamento dos interesses individuais de cada colaborador aos do grupo de trabalho e aos da organização. Uma boa sugestão de ferramenta para que esse alinhamento seja alcançado são as "cinco regras básicas da liderança exemplar", propostas por James Kouzes e Barry Posner em seu livro O *desafio da liderança* (1997):

1. **Desafiar o estabelecido**, buscando novas oportunidades, experimentando e arriscando.
2. **Inspirar uma visão compartilhada** do grupo envolvendo as pessoas.
3. **Permitir que os outros ajam**, incentivando a colaboração.
4. **Apontar o caminho**, pelo exemplo.
5. **Encorajar** cada membro da equipe, reconhecendo as contribuições de cada indivíduo e celebrando as realizações.

Desta forma, um alinhamento entre as necessidades do indivíduo (*the one*), de seu grupo de trabalho (*the few*) e da organização (*the many*) poderá ser alcançado, justificando assim o contraponto que colocava um humano do futuro, o capitão Kirk, à famosa frase do Sr. Spock: as necessidades de muitos não podem superar as necessidades de poucos; elas devem ser montadas com base nas necessidades dos grupos, que, por sua vez, são o resultado da integração das necessidades de cada indivíduo participante.

O que é uma equipe?

No Moderno Dicionário da Língua Portuguesa Michaelis, uma das definições de equipe é "Grupo de pessoas organizado para determinado serviço". Dessa simples definição talvez a palavra-chave seja "organizado", que, por sua vez, significa "ordenado, disposto com método". Mas que método seria este que deixaria um ambiente ordenado para que determinado serviço fosse realizado?

A atuação em equipes é fundamental para o alcance de um diferencial competitivo no mercado e para a manutenção de alto desempenho organizacional. Uma equipe deve cooperar e não competir, deve ser um time, e não um grupo; muitas pessoas trabalham como se estivessem em uma linha de produção, em que o trabalho é individual e cada um se preocupa em realizar apenas sua tarefa.

Contudo, uma equipe de trabalho precisa de tempo para que seus membros possam ajustar suas diferenças individuais de percepção e de forma de trabalhar; mas tempo é uma mercadoria escassa nas empresas atualmente. Daí, o que pode ser feito para facilitar o estabelecimento de uma real equipe no exíguo tempo disponível para tal? Um ambiente facilitador do trabalho em equipe seria a resposta. Esse ambiente deveria ter algumas características que favorecessem a construção e manutenção de times integrados de trabalho, tais como:

- prevenção de conflitos;
- políticas motivadoras;
- recompensas justas;
- treinamento bem direcionado;
- incentivo à inovação e à criatividade;
- estilo gerencial adequado;
- objetivos claros;
- estrutura horizontalizada.

O incentivo do líder da equipe para que cada membro conheça um pouco mais de si mesmo também contribui para o ajuste das diferenças entre seus constituintes. Segundo a psicóloga Maria Inês Felippe (2007), mestre em desenvolvimento do potencial criativo pela Universidade de Educação de Santiago de Compostela, na Espanha, o autoconhecimento resulta em melhor ajustamento e na conquista da maturidade e controle emocional, que traz:

- a capacidade de entender os outros e de nos fazermos entender pelos outros;
- a possibilidade de nos julgarmos e julgar os outros o mais objetivamente possível;
- a satisfação de nos aceitarmos e aceitar os outros, admitindo que ninguém é isento de falhas, mas que também encontraremos qualidades em nós e em qualquer outro ser humano, se desejarmos realmente encontrá-las;
- o conhecimento de suas habilidades e defeitos, como e o que melhorar.

O cotidiano de uma verdadeira equipe requer basicamente três condições: otimização da comunicação entre as pessoas, coordenação das ações de seus membros e estabelecimento de procedimentos operacionais para a realização de encontros ou reuniões no espaço cotidiano de trabalho.

Conclui-se que uma equipe é fruto do ambiente preparado para que floresça e da forma que se organiza a inter-relação de seus membros. Citando Henry Ford: "Reunir-se é um começo, ficar juntos é progresso e trabalhar juntos é sucesso".

Construindo equipes campeãs

O que faz uma equipe melhor que outras? Qual o segredo do sucesso de um grupo de trabalho de alto desempenho? Para responder a essas perguntas, um perfil de uma equipe campeã pode ser traçado, e nele mesmo estarem contidas recomendações para as equipes que desejam chegar ao topo. Esse perfil poderia ser chamado de dez mandamentos de uma equipe campeã.

1. Uma equipe campeã é produtiva porque investe no gerenciamento do tempo, que é o caminho para quem busca a produtividade.
2. Equipes campeãs interagem buscando explorar suas diferenças, competências individuais e criar sinergia, tirando proveito dessas diferenças.
3. Cada membro de uma equipe campeã tem índice zero de procrastinação, que é o adiamento de uma ação para depois. A procrastinação resulta em estresse, sensação de culpa e consequente perda de produtividade por não cumprir responsabilidades e compromissos. Daí advém o ar de leveza dos membros de equipes campeãs.
4. Um ambiente de trabalho agradável é fundamental para a manutenção da alta produtividade de uma equipe. Portanto, o líder de uma equipe campeã promove e incentiva de forma constante o bom relacionamento entre os membros de sua equipe.
5. Um dos lemas de uma equipe campeã é: "A verdade é boa companheira". Equipes campeãs propagam de forma muito transparente e sincera as informações relevantes a seu trabalho para toda a equipe, e para seus clientes, fornecedores e parceiros.
6. Numa equipe campeã todos estão dispostos, até ávidos, para assumir responsabilidades. O "deixa que eu deixo" não faz parte do perfil de um membro de equipe campeã.
7. Em um debate ou discussão, dentro ou fora do grupo, os membros de uma equipe campeã utilizam-se dos três princípios contidos na negociação baseada em princípios: separam as pessoas dos problemas; concentram-se nos interesses do grupo, e não em suas posições; e criam uma variedade de possibilidades de resultados da discussão antes de decidir o que fazer.
8. Membros de equipes campeãs têm sempre uma atitude positiva em relação a aprender algo novo e estão constantemente trabalhando para aprimorar seus conhecimentos e habilidades.
9. Membros de uma equipe campeã não são *workaholics* (trabalhadores compulsivos, embriagados pelo trabalho). Por serem profissionais preocupados com suas produtividades e em cumprir suas metas, eles são engenhosos na descoberta de metodologias que ajudem a realizar suas tarefas de forma mais eficiente.
10. Equipes campeãs não possuem em suas fileiras profissionais vaidosos, convencidos, egoístas ou emproados; cada membro desse tipo de equipe conhece e pratica os versos de Itamar Assumpção: "Aprendi que a ignorância, a sordidez e a ganância são lavas desse vulcão; aprendi que essa fumaça a minha janela embaça por fora; por dentro, não".

Por vezes, pode-se pensar que fazer parte de uma dessas equipes não seja coisa para um mortal, mas, recordando que o Brasil pratica o melhor futebol do mundo e que, quando foi campeão do planeta, não teve times tecnicamente espetaculares (exceção feita a 1970), mas atletas que praticaram os mandamentos descritos neste segmento durante 45 dias, fica clara a necessidade de perseguir esses mandamentos e que um conjunto de ótimas individualidades não forma uma equipe campeã; em verdade, não forma sequer um time.

Entendendo o trabalho em equipe por meio do produto

No Moderno Dicionário da Língua Portuguesa Michaelis, a palavra produto tem algumas definições: aquilo que é produzido; resultado da produção; resultado ou rendimento do trabalho físico ou intelectual; resultado de uma multiplicação. No caso do resultado de um trabalho, principalmente se este trabalho for em equipe, ele será fruto de várias tarefas, algumas consecutivas e outras paralelas que, em seu conjunto, podem ser chamadas de processo. Em uma operação de multiplicação, o produto também é o resultado de um conjunto de fatores que, quando operados, geram uma aglomeração de valor a esses fatores: um produto 4×5 equivale à soma de quatro números 5, totalizando 20. As semelhanças entre o produto da multiplicação e o produto de um trabalho em equipe são muitas.

Por exemplo, existem duas propriedades matemáticas da multiplicação que deveriam ter sempre a atenção das equipes: a do elemento neutro e a da anulação. A da anulação diz que qualquer fator zero em uma multiplicação anula o produto ($4 \times 5 \times 0 \times 7 = 0$). Dentro de um trabalho em equipe, qualquer membro do grupo que resolva não fazer a sua parte, não deixará o produto incompleto, simplesmente acabará com o produto; ele não existirá. Portanto, o trabalho em equipe não é uma soma de tarefas; se fosse, a falta de um componente não destruiria o produto ($4 + 5 + 0 + 7 = 16$), apenas o deixaria mais pobre. No trabalho em equipe, se um elemento faltar – por exemplo, o volante em um automóvel –, este anulará o produto; não existirá automóvel. A propriedade do elemento neutro diz que o fator 1 não altera o resultado da multiplicação dos demais fatores ($4 \times 5 \times 1 \times 7 = 4 \times 5 \times 7 = 140$). Fazendo um paralelo com o trabalho de uma equipe, se queremos aumentar um resultado, melhorando um produto, todos os participantes da equipe devem superar seu último desempenho, fazendo que seu fator seja maior que 1 (100% da última vez), ajudando assim ao aumento ou à melhoria do produto.

As propriedades matemáticas de um produto são muitas vezes comparáveis às propriedades que regulam a geração do produto de uma equipe de trabalho, cabendo aqui algumas recomendações feitas por Viviane Carvalho Bejarano et al. (2011), em seu artigo "Equipes de alta performance", sobre o que é necessário para criar e manter uma equipe eficaz, ou seja, com alta capacidade de geração de produtos/trabalhos/projetos cada vez melhores:

1. É necessário dividir responsabilidades e benefícios, como em uma família.
2. É necessário reconhecer desde o princípio que o trabalho em equipe não é "natural" para a maior parte das pessoas, e equipes de alto desempenho podem levar de três a cinco anos para se desenvolverem.
3. É necessário eliminar formalidades, superficialidades e aquele espírito "colegial" de falsa camaradagem que se confunde com colaboração honesta.
4. É necessário discutir, criticar, questionar; a harmonia a qualquer custo é um dos grandes inimigos das equipes.
5. É necessário estabelecer comunicação franca e honesta em reuniões e discussões informais; os membros precisam discutir e discordar em um espírito de buscar atingir o objetivo da equipe, mantendo a seriedade no trabalho e o compromisso com o time.
6. É necessário que a cultura organizacional esteja consolidada com base na confiança mútua. Onde existe confiança dos funcionários existe o clima organizacional para a implementação de equipes de alto desempenho.
7. É necessário que exista tolerância a erros, pois o medo de errar impede o espírito inovador, a criatividade, e até mesmo a honestidade.

Desta forma, os fatores 1 e 0 poderão ser evitados nos desempenhos individuais de cada membro da equipe, prevenindo, assim, os efeitos das propriedades do elemento neutro e da anulação do produto.

Desvendando os conceitos das racionalidades substantiva e instrumental

No Moderno Dicionário da Língua Portuguesa Michaelis, racionalidade é a "diferença específica que identifica o homem no gênero animal, aumentando a compreensão e diminuindo a extensão ao termo". A racionalidade, como atitude pessoal, consiste na disposição de corrigir nossas ideias, ou seja, é uma intenção de examinar nossas ideias sob um olhar crítico e revisá-las à luz de outros conceitos e realidades. O princípio da racionalidade de Freud explica uma neurose como uma atitude adotada na infância precoce, porque ela se constituiu na melhor saída disponível para escapar de uma situação que a criança foi incapaz de compreender e a qual não sabia enfrentar. Assim, a adoção de uma neurose deve-se a um ato racional da criança. Ele também diz que a partir do momento em que um homem compreende inteiramente o que lhe aconteceu em sua infância sua neurose desaparecerá.

A racionalidade substantiva é determinada independentemente de suas expectativas de sucesso, e não caracteriza nenhuma ação humana interessada na consecução de um resultado subsequente a ela; manifesta-se pelo mérito intrínseco dos valores que a inspira, de acordo com um elevado conteúdo ético, e orientada por um critério transcendente. Um bom exemplo seria a atitude de um menino que viu a dificuldade de uma senhora idosa para atravessar a rua e prontificou-se a ajudá-la nessa tarefa. Esta ação desinteressada, ou interessada no bem comum, normalmente é provocada pela racionalidade substantiva de uma pessoa.

A racionalidade instrumental caracteriza-se pelo grau de exatidão com que se atingem fins, estando assim fundada no cálculo e na relação custo-benefício. Nela não se aprecia a qualidade intrínseca das ações, mas seu maior ou menor concurso para atingir um fim preestabelecido, independente do conteúdo que possam ter tais ações. Um exemplo comparável com o do parágrafo anterior seria um policial de bairro ajudando a mesma senhora idosa a atravessar a rua. Independente do interesse do policial no bem comum, esta tarefa faz parte de seu treinamento e consta do rol de tarefas para que seu trabalho seja realizado de maneira eficiente e eficaz, ou seja, conta em seu resultado.

Não existe uma racionalidade ótima, nem deve haver predominância de uma racionalidade sobre a outra. O ser humano necessita praticar e exercer os dois tipos de racionalidade para participar do jogo da vida em sociedade, bem como do complexo ambiente das corporações modernas. Por exemplo, para viver em comunidade ou trabalhar em equipe um comportamento ético, permeado de ações solidárias, em que existam espaço e liberdade para falar e ouvir facilita o alcance de resultados, o que só pode ser entendido e praticado de acordo com uma racionalidade substantiva. No entanto, para que grupos familiares, comunidades ou times de projetos consigam atingir os resultados esperados e acordados, fatores como responsabilidade, esforço, realização de tarefas que nem sempre são do agrado de cada membro do grupo, e rapidez são essenciais; esses fatores só podem ser conseguidos por meio da racionalidade instrumental de cada integrante desses grupos.

O uso puro e exagerado da racionalidade substantiva ou da racionalidade instrumental pode levar a caminhos indesejáveis. Por exemplo, os fanáticos religiosos, que utilizam uma racionalidade unica e extremamente substantiva, têm princípios muito bons e éticos, mas o uso não dosado desses princípios pode levar à imobilização ou à radicalização de ideias, ou, pior, de atitudes. No entanto, alguns empresários defensores do uso exclusivo e intenso da racionalidade instrumental podem levar os funcionários de suas empresas a um maquiavelismo perigoso, por meio da premissa de que o fim justifica os meios, realizando práticas antiéticas, e muitas vezes ilegais, com seus concorrentes, que acabarão prejudicando seus próprios clientes e a sociedade.

Portanto, o uso balanceado e adequado a cada ambiente dos dois tipos de racionalidade direciona as pessoas para um perfil de Dr. Jekyll; já o contrário pode levá-los a uma feição de Mr. Hyde.

O fator humano

A complexidade do ser humano só encontra par na complexidade da vida em grupo, em sociedade. O cérebro humano, de pouco mais de um quilograma de massa, é o mais complexo e ordenado arranjo de matéria já encontrado no universo. As variações e matizes de atitudes e comportamentos que pode gerar são uma bênção no que concerne à criatividade e, consequentemente, à evolução da espécie humana; mas, ao mesmo tempo, formam um quebra-cabeça para a conivência harmônica de um grupo: um verdadeiro e enorme desafio. Um líder de projeto ou de qualquer grupo de trabalho, ou até mesmo familiar, deve se concentrar na forma como pretende se relacionar com seu grupo, em médio e longo prazos. Se isto não for feito, a equipe se tornará um Dragster, um tipo de veículo leve com motores extremamente potentes, especialmente projetado para provas de arrancadas em retas com um quarto de milha; é capaz de alcançar mais de 515 km/h de velocidade final e percorrer aproximadamente 400 metros em menos de 5 segundos. Contudo, se submetido a um percurso longo, explode, e mesmo em um percurso curto necessita de dois paraquedas para parar.

Com o objetivo de entender estas diferentes personalidades, que normalmente estão contidas em um grupo, alguns testes psicológicos foram criados para identificar características e preferências pessoais. Embora limitados a poucas dezenas de categorias, esses testes são excelente início para entender as linhas de pensamento e a forma de encarar uma situação ou problema de cada membro de um grupo, como o Myers-Briggs Type Indicator (MBTI).

Os líderes não têm uma tarefa fácil quando resolvem ou são solicitados a montar um time e decidem prepará-lo para ser uma equipe campeã. Para auxiliá-los nesta árdua missão, seguem algumas propostas de como lidar com um membro da equipe:

1. Não faça a tarefa por ele, nem tente ditar a forma como deve realizá-la, mostre apenas a maneira como o grupo normalmente a realiza. Ensine-o a pescar, não pesque por ele, nem para ele.

2. Esteja sempre presente; crie mecanismos em que sua presença se demonstre constante, mesmo que ela não possa ser; este é um grande apoio que pode ser dado a ele, o sentimento de constante proximidade.
3. Não simule a pirâmide de Maslow para ele; não o deixe pensar que, com os recursos do grupo, seus fatores fisiológicos e de segurança estão atendidos, pois ele não terá base sólida para satisfazer suas necessidades de relacionamento, autoestima e realização pessoal.
4. Apoie de forma discreta, quando e se solicitado; aos mais orgulhosos pergunte, de forma sutil, se necessitam de alguma ajuda.
5. Trate-o como adulto, garantindo seus direitos, mas cobrando suas responsabilidades de maneira tranquila, e fazendo-o assumir as consequências de seus atos; os resultados são coletivos, mas os acertos e os erros devem ser contabilizados individualmente.
6. Evite os sentimentos de posse: a equipe não é sua, os empregados são da empresa e a vida é deles. Seu desafio é formar uma boa equipe sempre que necessário, e não mantê-la aprisionada para toda a eternidade.
7. Tente substituir o compromisso com a hierarquia pelo respeito aos objetivos da equipe e ao espaço social de cada membro do grupo.
8. Dissemine no grupo o conceito da fé, que é a certeza sobre coisas que se esperam, e a convicção sobre fatos que aparentemente não se veem. A autoconfiança se desenvolve dela, apesar de, por vezes, acreditarmos no contrário.
9. Aumente o nível de consciência das pessoas, expandindo seu foco de satisfações menores para a busca da autorrealização, sempre conscientizando-as do longo prazo deste objetivo e mostrando as etapas que podem ser atingidas no curto prazo.
10. Ajude cada membro do grupo a adotar uma perspectiva ampla, de longo alcance, e se focar menos nas preocupações do cotidiano.

O elemento humano não é um recurso como o capital, o conhecimento, a tecnologia ou o poder. Ele é o principal responsável pelos resultados de qualquer trabalho ou ação produtiva, e sua maior ou menor contribuição para o desempenho de uma atividade depende fundamentalmente da qualidade de sua colaboração. Esta, por sua vez, deriva das competências e da motivação dos membros da equipe, bem como do clima e do ambiente para a realização da tarefa. As ações aqui sugeridas ao líder da equipe podem ajudar a alcançar a plenitude desta colaboração. Apesar de serem difíceis de cumprir, tentar aplicar todas é o melhor caminho para realizar uma parte delas. Vamos tentar?

O princípio da incerteza e o trabalho em equipe

Os *Princípios matemáticos de filosofia natural*, livro publicado por Isaac Newton em 1687, que mostra que as leis da física podiam ser expressas por equações matemáticas, tiveram influência reduzida sobre os cientistas do século XX pelos experimentos de Max Planck, que concluíam que existe uma dualidade no comportamento das partículas subatômicas, que tanto podem ser partículas como ondas. As certezas do determinismo de Newton foram por água abaixo em 1927, quando Werner Heisenberg formulou o princípio da incerteza, que atestava não ser possível determinar simultaneamente a velocidade e a posição de um elétron. Heisenberg descobriu que os métodos utilizados para medir o comportamento do elétron acabavam influenciando seu comportamento. Hoje, é comum entre os cientistas quânticos e físicos teóricos a frase "o observador influencia o comportamento do fenômeno observado".

No cotidiano de uma equipe esta frase torna-se extremamente importante e verdadeira. Na tentativa de observar o desenvolvimento dos trabalhos de um time ou o desempenho de um de seus membros, o líder da equipe pode influenciar o andamento dos trabalhos ou o desempenho do profissional observado. Isto pode ser positivo ou negativo, dependendo do método de observação e do nível de prontidão do colaborador. Os profissionais de um grupo de trabalho observados e cobrados pelo líder, de acordo com seu perfil psicológico, podem ter seu padrão de desempenho aumentado ou reduzido; bem como um profissional que não recebe uma observação atenta em seu trabalho pelo líder de sua equipe pode achar interessante esta autonomia, incumbindo-se cada vez mais das ações necessárias ao alcance dos objetivos, como pode perceber seu trabalho como inócuo, reduzindo instantaneamente sua dedicação com consequente diminuição do desempenho.

Paul Hersey e Kenneth H. Blanchard (1986) desenvolveram um modelo de observação e administração do trabalho em equipe, chamado de modelo de liderança situacional, que pode ser resumido em quatro atitudes do observador, no caso, o líder:

1. Se o líder do grupo não for muito voltado para a cobrança das tarefas e tiver pouca habilidade relacional; e o colaborador ou subgrupo observado tiver alta competência para realizar as tarefas e um alto grau de disposição/empolgação para fazê-las, deve-se **delegar** mais poder ao grupo ou ao profissional observado.
2. Se o líder de um grupo com alta competência, mas baixa disposição ou insegurança na realização das tarefas, possuir uma alta habilidade relacional e baixa disposição para a cobrança das ações, o ideal é envolvê-los nas tomadas de decisão, abrindo uma oportunidade para o grupo ou profissional **participar** mais destas resoluções, agindo como um colegiado.

3. Se o líder com alta capacidade relacional tiver alta orientação para os resultados das tarefas e o colaborador ou grupo observado tiver alta disposição/empolgação para realizá-las, mas pouca capacidade técnica, a melhor maneira de influenciar esse grupo é **persuadir** seus membros por meio de incentivos psicológicos com informação sobre a importância da tarefa.
4. Se o líder apresentar pouca habilidade nos relacionamentos, mas grande preocupação com as tarefas, e a equipe ou profissional observados tiverem baixo conhecimento técnico ou inexperiência, além de baixa empolgação para a empreitada, o líder terá de **determinar** o que deve ser feito passo a passo e fazer que a equipe realize a tarefa, preparando-a para um patamar de produtividade mais adequado.

Albert Einstein disse que "todos agem não apenas sob um constrangimento exterior, mas também de acordo com uma necessidade interior". Ora, se os dois motivadores da ação puderem ser sincronizados por uma metodologia ou forma de agir do líder, talvez o termo constrangimento da frase de Einstein possa ser transformado na palavra oportunidade.

Relação entre os indicadores organizacionais e os de gestão de pessoas

Em algumas organizações, a área de RH não tem muita participação nas estratégias empresariais; é acionada apenas como instrumento para recrutar um profissional, treiná-lo, fazer o acompanhamento de sua vida na empresa e, eventualmente, desligá-lo da companhia. A área responsável por um dos Ps da gestão estratégica (pessoas) deve ser muito mais que isto. Ao longo dos anos, a área de RH adquiriu funções muito importantes, possuindo atualmente uma relação impressionante de atividades: administração de pessoal; desenho organizacional; segurança no trabalho; saúde no trabalho; serviço social; recrutamento e seleção; comunicação interna; treinamento e desenvolvimento; relações sindicais e trabalhistas; remuneração e benefícios, gestão de cargos, competências e folha de pagamento; gestão de expatriados; retenção de pessoal; desligamentos. Ser responsável por todos esses processos numa organização obriga o RH a ser mais que um departamento de pessoal; ele deve ser uma área estratégica de gestão de pessoas. Para que isto se consolide, é necessário seguir alguns passos na gestão de uma área de RH:

- definir e acompanhar os objetivos estratégicos e seus indicadores na perspectiva de crescimento e aprendizagem do mapa estratégico da organização;
- definir e acompanhar os indicadores da área de gestão de pessoas no geral;

- inserir indicadores de gestão de pessoas nos objetivos estratégicos da empresa, onde fizer sentido, garantindo que o componente humano também seja levado em conta e acompanhado para o alcance desses objetivos.

Para que a aplicação deste último item seja eficaz necessita-se conhecer o conjunto de indicadores de gestão de pessoas que uma empresa utiliza para que possa ser criada uma função de transferência ou de equivalência entre os indicadores organizacionais do mapa estratégico da organização e os indicadores de gestão de pessoas do RH. Esses indicadores de pessoas estão divididos em cinco famílias, a saber:

Demográficos: número de empregados ou número médio de empregados; número de empregados ajustado pela jornada integral – FTE (*Full-Time Equivalent*); número total da força de trabalho (empregados + contratados); proporção de não empregados sobre o quadro de empregados (efetivos); proporção de estagiários sobre o efetivo de empregados; absenteísmo total; absenteísmo sem justificativa legal; índice de entrada ou admissão; índice de saída ou desligamento; *turnover* global = [(empregados admitidos no mês + empregados demitidos no mês) / 2] / total de empregados do mês anterior; *turnover* voluntário; *turnover* involuntário; composição dos empregados por sexo; amplitude de comando = (total de empregados – empregados em posição de gerência) / empregados em posição de gerência; taxa de suporte = (total de empregados – empregados nas áreas de suporte) / empregados na área de suporte.

Financeiros: salário médio por empregado; remuneração média por empregado; custo do RH por empregado; retorno médio por empregado = [receita bruta – (despesas totais – despesas com empregados)] / despesas com empregados; retorno por RH = [receita bruta – (despesas totais – despesas com RH)] / despesas com RH; receita média por empregado; lucro líquido por empregado; custo de "benefício" por empregado; despesas de treinamento sobre o lucro; retorno do investimento de treinamento = [receita bruta – (despesas totais – despesas com T&D)] / despesas com T&D; custo de T&D por empregado; valor orçado/previsto *versus* realizado.

Operacionais, de processo ou de desempenho para o RH: tempo médio de preenchimento de vagas; índice de preenchimento de vagas no prazo; índice de adequação do empregado à vaga = número de empregados que atendem ou excedem às expectativas da área que solicitou o recrutamento, avaliados após 90 dias no cargo / número de vagas preenchidas; índice de retenção = 100 – [(número de desligamentos entre 9 e 12 meses / número de vagas preenchidas) × 100]; índice de utilização do plano de sucessão para preenchimento de vagas; índice de empregados de alta performance – curva normal; índice de empregados de alto potencial – curva normal e ConBraSD – Conselho Brasileiro para Superdotação; satisfação dos clientes com o atendimento = resultado de pesquisas; percentual de remuneração variável sobre os salários; percentual das horas extras sobre o total de salários; horas de treinamento por empregado; índice de empregados em programas de T&D; índice de efetividade de um treinamento = média da turma nos trabalhos e verificações de aprendizagem (provas); índice de qualidade de equipe = média de oito itens em que a equipe recebe notas de 1 a 10 de um auditor; número médio mensal de empregados usuários do plano de saúde; número de concessões de aumentos espontâneos; crescimento médio dos salários; crescimento médio dos salários por aumentos compulsórios; crescimento médio dos salários por aumentos espontâneos.

De clima organizacional: grau de satisfação com pares; grau de satisfação com seus superiores; grau de satisfação com as políticas e práticas de RH; grau de satisfação com a organização; existência de processos corporativos, em especial os de T&D; estilo gerencial = planejamento das atividades + suporte ao colaborador; gestão da empresa = clareza das estratégias; motivação dos funcionários; credibilidade e confiança na empresa; orgulho em trabalhar na organização; grau de camaradagem entre as diversas áreas da companhia.

Do balanço social e de responsabilidade social: número de empregados em trabalho voluntário; número de entidades assistidas; número de pessoas beneficiadas; investimentos em projetos sociais; número de crianças assistidas em projetos sociais; número de empregados que abandonaram o hábito de fumar; redução do número de acidentes de trabalho; dias perdidos em afastamentos por acidentes de trabalho; investimentos em segurança, saúde e meio ambiente; número de empregados do sexo feminino; número de dependentes dos empregados; número de mulheres em posição de comando/liderança; salário médio dos empregados técnicos e operacionais; salário médio dos que ocupam posições de comando; contribuição para previdência privada; contribuição para planos de saúde; contribuição para programas de alimentação; participação nos lucros ou nos resultados; número de sugestões dos empregados (aprovadas e não aprovadas); número de times de qualidade; valor pago por reconhecimento; valor pago por projetos de qualidade; número de postos de trabalho gerados, direta ou indiretamente; número de empregados portadores de necessidades especiais; número de falecimentos.

De posse dos indicadores do mapa estratégico e conhecendo os indicadores de gestão de pessoas, é possível, com um pouco de bom-senso e experiência, determinar que metas perseguir e que indicadores acompanhar no RH, visando contribuir para a melhoria dos indicadores organizacionais e a consequente obtenção dos objetivos da empresa.

Referências

ALONSO, R. Espontaneidade e Resiliência. Disponível em: <http://www.ritaalonso.com.br/?p=24198>. Consultado em: 28 ago. 2011.
AMUI, A. M. Alinhamento: O caminho para garantir a empregabilidade da geração Y. *Revista da ESPM*, São Paulo, ano 17, v. 18, n. 3, p. 75-80, maio/jun. 2011.
BARROS, B. T. de. *Gestão à brasileira. Uma comparação entre América Latina, Estados Unidos, Europa e Ásia*. São Paulo: Atlas, 2003.
BEJARANO, V. C.; PILATTI, L. A.; DE LIMA, I. A.; DE OLIVEIRA, A. C. Equipes de alta performance. Disponível em: <http://pg.utfpr.edu.br/dirppg/ppgep/ebook/2005/E-book%202006_artigo%2053.pdf>. Consultado em 31 ago. 2011.
BENNIS, W. G. *A formação do líder*. São Paulo: Editora Atlas, 1996.
_____. *O futuro da liderança*. São Paulo: Editora Futura, 2001.
_____.; NANUS, B. *Líderes: estratégias para assumir a verdadeira liderança*. Trad. Auriphebo Berrance Simões. São Paulo: Editora Harbra, 1988.
BERGAMINI, C. W. *Motivação nas organizações*. 4. ed. São Paulo: Editora Atlas, 1997.
_____. *O líder eficaz*. São Paulo: Editora Atlas, 2002.
_____.; BERALDO, D. G. R. *Avaliação de desempenho humano na empresa*. 4. ed. São Paulo: Editora Atlas, 1988.
CHANLAT, J.-F. *O indivíduo na organização: dimensões esquecidas*, v. II. São Paulo: Editora Atlas, 1993.
CLEGG, B.; BIRCH, P. *Trabalho em equipe: motive e energize sua equipe já*. Trad. Celso Roberto Pascoa. Rio de Janeiro: Editora Qualimark, 2003.
COHEN, A. R.; FINK, S. L. *Comportamento organizacional – conceitos e estudos de casos*. Trad. Maria José Cyhlar Monteiro. 7. ed. Rio de Janeiro: Editora Campus, 2003.
COLLINS, J.; PORRAS, J. *Feitas para durar*. Trad. Silvia Schiros. 9. ed., Rio de Janeiro: Editora Rocco, 1995.
COUPLAND, D. C. *Geração X*. 2. ed. Córdova, Alfragide, Portugal: Editora Teorema, 1997.
COVEY, S. M. R. *The Speed of Trust. The One Thing That Changes Everything*. Nova York: Free Press, 2006.
CREMA, R.; BRANDÃO, D. M. S. *O novo paradigma holístico: ciência, filosofia, arte e mística*. São Paulo: Editora Summus, 1991.

CUNHA, P. R. F. Toda carreira é uma estratégia a ser construída. *Revista da ESPM*. São Paulo, ano 17, v. 18, n. 3, p. 58-65, maio/jun. 2011.
DECI, E. L. *Why We Do What We Do, Understanding Self-Motivation*. Londres: Penguin Books, 1996.
DESSLER, G. *Administração de recursos humanos*. 2. ed. São Paulo: Pearson, 2004.
DRUCKER, P. *Desafios gerenciais do século XXI*. São Paulo: Editora Pioneira, 2000.
——. Trabalhar sem partitura. *HSM Management – Informações e conhecimento para gestão empresarial*. São Paulo, ano 1, n. 4, p. 39, set./out. 1997.
DUBRIN, A. J. *Fundamentos do comportamento organizacional*. Trad. James Sunderland Cook e Martha Malvezzi Leal. São Paulo: Editora Pioneira Thomson Learning, 2003.
FELIPPE, M. I. *4 Cs para competir com criatividade e inovação*. Rio de Janeiro: Qualitymark, 2007.
FLACH, F. *A arte de ser resiliente*. São Paulo: Editora Saraiva, 1991.
GHOSHAL, S. A empresa individualizada. *HSM Management – Informações e Conhecimento para gestão empresarial*. São Paulo, ano 3, n. 14, p. 20-25, maio/jun. 1999.
GREENLEAF, R. K. *Searvant Leadership: A Journey into the Nature of Legitimate Power and Greatness*. Nova York: Paulist Press, 1991.
HEISENBERG, W. *The Physical Principles of the Quantum Theory*. Mineola, NY: Dover Publications-id, 1930.
——. The Uncertainty Principle. Uncertainty paper, 1927. Disponível em: <http://www.aip.org/history/heisenberg/p08.htm>. Consultado em 27 jan. 2012.
HERSEY, P.; BLANCHARD, K. *Psicologia para administradores*. 4. ed. São Paulo: Editora Pedagógica e Universitária Ltda., 1986.
HERZBERG, F.; MAUSNER, B.; SNYDERMAN, B. B. *The Motivation to Work*. Piscataway, NJ: Transaction Publishers, 1993.
HOUSE, J. R. A Path-goal theory of Leader Effectiveness. *Administrative Science Quarterly*, v. 16, p. 321-38, 1971.
IEF – Instituto de Estudos Financeiros. Redução de custos: medidas para redução de custos. Disponível em <http://www.ief.com.br/redcusto.htm>. Consultado em: 21 ago. 2011.
Instituto MVC. Projeto infinito. Disponível em: <http://www.institutomvc.com.br/>. Consultado em: 6 mar. 2005.
JACQUES, E. A.; RESKE FILHO, A. O controle interno como suporte estratégico ao sistema de gestão. Disponível em: <http://w3.ufsm.br/revistacontabeis/anterior/artigos/vIVn01/controle_interno_como_suporte_estrategico.pdf>. Consultado em: 17 ago. 2011.

KATZELL, R. A.; THOMPSON, D. E. Work motivation: theory and practice. *American Psychologist*, v. 45, n. 2, p. 144-153, 1990.
KATZENBACH, Jon R. *Equipes campeãs desenvolvendo o verdadeiro potencial de equipes e líderes*. Trad. Ana Beatriz Rodrigues. Rio de Janeiro: Editora Campus, 2000.
KIM, A. K.; MAUBOURGNE, R. A. Parables of Leadership. *Harvard Business Review*, p.123, 1992.
KOHN, A. *Punidos pelas recompensas*. São Paulo: Atlas, 1998.
KOUZES, J. M.; POSNER, B. Z. *O desafio da liderança*. Trad. Ricardo Inojosa. 9. ed. Rio de Janeiro: Editora Campus, 1997.
MARCHESINI, P. R. de A. gestão estratégica de pessoas e aprendizagem organizacional no Programa Nuclear da Marinha do Brasil. Um estudo de caso. In: *VIII SEMEAD – Seminários de Administração FEA-USP*. São Paulo, 11 e 12 de agosto de 2005. Disponível em: <http://www.ead.fea.usp.br/semead/8semead/resultado/an_resumo.asp?cod_trabalho=218>. Consultado em: 7 jan. 2012.
MASLOW, A. *Motivation and Personality*. Nova York: Harper & Row, 1970.
McCLELLAND, David C. *The Achieving Society*. Eastford, MA, USA: Martino Fine Books, 2010.
McGREGOR, D. *Motivação e liderança*. São Paulo: Brasiliense, 1973.
MEYER, J. P.; ALLEN, N. I. The measurement and antecedents of affective, continuance and normative commitment to the organization. In: Journal of Occupational Psychology, Londres, v. 79, p. 1-18, 1990.
MOTTA, F. C. P.; CALDAS, M. P. *Cultura organizacional e cultura brasileira*. São Paulo: Editora Atlas, 1997.
MUSSAK, E. *Caminhos da mudança*. São Paulo: Editora Integrare, 2008.
NAHAVANDI, A. *The Art and Science of Leadership*. New Jersey: Prentice Hall, 2000.
NEWTON, I. *Mathematical Principles of Natural Philosophy and His System of the World*. London: Jussu Societatis Regiæ ac Typis Joseph Streater, 1687. Disponível em: <http://www.ebah.com.br/content/ABAAAAGU8AD/principios-matematicos-filosofia-natural>. Consultado em: 27 jan. 2012.
NISEMBAUM, H. *A competência essencial*. São Paulo: Infinito, 2000.
O'CONNELL, A. The myth of the overqualified worker. In: Harvard Business Review. Dezembro, 2010. Disponível em http://hbr.org/2010/12/the-myth-of-the-overqualified-worker/ar/1. Acesso em: 16/4/2011.
OLIVEIRA, S. *Geração Y – o nascimento de uma nova versão*. 2. ed. São Paulo: Integrare Editora, 2010.
O'HARA, Kieron. *Trust: From Socrates to Spin*. Londres: Icon Books, 2004.
PALMER, Harry. *Vivendo deliberadamente*. Natal, RN: Editora EDUFRN, 2008.

PATTON, B.; URY, W. L.; FISHER, R. *Como chegar ao SIM: a negociação de acordos sem concessões*. 2. ed. Rio de Janeiro: Editora Imago, 2005.

PRAHALAD, C. K.; HAMEL, G. *Competindo pelo futuro*. Rio de Janeiro: Campus, 2005.

QUINN, R. E.; FAERMAN, S. R.; THOMPSON, M. P.; MCGRATH, M. *Competências gerenciais: princípios e aplicações*. Trad. Cristina de Assis Serra. Rio de Janeiro: Editora Campus Elsevier, 2004.

RECIPRHOCAL, Consultoria em Mudança Organizacional e Gestão Estratégica de Recursos Humanos [Home Page]. Disponível em: <http://www.reciprhocal.com.br/>. Consultado em: 5 mar. 2005.

REICH, R. B. Não seja um agente de mudança, seja um rebelde da mudança. *HSM Management – Informações e conhecimento para a gestão empresarial*. São Paulo, ano 5, n. 26, p. 42, maio/jun. 2001.

REZENDE, J. F. *Balanced scorecard e a gestão do capital intelectual*. Rio de Janeiro: Editora Campus, 2003.

ROBBINS, S. P. *Fundamentos do comportamento organizacional*. Trad. Reinaldo Marcondes. São Paulo: Editora Pearson Prentice Hall, 2004.

ROSA, L. E. Como enfrentar o apagão de talentos. *Revista da ESPM*. São Paulo, ano 17, v. 18, n. 3, p. 50-57, maio/jun. 2011.

RUAS, R. Gestão por competências: uma contribuição à estratégia das organizações. In: RUAS, R.; ANTONELLO, C. S.; BOFF, L. H. *Aprendizagem organizacional e competências: os novos horizontes da gestão*. Porto Alegre: Bookman, 2005.

RYAN, R. Next Generation Consulting. *Millennial leaders: Success Stories from Today's Most Brilliant Generation Y Leaders*. p. 17-27. Buffalo Groves, IL: Writers of the Round Table Press, 2008.

SATHE, V. *Culture and Related Corporate Realities: Text, Cases, and Readings on Organizational Entry, Establishment, and Change*. Homewood, Illinois: Richard D. Irwin, Inc., 1985.

SCHEIN, E. H. Coming to a new awareness of organizational culture. *Sloan Management Review*. Boston, v. 25, n. 2, p. 9, 1984.

SERVA, M. A racionalidade substantiva demonstrada na prática administrativa. *Revista de Administração de Empresas*. São Paulo, v. 37, n. 2, p. 18-30, abr./jun. 1997.

SIEVERS, B. Além do sucedâneo da motivação. *Revista de Administração de Empresas*. p. 5-10, jan./mar. 1990.

SILVA, E. M. *Os efeitos da liderança na retenção de talentos: um estudo sobre comprometimento e rotatividade numa indústria petroquímica*. Dissertação apresentada ao curso de Mestrado Profissionalizante em Administração do IBMEC como requisito parcial para obtenção do Grau de Mestre em Administração em

02.06.2006. Disponível em: <http://www.ibmecrj.br/sub/RJ/files/dissert_mestrado/ADM_elsonsilva_jun.pdf>. Consultada em: 8 set. 2011.

STANFORD ENCYCLOPEDIA OF PHILOSOPHY. Sekf knowledge concept. Disponível em: http://plato.stanford.edu/search/searcher.py?query=sef+knowledge. Acesso em: 12/2/2011.

STEFANO, S. R.; FERRACIOLLI, J. B. Clima organizacional do Banco Mercantil do Brasil S/A: Agência – Londrina, um estudo longitudinal. *VII SEMEAD*, 2004.

TANURE, B.; CANÇADO, V. L. Fusões e aquisições: aprendendo com a experiência brasileira. *Revista de Administração de Empresas*, v. 45, n. 2, p. 22-38, 2005.

———. Aquisições transnacionais – entendendo os impactos da cultura local. ENCONTRO ANUAL DA ANPAD, 2005 Anais eletrônicos... Brasília: ANPAD, 2005.

VASSALLO, C. Carta ao leitor – lições da tragédia. In: Revista Exame de 17/5/2010. Disponível em: www.fazenda.gov.br/resenhaeletronica/mostramateria.asp?page=&code=636504. Acesso em: 20/8/2011.

VROOM, V. H. *Work and Motivation*. Nova York: Originally published, 1964.

WETLAUFER, S. Já cortamos pessoas – e agora? In: WETLAUFER, S. *Liderando em Tempos de Turbulência*. Trad. Dayse Batista. Coleção Harvard Business Review. São Paulo: Editora Campus/Elsevier, 2003.

WHEATLEY, M. J. *Liderança em tempos de incerteza: a descoberta de um novo caminho*. Trad. Carlos A. L. Salum e Ana da Rocha Franco. São Paulo: Editora Cultrix, 2005.

ZAGO R. A importância do autoconhecimento. *HomeClinic*. Disponível em: <http://www.chamamed.com/grupodemulheres/index.php?option=com_content&view=article&id=2189:a-importancia-do-auto-conhecimento&catid=13>. Consultado em: 9 jul 2011.

V

PROJETOS

- Gerenciamento de escopo: começando um bom projeto
- Quem não se comunica...
- Redes sociais em projetos
- A norma ISO 21.500 para o gerenciamento de projetos
- Riscos empresariais e o gerenciamento de projetos
- Gerenciar projetos é assunto para líderes
- Projetos: só os sustentáveis
- Referências

Gerenciamento de escopo: começando um bom projeto

O que se deseja fazer?

Os projetos devem ser iniciados com um objetivo claro e entendido por todos. Pelo menos seria o processo óbvio. A realidade, no entanto, é bem diferente. Muitos projetos começam com vaga ideia do que se deseja. Outros têm uma definição superficial ou o que se quer fazer não é o que foi explicitado. As consequências em tais projetos são típicas:

- retrabalhos para ajustar o escopo;
- atrasos no cronograma;
- cancelamento de projetos;
- custos acima do orçamento;
- insatisfação do solicitante;
- conflito na equipe e com as partes interessadas (*stakeholders*).

Além de os projetos não estarem completamente definidos, há o inevitável no mundo atual: a mudança. O cenário instável causa as dramáticas mudanças de escopo. Essas alterações são inevitáveis e necessárias. As forças de mudanças estão no negócio, na tecnologia, nos concorrentes e nos anseios e ansiedades do solicitante (*sponsor*) do projeto. Esta é uma das mais importantes causas dos problemas de um projeto, seja desenvolvimento ou implantação de uma solução. O descontrole do processo de mudança permite desvios incontroláveis, que fazem que um projeto demore muito mais para chegar ao seu fim, com um resultado muito diferente do acordado e do esperado por todos.

Escopo ou desejo?

O escopo precisa ser claramente definido e acordado. Este deve ser um processo formal. Quando falamos de escopo, existe o explícito, descrito em um documento, e o implícito, associado às expectativas e desejos do solicitante. O escopo explícito é controlável por processo, apoiado por documentos. O escopo implícito, ou desejos, ou expectativas, não possui processo formal. O que fazer então?

O processo de controle do escopo deve ser baseado nos conceitos inseridos na Base de Conhecimento em Gerenciamento de Projetos (PMBOK – *project management body of knowledge*), do Project Management Institute – PMI. O gerenciamento de escopo garante o correto desenvolvimento das atividades do projeto com objetivo de entregar o produto do projeto conforme claramente explicitado, incluindo as mudanças ocorridas durante o desenvolvimento do projeto.

Controlar expectativas ou desejos não é tarefa técnica, mas requer grande habilidade de comunicação. Cabe ao gerente do projeto envolver o solicitante no processo de gerenciamento de escopo, em todas as suas fases, tornando-o corresponsável pelo sucesso do projeto. O solicitante deve participar da definição, das revisões, dos pontos de controle, da prototipação e dos testes. Dessa maneira, estará sempre envolvido com os resultados, podendo explicitar seus desejos o mais cedo possível. Por garantia, tudo deve ser registrado e assinado, com o intuito de evitar discordâncias futuras por desejos e expectativas mal compreendidos.

Organizar o escopo

Gerenciamento do escopo inclui os processos necessários para assegurar que o projeto inclui todo o trabalho necessário, e somente o trabalho necessário, para completar o projeto com sucesso. Por "escopo" entende-se o que será feito, relativamente ao trabalho e ao produto, e esta área trata tanto da definição do escopo quanto do seu controle durante a execução do projeto. A principal técnica para a definição do escopo é a confecção da estrutura analítica do projeto (*work breakdown structure*).

Os processos para o gerenciamento do escopo são:

- **coletar** – levantar os requisitos que formarão o escopo;
- **definir** – desenvolver uma declaração escrita do escopo como base para decisões futuras do projeto;
- **criar EAP** – subdividir os principais subprodutos do projeto em componentes menores e mais manejáveis;
- **verificar** – formalizar a aprovação do escopo do projeto;
- **controlar** – controlar as mudanças no escopo do projeto.

No contexto de projeto, o termo escopo deve se referir a:

- **Escopo do produto** – aspectos e funções que caracterizam um produto ou serviço.
- **Escopo do projeto** – o trabalho feito com a finalidade de fornecer um produto de acordo com os aspectos e as funções específicas.

O escopo do projeto é mensurado contra o plano do projeto, enquanto o do produto é mensurado contra os requisitos do produto. Ambos os tipos de gerenciamento de escopo devem ser bem integrados para garantir que o trabalho do projeto resulte na entrega do produto especificado.

Iniciando um projeto

Todo projeto deve ser reconhecido pela organização para que possa haver o comprometimento dos envolvidos no atendimento de seus objetivos. Para isto define-se uma fase denominada iniciação.

Iniciação é o processo de reconhecimento formal de que um novo projeto existe ou que um projeto existente deve continuar em sua próxima fase. A iniciação formal liga o projeto com o trabalho em execução na organização, transformando estratégias em planos de ação, representados pelos projetos. Em algumas organizações um projeto é formalmente iniciado somente depois da conclusão de um estudo de viabilidade, de um plano preliminar ou de qualquer outra forma equivalente de análise iniciada separadamente.

A fase de iniciação tem como produto o termo de referência, ou termo de abertura, ou termo de iniciação, ou, como definido no PMBOK, Project Charter. É o documento emitido pela alta administração, que atribui ao gerente de projeto a autoridade para aplicar os recursos nas atividades do projeto.

O termo de abertura define as condições básicas do projeto:

- título do projeto;
- objetivo do projeto;
- resumo geral do escopo;
- meta do projeto e impactos sobre o negócio;
- gerente do projeto;
- patrocinador;
- expectativa da administração e diretrizes;
- estimativas iniciais;
- recursos necessários;
- orçamento;
- principais riscos;

- principais marcos;
- impactos e/ou dependências em outros projetos;
- necessidades de suporte da organização;
- aprovações.

A iniciação é a formalização da concordância das condições gerais do projeto. Isso significa que o escopo e os objetivos do projeto estão entendidos pelas partes envolvidas. Será verdade? Infelizmente, nem sempre.

Antes de aceitar formalmente o início do projeto, é necessário ter o entendimento claro sobre o que será preciso fazer e garantir ter todas as informações necessárias. É muito comum iniciar um projeto apenas com uma vaga ideia do que se deseja, tendo-se muitas surpresas no decorrer de seu desenvolvimento. Esta é uma das principais causas de problemas e conflitos em projetos. É melhor dizer não, ou buscar mais e melhores informações antes de autorizar o início do projeto.

Quando o escopo é vago e não há como tangibilizá-lo, deve-se propor iniciar o projeto para executar apenas as atividades de levantamento de requisitos e estudo de viabilidade. Após o término dessas atividades, rever o escopo geral do projeto e as condições para sua execução. Em projetos grandes ou muito complexos, esta é uma prática comum. Projetos como a construção de uma usina hidroelétrica ou reestruturação do sistema de transporte de uma cidade são exemplos da necessidade de haver um estudo de viabilidade antes de iniciar as outras fases. Nesses casos, são criados dois termos de abertura, um para cada fase. Recomenda-se utilizar esta estratégia também quando o solicitante não tem claramente definidos os objetivos do projeto.

Capturando e validando o escopo

O levantamento do escopo pode ocorrer na fase de proposta, quando esta necessitar de muito detalhamento, ou após o início do projeto, como uma de suas atividades iniciais.

Não importa o momento, mas a captura do escopo deve ser uma das primeiras atividades, e é uma das mais importantes para o sucesso de um projeto. Um escopo mal definido ou parcialmente entendido representa grandes prejuízos e muitos conflitos no projeto.

Muitos dos solicitantes dos projetos não têm certeza do que querem, e ainda têm dificuldade de expor suas vontades e desejos: suas expectativas em relação ao resultado do projeto. Será que sabem o que esperar como produto? Ou a fértil imaginação os guiará para caminhos muito diferentes de nossos projetos? As respostas não são simples, pois a mente humana não é sempre racional e simples, mas complexa e passional.

O uso de técnicas apropriadas de captura e elicitação de escopo tem como objetivo apoiar o processo de formalização do escopo e do desejo. Os benefícios são: estabelecer um momento de reflexão para entender e validar o que realmente se deseja; aumentar a participação dos envolvidos em torno dos objetivos do projeto; comprometer os envolvidos com os resultados do projeto, pois todos definirão em conjunto o escopo; induzir os envolvidos à exposição de seus pensamentos, desejos e expectativas; documentar e formalizar, para discussões futuras e para servir de referência aos envolvidos durante o projeto; e ajudar a prever riscos.

A captura do escopo é uma montagem de um quebra-cabeça. Inicialmente precisa responder às questões:

- Qual o objetivo principal?
- Quais os objetivos secundários?
- Qual o alvo, o produto final?
- Quais os subprodutos necessários?
- Qual o modelo?
- Qual a dificuldade?
- Qual a complexidade?

A resposta à primeira pergunta requer identificar o problema que se deseja resolver. Outro bom ditado diz que saber qual é o problema real significa 50% da sua solução. Sabendo-se o problema, é preciso buscar as causas-raiz, e não seus sintomas. Resolvendo as causas teremos a solução definitiva. Atuando no efeito, somente conseguimos soluções paliativas (conhecidas como bacalhau pelos programadores acostumados a essas saídas mágicas na hora do aperto).

Com a causa do problema identificada, podemos definir o objetivo que se deseja alcançar com o projeto. Essa definição é básica para o claro entendimento do escopo do projeto. A partir daí, os objetivos secundários são desenvolvidos. É importante também expor os objetivos secundários, pois, por meio deles se podem descobrir desejos e expectativas ocultas. Os objetivos de negação também devem ser expostos, pois eles clarificam aquilo que não é para fazer.

O processo para a captura de escopo passa por seis etapas:

- identificação do problema;
- enunciação dos objetivos;

- quebra do problema em partes;
- construção de um modelo;
- avaliação do modelo;
- síntese da solução.

Algumas técnicas precisam ser utilizadas nessas etapas para garantir a melhor captura do escopo, como: levantamento, análise, modelagem e documentação. Algumas técnicas de levantamento:

- entrevistas estruturadas;
- levantamento documental;
- método da moderação;
- modelagem do problema;
- experiências anteriores e exemplos;
- questionários estruturados;
- capacidades de comunicação.

Entre as técnicas de análise destacamos:

- decomposição funcional;
- diagrama espinha de peixe;
- diagrama de eventos de negócio;
- tabela de decisão.

As técnicas de modelagem foram muito incrementadas em função do uso de tecnologia, principalmente a computação gráfica:

- maquetes de plástico;
- maquetes eletrônicas;
- diagramas esquemáticos;
- casos de uso;
- desenhos e croquis;
- simulação.

As técnicas de documentação estão associadas às outras, com o intuito de formalizar o processo de captura do escopo:

- vídeo;
- gravação;

- descrição e uso dos modelos;
- hiperlinks;
- UML – linguagem universal.

O método de trabalho para captura do escopo é orientado para ver o todo antes de tratar as partes. Desta forma, sabemos aonde se deseja chegar, qual o objetivo, o que é para resolver, para depois decompor até a síntese da solução mais apropriada.

WBS, OBS, EPS ...

O detalhamento do escopo pode ser elaborado por meio da decomposição, que envolve subdividir os principais subprodutos do projeto em componentes menores, mais manejáveis, até que os subprodutos estejam definidos em detalhe suficiente para suportar o desenvolvimento das atividades do projeto (planejar, executar, controlar e fechar). O resultado é a **estrutura analítica do projeto (EAP)** ou *work breakdown structure* (**WBS**). O PMBOK consolidou a definição de EAP (WBS):

> "Um agrupamento de elementos componentes do projeto orientados a subprodutos (resultados principais, entregas), que organiza e define o escopo do trabalho de um projeto".

Uma **EAP** é um agrupamento de componentes de projeto (orientado para a elaboração de subprodutos – *deliverable-oriented*) que organiza e define o escopo total do projeto: o trabalho que não está na EAP, mas fora do escopo do projeto.

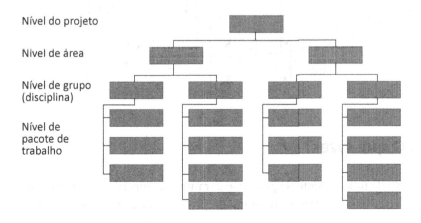

Com relação à declaração do escopo, a EAP é frequentemente usada para criar ou ratificar o entendimento comum do escopo do projeto. Cada nível descendente representa um incremento no detalhamento da descrição dos elementos do projeto. O princípio de organização dentro de cada ramo da EAP pode variar.

Além da EAP (ou WBS), há outras estruturas complementares, nas quais as atividades do projeto, fases, subprodutos etc. são representadas.

Há a **estrutura organizacional (OBS)**, representada pela estrutura hierárquica da organização. Um projeto pode ser desenvolvido de forma matricial, sendo a OBS um importante instrumento para definir responsabilidades pelo desenvolvimento dos subprodutos do escopo do projeto.

Há a **estrutura empresarial de projetos, ou EPS**, em que os projetos são organizados segundo áreas de negócios da organização. Essa estrutura é útil para o acompanhamento gerencial global da empresa ou pelo *Project Management Office* (PMO).

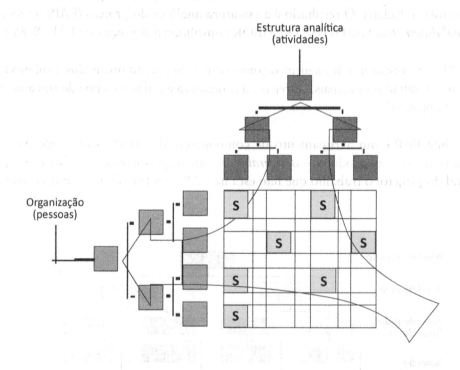

Mudou. O que fazer?

A preocupação de todo gerente de projeto é garantir o cumprimento do escopo acordado, mesmo que haja mudanças ao longo do projeto. O que fazer para ter sucesso?

A aplicação de processos e técnicas é a resposta. As regras e os processos devem estar estabelecidos a todos os envolvidos, incluindo o solicitante do projeto. O PMBOK estabelece dois processos: **verificação de escopo** (formaliza o escopo aceito) e **controle de mudança de escopo** (acompanha e controla as mudanças).

Uma mudança é qualquer modificação no escopo do projeto combinado, conforme definido na EAP aprovada. As mudanças do escopo, frequentemente, exigem ajustes no custo, no prazo, na qualidade ou em outros objetivos do projeto.

A mudança de escopo é tratada com vários documentos e a participação de todos os envolvidos no projeto. Existe, todavia, um documento que resume todas as alterações efetuadas no escopo do projeto desde a sua definição inicial, que é a **Matriz de acompanhamento dos requisitos**.

Matriz de requisitos

ID	Ver.	Requisito	Class.	Espec.	Implem.	Test.	Aceite	Assoc.	Obs.

Class – mandatório/importante/desejável/complementar
Assoc – requisitos associados (P – pré-requisito; C – complementar)

Verificação do escopo é o processo de formalização do aceite do escopo do projeto pelas partes envolvidas (patrocinador, cliente, usuário etc.). Isto exige uma revisão dos produtos e resultados do trabalho para garantir que tudo foi completado correta e satisfatoriamente. Se o projeto terminar prematuramente, o processo de verificação do escopo deve estabelecer e documentar o nível e a extensão do que foi concluído. A verificação do escopo difere do controle da qualidade, já que a verificação é fundamentalmente relacionada com a aceitação dos resultados do trabalho, enquanto o controle da qualidade de preocupa fundamentalmente com a exatidão dos mesmos resultados. Esses processos normalmente são executados em paralelo. Assim, para o mesmo trabalho executado, busca-se tanto a exatidão quanto a aceitação do escopo.

A inspeção inclui atividades tais como: medição, exames e testes incumbidos de determinar se os resultados estão de acordo com as exigências. As inspeções são, diferentemente, chamadas de revisões de produto, auditoria e ensaios (*walkthroughs*).

Um processo importante nos projetos é a revisão por pares, que geralmente são inspeções ou revisões progressivas. Entretanto, a característica principal das revisões por pares é que são conduzidas por parceiros, e não por supervisores ou pelo grupo de garantia da qualidade.

A revisão por pares é realizada de acordo com um procedimento documentado e envolve um exame metódico do objeto do projeto por parte do "par" dos executores, de maneira que se identifiquem defeitos e áreas onde são necessárias correções e melhorias. A revisão por pares é reconhecida como a técnica mais econômica, eficiente e eficaz para identificar defeitos e melhorias no projeto.

O processo controle das mudanças do escopo consiste em:

- influenciar os fatores que criam mudanças no escopo para garantir que as mudanças sejam discutidas e combinadas;
- determinar que uma mudança no escopo ocorreu;
- gerenciar as mudanças efetivas quando ocorrerem.

O **controle das mudanças do escopo** deve se integrar aos demais processos de controle.

O documento que deverá consolidar todas as informações referentes a requisitos e suas alterações é a *matriz de acompanhamento de status de requisitos*. Esse documento visa garantir o rastreamento de requisitos ao longo de todo o ciclo de vida do projeto; manter um registro do status dos requisitos ao longo do desenvolvimento do projeto, para conhecimento dos participantes; gerenciar as mudanças no projeto desde o começo, quando originadas por inclusão ou exclusão de requisitos e simultaneamente gerenciar o status de todos os requisitos.

Conclusão

O controle de escopo inicia-se em sua definição. Primeiramente, é preciso transformar desejos, ansiedades e expectativas em um documento formal, chamado declaração do escopo, que é completado pela estrutura analítica do projeto e pela matriz de acompanhamento dos requisitos. Este é um processo interativo com as partes envolvidas até o fechamento formal dos documentos. Nada deve ser deixado como subentendido, óbvio, ou do tipo ele já sabe.

As mudanças fazem parte do processo, e são inevitáveis. O importante é ter o controle sobre elas. A primeira regra é criar um único ponto de contato entre as partes, sendo o gerente de projeto o ponto focal. Nada, absolutamente nada, pode ser alterado sem prévio consentimento do gerente de projeto, com a devida análise de impacto no prazo, no custo, no risco e na qualidade. A falta de controle, muitas vezes, está no processo de comunicação, e não nos mecanismos de acompanhamento do escopo. É comum o usuário solicitar mudanças diretamente ao programador, que as executa, em detrimento de outras atividades em andamento. O usuário não percebe que seus pedidos perturbam o desenvolvimento, afetando a produtividade e qualidade, com consequências nos prazos e nos custos.

O sucesso no gerenciamento do escopo, ou da expectativa, está em estabelecer uma linha de comunicação única entre as partes e na formalização de todas as informações relevantes, acompanhando cada solicitação de alteração e seu respectivo impacto no projeto. Muitas mudanças devem ser adiadas para viabilizar o término do projeto em condições adequadas ao seu principal objetivo: "O ótimo é inimigo do bom". Devemos ser sempre simples e desenvolver projetos incrementais, seguindo a teoria de Pareto (80/20), buscando resolver os problemas gerais e mais importantes com o menor esforço.

Quem não se comunica...

A adoção de técnicas e ferramentas de gerenciamento de projetos é uma das principais ações estratégicas das organizações, tendo suas práticas se consolidado como metodologia de trabalho.

O bom desempenho dos projetos é reconhecido como consequência das equipes orientadas para a busca de resultados, planejamento e acompanhamento de prazos e custos, ao estabelecimento de especificações, gerenciamento de escopo e mudanças etc. Será esta uma realidade? A aplicação da metodologia de gerenciamento de projetos apresenta os resultados esperados? Diversas pesquisas indicam grandes melhoras. Mas como isto é difícil para os nossos projetos! Por que não estamos nesta estatística? O que ainda falta? Projetos são cancelados sem ser completados, ou falham na entrega das funcionalidades esperadas, e/ou extrapolam seus orçamentos e prazos. Na maioria dos casos, o motivo do insucesso é atribuído a questões de comunicação, seja entendimento entre patrocinadores e gerentes do projeto, seja entre as equipes do projeto.

Ainda há uma área pouco abordada pela metodologia: a comunicação. O PMBOK (*project management body of knowledge*) considera a comunicação como uma das áreas de conhecimento do gerenciamento de projetos, sendo-lhes de vital importância. Os principais instrumentos estão baseados nos relatórios de progresso, plano de comunicação, análise de valor do trabalho executado agregado (*earned value analysis*) etc. Entretanto, a metodologia aborda os instrumentos de comunicação e seus processos, mas carece de aprofundar algumas questões vitais na comunicação:

Comunicação: "...A capacidade de trocar ou discutir ideias, de dialogar, de conversar, com vista ao bom entendimento entre pessoas." (*Dicionário Aurélio*)

Interpretando esta definição, entende-se que a comunicação é estabelecida por, pelo menos, duas partes: uma transmissora da mensagem e outra receptora, que visam ao entendimento. Para tal, uma equipe de alto desempenho necessita evoluir também funções relacionadas às questões pessoais, explorando os relacionamentos e as atitudes. Isto significa que as características pessoais do ser humano devem ser consideradas na elaboração da estratégia de um projeto, sem o qual haverá sérios riscos de os resultados ficarem aquém do desejado.

A gerência de comunicação começa na correta identificação dos *stakeholders* (envolvidos direta ou indiretamente) do projeto. Cada um tem seu próprio perfil, seu temperamento, sua experiência, seu humor e sua capacidade de transmitir e de receber mensagens. Além disso, o ambiente e o momento em que cada um está também interferem no clima interpessoal, afetando a comunicação. Projetos similares com *stakeholders* diferentes podem exigir ações diversas daquelas já experimentadas em outros projetos executados com sucesso. A não observação disto pode representar o início do desastre do projeto.

Pelo visto, teremos também que incluir um psicólogo na equipe de projeto? Provavelmente não, mas o suporte da equipe de recursos humanos da organização poderá ajudar. Os estudiosos desta questão identificaram que a equipe de projeto, principalmente o gerente de projeto, deve ter um conjunto de competências, que, associadas, servirão para a obtenção dos bons resultados dos projetos. Aí está a participação do RH, apoiando na formação das competências.

A palavra competência vem do latim *competere*. O conceito de competência pode ser visto, inicialmente, com a decomposição da palavra em latim: *com*, cujo significado é conjunto, e *petere*, cujo significado é esforço.

A competência do indivíduo é resultado de sua característica pessoal, de sua formação educacional e de sua experiência profissional. É esta integração entre a competência no âmbito individual e no da organização que permite a agregação de valor social e econômico. Alguns autores estabelecem três tipos de competências em gerenciamento de projetos: as individuais, as de equipe e as da empresa. As primeiras referem-se às aptidões e habilidades dos indivíduos na solução de problemas. As competências da equipe, por sua vez, relacionam-se com a capacidade de resolução de problemas complexos em um contexto multidisciplinar. Finalmente, as competências da empresa referem-se a sua capacidade de criação de um ambiente que possibilite o envolvimento tanto do indivíduo quanto das equipes para tocar seus projetos de forma eficaz.

Normalmente mede-se o desempenho das equipes por seus resultados nas tarefas. Indicadores interpessoais devem ser introduzidos para medir outras competências, como comunicação, influência na organização, satisfação dos *stakeholders* (avaliação 360°), entre outros indicadores.

Além de desenvolver as competências, que é um processo longo, o gerente de projeto não pode-se esquecer de incluir o plano da gerência de comunicação em seu plano de projeto. A gerência de comunicação visa assegurar que os aspectos comportamentais também sejam levados em consideração e que as expectativas dos *stakeholders* possam ser gerenciadas. A gerência de comunicação deve considerar a dimensão da complexidade do projeto associada à dificuldade com os *stakeholders*. A combinação das duas dimensões indica as seguintes abordagens no plano de comunicação: pouca comunicação é necessária quando os projetos são simples e há pouco envolvimento externo; foco na comunicação interna, quando o projeto é complexo e há pouco envolvimento externo; foco na comunicação externa, quando o projeto é simples, mas com grande envolvimento externo; foco na comunicação externa e interna, quando o projeto é complexo e há grande envolvimento externo. Em todos os casos, o formalismo nos processos de comunicação deve ser empregado. As formas e os padrões de comunicação que os *stakeholders* desejam utilizar devem ser estabelecidos no início do projeto e incluídos no plano de gerência de comunicação.

A adoção de técnicas e ferramentas de gerenciamento de projetos deve continuar a ser aprimorada nas organizações, assim como o desenvolvimento das competências das equipes de projeto tem de estar inserido no plano de capacitação corporativo. Dessa forma, poderão ser atingidos os diferenciais competitivos necessários para enfrentar os desafios da concorrência neste novo século. O gerente de projeto nunca pode esquecer que os *stakeholders* são pessoas, com diferenças, desejos, expectativas e comportamentos individuais e diferenciados, necessitando de estratégias apropriadas para cada situação. Com tais considerações, o sucesso dos projetos poderá ser mais facilmente atingido. As referências indicadas poderão ajudar o desenvolvimento do tema.

Redes sociais em projetos

Introdução

A sociedade atual caracteriza-se por grande interatividade e mudanças contínuas, em que o conhecimento passa a ser o principal fator de produção em uma nova economia. Nessa nova sociedade tornam-se indispensáveis investimentos relacionados a produção e disseminação de conhecimentos, educação, pesquisa, desenvolvimento e inovação, realizados por meio de projetos e com grande colaboração. A economia baseada no conhecimento está se desenvolvendo pelas comunidades, ou seja, uma rede de indivíduos que produz e dissemina conhecimentos até mesmo entre diferentes organizações. Os membros dessas comunidades trabalham de forma coletiva, tornando-se agentes de mudanças da sociedade em geral. Neste contexto, as relações e interações sociais desenvolvem-se por meio de estruturas em rede, as chamadas redes sociais, fenômeno ainda pouco explorado, mas objeto de estudo de várias áreas do conhecimento. Os estudos das redes corporativas já estão avançados (http://www.strategy-research.com). Dados da consultoria internacional ComScore mostram um crescimento impressionante das redes sociais em termos de interações, com destaque para o Brasil: quase 600% em 12 meses. Um dos grandes problemas apresentados pela pesquisa de *benchmarking* em gerenciamento de projetos de 2009, realizada pelos capítulos brasileiros do PMI (*Project Management Institute* – www.pmirio.org.br), é na comunicação interna e externa dos projetos. A construção de redes sociais corporativas pode ser uma alternativa tecnológica eficaz, mas o ser humano terá de ser tratado, para não se tornar mais um canal provedor de ruídos.

As redes sociais

As redes sociais são formadas por relações complexas que podem ocorrer entre indivíduos, grupos ou organizações, que se organizam em torno de interesses, valores ou crenças comuns. As redes ainda podem ser entendidas como o conjunto das relações sociais existentes entre conjuntos de atores e também entre estes atores individualmente.

A proliferação da informação em grupos é comum nas redes, isto em virtude de os atores se aproximarem de indivíduos que lhes inspirem confiança, ou que tenham relações de amizade e em muitos casos relações profissionais. O indivíduo caracteriza-se por possuir múltiplas relações, que podem ser motivadas pela amizade, pelas relações de trabalho ou pela simples troca de informações. Sendo assim, as redes vão se desenvolvendo à medida que os contatos são feitos, resultando na construção social dos indivíduos, cujas similaridades formam um corpo, cujas unidades são as redes sociais. Um ponto que convém explicitar é o fato de que as redes tendem a se constituir de modo natural, sem hierarquia ou estrutura verticalizada. Contudo, mesmo sua forma horizontalizada e espontânea engloba relações de dependência e poder, em que alguns indivíduos surgem como os responsáveis pelo funcionamento da rede.

No mundo corporativo, as redes sociais assumem papel de destaque. A unidade de trabalho migrou da responsabilidade do indivíduo para redes de funcionários, sendo que muitas tarefas se desenvolvem pela estrutura das redes, em vez da estrutura organizacional formalmente constituída.

Neste contexto destacam-se as relações sociais com interações informais – as redes de cooperação empresariais. Em uma organização, os colaboradores tendem a formar várias redes sociais informais de acordo com o tipo de relacionamento que mantêm e com o tipo de informação que desejam trocar.

É possível argumentar que as redes sociais existentes no ambiente de trabalho oferecem vários benefícios à organização, uma vez que proporcionam ganho de conhecimento, criatividade e conectividade (tanto interna quanto externamente), elementos valorizados na atual sociedade do conhecimento.

Redes informais formam-se por ações e/ou processos que se cruzam ou se unem em determinados pontos de seu desenvolvimento. Cada vez mais as redes informais tornam-se importantes para efetivar a inovação. Isto se aplica não só à colaboração dentro e entre instituições científicas e tecnológicas, como também entre empresas – cadeia produtiva – e entre empresas e consumidores.

A contribuição das redes sociais para gerenciamento de projetos

O gerenciamento de projeto depende muito mais das pessoas do que de processos e tecnologia. A maioria das organizações tem seu foco no processo de gestão de projetos e nas ferramentas, e pouco na gestão de pessoas. O processo de gestão é importante; porém, deve contemplar a valorização das pessoas, seus conhecimentos, suas habilidades e suas atitudes. A comunicação é um dos principais problemas em projetos. Isto é um paradoxo, pois temos tecnologia e recursos para levar informação a qualquer um, em qualquer lugar e em qualquer instante. Entretanto, o lado comportamental da comunicação não está sendo aprimorado, gerando muito mais ruído, a muito mais gente e muito mais rápido.

Projetos nos quais as opiniões dos membros da equipe são filtradas por supervisores intermediários podem distorcer a realidade e embutir risco ao projeto em virtude de análises preliminares equivocadas. A cópia indiscriminada de e-mails gera confusão e pouca objetividade. O uso de redes sociais permite que cada membro da equipe compartilhe sua opinião com toda a equipe. Por meio de comentários e *feedbacks*, uma situação do projeto é mais bem avaliada, podendo gerar ações rápidas de contorno ou de melhoria. Um exemplo são os funcionários da equipe do projeto observar uma anomalia e informá-la antes que um problema se multiplique e o custo para consertar seja elevado.

As ferramentas das redes sociais permitem uma comunicação direta e eficiente. Como as mensagens podem ser armazenadas, fica o registro do conteúdo produzido que alimenta as ferramentas de gestão de conhecimento. Isso permite registrar com mais eficiência o conteúdo intelectual produzido no projeto.

PMI Rio e as redes sociais

O PMI RIO entendeu que o modelo das redes sociais pode aprimorar os mecanismos de comunicação entre seus membros, propiciando a geração de conhecimento e troca de experiências. As ferramentas das redes sociais permitem uma comunicação passiva (informações postadas no site), em que todos podem acessar quando necessitarem, e comunicação ativa (e-mails enviados aos membros da comunidade), em que avisos e comunicados relevantes são encaminhados aos grupos de interesse. Todos os membros podem criar informações (texto, fotos e vídeos), postar comentários, realizar fóruns de discussão etc. O site do PMI RIO (www.pmirio.org.br) foi construído sobre uma plataforma preparada para redes sociais. Estamos em fase inicial, mas a experiência é positiva, melhorando a criação de conhecimento e interação da comunidade.

As redes sociais são ferramentas importantes para auxiliar no processo de comunicação. Ainda estão em fase de amadurecimento, mas bem adaptadas ao brasileiro, um povo que adora se comunicar, não importa onde nem como. Temos de aproveitar esta característica para canalizar para um foco consistente e objetivo para o melhor gerenciamento de projetos. Este é o objetivo do PMI RIO.

A norma ISO 21.500 para o gerenciamento de projetos

Normas técnicas

A padronização dos métodos de gestão, produção e aferição pode ser feita por meio de **normas técnicas**. Segundo a definição internacional, norma técnica é um documento estabelecido por consenso e aprovado por um organismo reconhecido, que fornece, para uso comum e repetitivo, regras, diretrizes ou características para atividades ou seus resultados, visando à obtenção de um grau ótimo de ordenação em um dado contexto.

As normas técnicas são desenvolvidas para o benefício e com a cooperação de todos os interessados e, em particular, para a promoção da economia global ótima, levando-se em conta as condições funcionais e os requisitos de segurança.

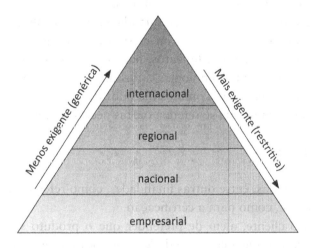

Normalmente, as normas podem ser desenvolvidas em quatro níveis:

- Internacional – normas para uso internacional, elaboradas com a participação de vários países com interesses comuns. Por exemplo, normas ISO (International

Organization for Standardization) e IEC (*International Eletrotechnical Comission*).
- Regional – normas para uso regional, elaboradas por um limitado grupo de países de um mesmo continente. Por exemplo: normas do CEN (Comitê Europeu de Normalização – Europa), COPANT (Comissão Pan-americana de Normas Técnicas – Hemisfério Americano) e AMN (Associação Mercosul de Normalização – Mercado Comum do Cone Sul).
- Nacional – normas para uso nacional, elaboradas por um grupo de interessados de acordo com uma organização nacional reconhecida como autoridade no respectivo país. Por exemplo: normas da ABNT (Brasil); AFNOR (França); DIN (Alemanha); JISC (Japão) e BSI (Reino Unido).
- Empresarial – normas para uso interno em empresas ou organizações, com a finalidade de reduzir custos, evitar acidentes etc.

Quanto maior a abrangência e aplicabilidade de uma norma técnica, maior a necessidade de consenso e de generalidade. Desta forma, podemos ter normas técnicas bastante detalhadas e específicas aplicáveis de forma restrita a apenas uma ou algumas organizações, até normas técnicas menos exigentes (mais genéricas) que se aplicam a um continente ou mesmo internacionalmente.

As normas técnicas são aplicáveis a produtos, serviços, processos, sistemas de gestão, pessoal, enfim, nos mais diversos campos.

Elas podem estabelecer requisitos de qualidade, desempenho, segurança (seja no fornecimento de algo, em seu uso ou mesmo em sua destinação final), mas também podem estabelecer procedimentos, padronizar formas, dimensões, tipos, usos, fixar classificações ou terminologias e glossários, definir a maneira de medir ou determinar as características, como os métodos de ensaio.

Frequentemente uma norma se refere a outras necessárias para sua aplicação.

Uso das normas

As normas são utilizadas, entre outras finalidades, como referência para a avaliação da conformidade, como para a certificação.

Muitas vezes, o cliente, além de pretender que o produto siga determinada norma, também deseja que a conformidade a essa norma seja demonstrada, mediante procedimentos de avaliação da conformidade, normalmente realizados por organismos ou entidades acreditadas para este fim.

Normas internacionais

As internacionais são normas técnicas estabelecidas por um organismo internacional de normalização para aplicação em âmbito mundial. Existem diversos organismos internacionais de normalização, em campos específicos, como a ISO (a maioria dos setores), a IEC (área elétrica e eletrônica) e a ITU (telecomunicações).

As normas internacionais são reconhecidas pela Organização Mundial do Comércio – OMC como a base para o comércio internacional, e o seu atendimento significa contar com as melhores condições para ultrapassar eventuais barreiras técnicas.

Importância das normas internacionais

O acordo de barreiras técnicas ao comércio da OMC (TBT) estabelece uma série de princípios com o objetivo de eliminar entraves desnecessários ao comércio, em particular as barreiras técnicas, aquelas relacionadas com normas técnicas, regulamentos técnicos e procedimentos de avaliação da conformidade que podem dificultar o acesso de produtos aos mercados.

ISO – International Organization for Standardization

As normas ISO são desenvolvidas em seus diversos comitês técnicos (ISO/TC), organizados em uma base temática com representantes de seus membros. As representações são nacionais. A aprovação das normas ISO é feita mediante votação entre seus membros.

A participação brasileira nos trabalhos de normalização da ISO é efetuada pela ABNT (Associação Brasileira de Normas Técnicas). A página da ISO contém informações sobre o programa de trabalho dos ISO/TC (são mais de 200), as normas ISO em vigor, o estágio atual de novas normas em desenvolvimento (ou em revisão), a estrutura da organização, informações sobre o processo de normalização internacional e links para diversas organizações correlatas.

As normas ISO são voluntárias, cabendo a seus membros decidir se as adotam como normas nacionais ou não. A adoção de uma norma ISO como Norma Brasileira recebe a designação NBR ISO.

Para que uma norma seja eficiente deve seguir algumas regras:

Não ser monopolizadora: evitar especificações e restrições só atendidas mediante utilização de dispositivos privilegiados.
Não ser um pretexto para negócios: evitar que possa privilegiar determinada indústria em detrimento de outras.

Não ser antieconômica: evitar que conduza a soluções inutilmente dispendiosas, trazendo custos desnecessários ou encarecendo, sem razão, o produto ou serviço normalizado.

Não ser idealística ou teórica: evitar que contenha requisitos impossíveis de serem atendidos ou que na prática estabeleçam condições irreais.

Não ser panaceia: evitar soluções universais ou que pretendam resolver todos os problemas.

A normalização no Brasil

A Associação Brasileira de Normas Técnicas (ABNT) é uma entidade privada, sem fins lucrativos, considerada de utilidade pública, fundada em 1940 e reconhecida pelo governo federal como Fórum Nacional de Normalização.

Sua principal função, na qualidade de órgão responsável pela normalização voluntária no país, é fornecer a base normativa necessária ao desenvolvimento tecnológico brasileiro.

A ABNT é a representante no Brasil da Organização Internacional de Normalização – ISO e da IEC, e tem, portanto, um papel em relação ao desenvolvimento da normalização. Enquanto a primeira regula as normas nacionais, a segunda o faz com as normas internacionais.

É criada uma comissão de estudo (CE), com a participação voluntária de diversos segmentos da sociedade, ou incorporada esta demanda no plano de trabalho da comissão de estudos já existente e compatível com o escopo do tema solicitado.

Participação nos trabalhos da ISO

O trabalho técnico da ISO é altamente descentralizado, sendo executado por inúmeros comitês técnicos – TC (*technical committees*), subcomitês – SC (*subcommittee*) e grupos de trabalho – WG (*working groups*).

No âmbito de um TC ou SC da ISO, um delegado representa seu organismo nacional de normalização, e não a empresa ou entidade à qual presta seus serviços. Todos os membros têm o direito de participar em TC e SC, como membro "P" (participante) ou "O" (observador).

O membro "P" deve participar ativamente dos trabalhos dos TC ou SC, com a obrigação de votar em todos os assuntos formalmente submetidos à votação, e, sempre que possível, estar presente às reuniões internacionais. Além disso, somente estes membros podem deter secretarias de TC ou SC. O membro "O" somente acompanha os trabalhos, como um observador, tendo direito a receber os documentos relacionados ao TC ou SC, bem como a opção de emitir votos e participar de reuniões.

Os membros da ISO que não são "P" nem "O" de um TC ou SC não têm nem os direitos nem as obrigações citadas anteriormente. Entretanto, podem votar nos projetos de norma internacional – DIS (*draft international standard*) e nos projetos finais de norma internacional – FDIS (*final draft international standard*).

Os TC ou SC podem estabelecer grupos de trabalho – WG (*working groups*) para tarefas específicas. Cada WG deve ter um coordenador (*convener*) designado pelo TC ou SC correspondente, que será o encarregado de coordenar os trabalhos, podendo contar, ou não, com a ajuda de um secretário.

Os especialistas brasileiros que atuam em WG não devem externar suas opiniões individualmente nas negociações e debates que mantenham com os representantes das demais delegações, mas a posição nacional previamente estabelecida.

Os TC ou SC da ISO também podem estabelecer grupos *ad hoc*, cujo propósito é o de estudar um problema precisamente definido, devendo este reportar ao comitê de origem na mesma reunião ou, no máximo, na próxima reunião deste TC ou SC.

Estágios do processo de elaboração de normas ISO

Durante a elaboração de uma norma internacional, os documentos em estudo ou em desenvolvimento nas reuniões da ISO passam pelos seguintes estágios de projeto:

Estágio de projeto	Nome	Sigla	Data limite	Prazo de votação
0 Estágio preliminar	Item de trabalho preliminar	PWI	–	–
1 Estágio de proposta	Proposta para novo item de trabalho	NP	–	3 meses
2 Estágio preparatório	Projeto de trabalho	WD	1°WD: em 6 meses	–
3 Estágio de comitê	Projeto de comitê	CD	1°CD: em 18 meses	3 a 6 meses (1º) 3 meses (2º, 3º...)
4 Estágio de consulta	Projeto de norma internacional	DIS	–	5 meses
5 Estágio de aprovação	Projeto final de norma internacional	FDIS	Em 3 anos	2 meses
6 Estágio de publicação	Norma internacional	ISO	–	2 meses

PWI – Preliminary work item
WD – Working draft
NP – New proposal
CD – Committee Drafts

As línguas oficiais da ISO são o inglês, o francês e o russo. Normalmente, as reuniões se desenvolvem em inglês. O francês é exigido apenas em alguns comitês e somente nas reuniões plenárias de TC e SC, ocasião em que é providenciada tradução simultânea para o inglês. Nas reuniões dos WG não há tradução, e a língua de trabalho é o inglês.

Comissão ABNT/CEE-93 gestão de projetos

O conselho de gestão técnica da ISO aprovou em novembro de 2006 a comissão de projeto (*project committee*) sobre o título ISO/TC 236, *project management*. Essa comissão iniciou as atividades no segundo semestre de 2007. O objetivo dessa comissão é desenvolver um guia internacional para o gerenciamento de projetos. Em 2011, foi criado o ISO/TC 258, ampliando o escopo.

O primeiro encontro plenário ocorreu em outubro de 2007, no mesmo período em que a ABNT se inscreveu para participar da comissão, como membro P (participante). Atualmente, são 35 países participantes no desenvolvimento da norma.

A ABNT criou a Comissão de Estudos CEE-93 gestão de projetos, espelho do ISO/TC 236 e 258, com três grupos de trabalhos, similar ao modelo criado pela comissão da ISO.

A comissão ABNT/CEE-93 é formada por voluntários de diversas empresas e organizações, profissionais experientes envolvidos com a gestão de projetos, tais como Embratel, TIM Brasil, Petrobras, governo do Estado do Espírito Santo, Inmetro, Guimar, Previ, Chesf, Concremat, Modulo Security, Andrade Gutierrez, ABGP, Promon, Path, Unisys, Vivo, Paragon, Abs Consulting, PWC, Servmar, entre outros.

O papel da Comissão ABNT/CEE-93 é participar do desenvolvimento da nova norma ISO 21.500, colaborando com a comissão ISO/TC 236. Cabe também a esta comissão a tradução e a adequação para emissão da norma ABNT NBR ISO 21.500 – gestão de projetos.

Aconteceram as seguintes reuniões plenárias: Londres (Reino Unido), Washington (Estados Unidos), Miesbach (Alemanha), Tóquio (Japão) e Rio de Janeiro (Brasil). O Brasil é representado pela ABNT/CEE-93 nas reuniões, não comparecendo somente à primeira.

O documento tem base no PMBOK, do PMI (*Project Management Institute*) e na norma ISO 10.006. Recebe vários comentários e sugestões de melhorias com base na experiência dos especialistas, inclusive do Brasil, e de outras normas de gestão de projetos de vários países. O documento encontra-se atualmente em estágio de DIS e tem o lançamento final como norma ISO previsto para 2012.

O PMI é acreditado para criação de normas pelo ANSI (*American National Standard Institute*). O PMBOK (*Project Management Body of Knowledge*), criado pelo PMI, é a norma do ANSI para gestão de projetos.

Impactos na norma

A norma ISO 21.500 não é certificável, mas será base das revisões futuras do PMBOK, assim como de outras normas e metodologias associadas. Criará uma linguagem comum internacional sobre o tema e poderá uniformizar vários procedimentos. Há demanda para a criação de normas complementares, como gerenciamento de portfólio e de programas. O conhecimento desta norma será importante para as organizações e sua aderência poderá ser condição para a realização de novos negócios. As organizações compatíveis com o PMBOK não terão dificuldade em se adaptar aos princípios da norma.

Riscos empresariais e o gerenciamento de projetos

Introdução

Como podemos garantir o sucesso? Em tempos de mudanças rápidas, quem ousa responder a esta questão com absoluta certeza? Ninguém duvida de que existe um grande empenho, nas organizações, para alcançar os bons resultados nos empreendimentos. Mas, infelizmente, o resultado de um projeto não faz parte de uma ciência exata (se é que existe); sendo assim, a abstração impera nas organizações.

O termo risco é proveniente da palavra *risicu* ou *riscu*, em latim, que significa ousar (Bernstein, 2001). Risco pode ser entendido como possibilidade de algo não ocorrer de acordo com o planejado, envolve a quantificação e qualificação da incerteza. O risco é um parceiro inevitável, inerente a qualquer atividade na vida pessoal, na profissional ou nas organizações, podendo envolver perdas, bem como oportunidades, conforme observado no guia do IBGC (Instituto Brasileiro de Governança Corporativa). Administrar os riscos é sinônimo de desafio e oportunidade (Bernstein, 2001).

O ambiente de negócio é cada vez mais complexo, aumentando o grau de vulnerabilidade das organizações. Como consequência, as empresas estão buscando alternativas que possibilitem a gestão de seus riscos e aprimorem a gestão e o desempenho de seus processos de negócio.

O gerenciamento de riscos empresariais (GRE) está se constituindo como um auxílio ao modelo de gestão, para ajudar as organizações a gerenciar os riscos com alinhamento estratégico. Por isso, a recomendação dos especialistas é que essa prática envolva toda a organização, e que sua implantação ocorra de forma integrada. O bom uso da gestão possibilita às empresas gerar valor para os acionistas em momentos de incertezas, atingindo o sucesso esperado.

"E tudo muda"

A sociedade atual é espantosamente dinâmica, instável e evolutiva. Corre sérios riscos quem ficar esperando para ver o que acontece. A adaptação a esta realidade será, cada vez mais, questão de sobrevivência. A instabilidade é resultado da globalização e do curto ciclo de vida dos produtos.

A globalização significa que não existe mais isolamento no mundo. De qualquer lugar do planeta, graças ao comércio eletrônico e às facilidades de logística e distribuição, uma empresa pode dominar mercados mundiais. A outra realidade da globalização é a de que nada ficará fora da competição global. Não estamos mais competindo com nossas empresas brasileiras, ou mesmo do Mercosul.

No mundo em que vivemos, a única certeza estável é a de que tudo vai mudar. Os projetos modernos devem atender aos dos curtos ciclos de vida dos produtos, conforme mencionado. Isto significa que os projetos também são reduzidos cada vez mais. A abordagem para tais projetos é "Preparar, apontar, fogo". Com poucos recursos capacitados e necessidade de velocidade, os projetos requerem organização, processos bem implantados e muita agilidade, buscando grande produtividade e qualidade.

O cenário instável causa as dramáticas mudanças de escopo. Essas alterações são inevitáveis e necessárias. As forças de mudanças estão no negócio, na tecnologia e nos concorrentes. O projeto deve identificar e gerenciar as forças e as alterações, tomando decisões que impactem o menos possível o andamento dos projetos, registrando-se tudo.

A redução dos prazos, a interdependência entre projetos, o aumento da complexidade e o uso de modelos de desenvolvimento com maior grau de paralelismo tornam os projetos de alto risco. Desta forma, o gerenciamento de risco ganhou importância. Os projetos tornaram-se mais críticos para o negócio. Consequentemente, estão mais visíveis e requerem maior capacidade para escalar suas funcionalidades.

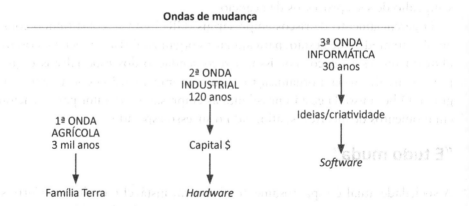

As grandes mudanças na sociedade estão ocorrendo em ondas, conforme observa Alvin Toffler. O que impressiona é o tempo de cada onda, cada vez menor. Isto significa que a sociedade moderna está absorvendo mais rapidamente as mudanças e buscando inovações. A onda atual, segundo especialistas, é a da intuição. Podemos interpretar que as tomadas de decisões precisam ser cada vez mais urgentes, com menos tempo para processos analíticos estruturados. Este é um cenário de muitas incertezas. O que as organizações estão fazendo para crescer neste mercado? Estaremos sempre acertando aplicando pura intuição? O gerenciamento de riscos empresariais ganha força como um suporte para a gestão tomar suas decisões rapidamente e com uma visão mais clara das alternativas potenciais para se ajustar de acordo com os fatos futuros, ou seja, controlando e monitorando os riscos.

Paradigmas do gerenciamento de riscos

O gerenciamento de riscos é uma técnica recente e ainda muito pouco empregada, mas representa um grande instrumento para o gerente de projeto e para o gestor das organizações.

Risco é uma possibilidade de algo que pode ocorrer no futuro. É tratado como uma probabilidade de um fato vir a acontecer e qual seu efeito sobre o projeto, a operação ou o negócio. O risco deve estar sempre relacionado com os objetivos do negócio, da operação e dos projetos. Refere-se a tudo que pode afetar os objetivos, com resultados negativos, como aumento dos custos, ou positivos, como atraso de cronograma que propiciou a chegada de uma nova tecnologia mais eficiente e barata. O risco é parte de qualquer atividade, e não pode ser eliminado. Nem todos os riscos são conhecidos, e sua existência pode proporcionar momentos de aprendizagem e de desenvolvimento de novas soluções.

Os riscos estão relacionados a procedimentos operacionais, tecnologia e conformidade com o ambiente legal e regulatório. Fundamental é reconhecer a relevância dos riscos de natureza estratégica e de alocação de recursos (escassos). A identificação e a gestão adequadas de riscos não somente minimiza perdas como pode ser fator de vantagem competitiva. É importante destacar que existem riscos que simplesmente não devem ser assumidos quando não totalmente gerenciáveis ou não havendo recursos para tanto. O fato pode gerar imagem negativa e até interdição legal, com consequentes efeitos adversos na reputação e nos negócios.

O gerenciamento de riscos é tratado nas organizações há anos, mas atualmente em um profundo processo de evolução. O risco era visto apenas em elementos isolados, focado em acidentes (incêndios, terremotos etc.) ou em demonstrações financeiras. O ambiente empresarial tornou-se mais complexo e com mais incertezas, levando a necessidade do gerenciamento de risco a toda a organização. Os atuais modelos de gerenciamento tratam a visão corporativa e integrada de riscos.

De velhos paradigmas	Para novos paradigmas
• Avaliação de riscos é eventual	• Avaliação de riscos é uma atividade contínua
• Auditoria interna é responsável por verificar controles e riscos	• Todos devem aplicar o gerenciamento de riscos
• O gerenciamento de riscos é departamental	• Avaliação e controle de riscos possuem metodologia corporativa
• Controles com foco em riscos financeiros	• Controles com foco em garantir a sustentabilidade do negócio
• Inspecionar, detectar e reagir aos riscos	• Antecipar e prevenir riscos • Monitorar controles em um processo contínuo

Fonte: Adaptação do *framework* do COSO (www.coso.org) pelo autor.

Origem dos riscos:

Externos – ocorrências associadas ao ambiente macroeconômico, político, social, natural ou setorial em que a organização opera.

Internos – eventos originados na própria estrutura da organização, por seus processos, seu quadro de pessoal ou seu ambiente de tecnologia.

Natureza dos riscos:

Estratégicos – riscos associados ao modo como a organização é administrada. A gestão de riscos estratégicos é focada em questões corporativas amplas, como fatores competitivos, governança corporativa, estrutura organizacional, desenvolvimento de novos produtos e mercados, formação de preços etc. A responsabilidade social e o meio ambiente estão inseridos nestes tipos de riscos.

Financeiros – riscos associados à posição financeira. A gestão de riscos financeiros está associada a relatórios financeiros (internos e externos).

Operacionais – riscos associados à habilidade de uma organização operar e controlar seus processos principais de maneira previsível e pontual. A gestão de riscos operacionais é focada na integridade e na consistência dos processos diários que suportam o negócio.

De conformidade – riscos associados à habilidade da organização em cumprir normas reguladoras, legais e exigências fiduciárias. A não conformidade com normas, tanto legais como relacionadas às melhores práticas, pode gerar riscos tanto financeiros como de perda de imagem (marcas e produtos).

Fontes de riscos em projetos

As principais fontes de riscos em projetos são: a tecnologia, que, em virtude da constante evolução, requer novas capacitações e competências; os equipamentos, adquiridos para o projeto ou usados para sua execução, que podem não funcionar conforme especificado ou ser fonte de atrasos; as mudanças de escopo, resultado de novas diretrizes, revisão das necessidades ou melhorias introduzidas; as pessoas, que introduzem mudanças, podem não ter a produtividade esperada, ou adoecerem ou mudarem de empresa; os prazos, que costumam ser irrealistas e não levam em consideração todas as restrições para a execução das atividades; as contratações, que privilegiam os ganhos financeiros, mas a falta de condições contratuais adequadas pode interferir no resultado do projeto; o ambiente, que, dependendo do projeto, pode impossibilitar seu andamento, havendo tempestades, secas etc.; as expectativas são difíceis de ser absorvidas pelos envolvidos, causando conflitos durante e ao término do projeto.

A tomada de decisão em relação aos riscos não deve ser isolada, avaliando-se apenas o risco (impacto *versus* probabilidade). O valor para o negócio da iniciativa objeto da avaliação também deve ser considerado. Tudo que for de baixo valor não deve sequer ser o risco avaliado. Com médio ou alto valor, o risco deve ser considerado, principalmente quanto maior ele for. A relação custo-benefício-risco é nova no processo de tomada de decisão e busca ampliar as chances de sucesso das organizações.

PMBOK – *Project Management Institute*

O *Project Management Institute* (PMI – www.pmi.org), em seu universo de conhecimento do gerenciamento de projeto – o PMBOK (*project management body of knowledge*) – trata de nove áreas do conhecimento, das quais gerenciamento de riscos é uma delas. O PMBOK define seis processos para o gerenciamento de riscos de projetos: planejamento do gerenciamento de risco; identificação do risco; análise qualitativa do risco; análise quantitativa do risco; planejamento da resposta e monitoramento e controle das respostas.

Planejamento do gerenciamento do risco consiste em ajudar os gerentes de projeto em um pensamento organizado e objetivo para conseguir isolar e minimizar os riscos, eliminar o risco sempre que possível, desenvolver planos alternativos de ação, estabelecer reservas de tempo e dinheiro para cobrir riscos que não podem ser mitigados.

Identificação do risco consiste em determinar quais riscos são relevantes e podem afetar o projeto e documentar as características de cada um. A identificação ocorre ao

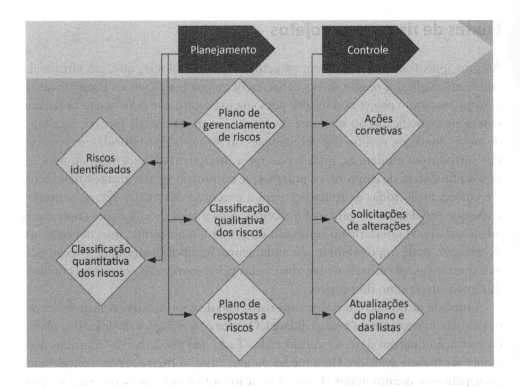

longo de todo o projeto e verifica riscos internos e externos. Uma lista de verificação de riscos possíveis é uma boa orientação para o gerente de projeto iniciar esta tarefa, mas não se deve esquecer que nem todos os riscos são conhecidos.

Análise quantitativa e qualitativa dos riscos envolve uma avaliação do risco e sua interação com os resultados do projeto. A cada situação de risco podem ser analisados os valores pertinentes ao projeto, levando-se em conta as probabilidades de o risco ocorrer e do que pode representar em termos de alteração de custos e de prazos. Algumas técnicas matemáticas de simulação são usadas, a mais comum é a análise de Monte Carlo, um algoritmo iterativo. Cálculos estatísticos e árvore de decisão também são úteis, dependendo do projeto e de seus riscos. Os números apresentados são indicadores, mas a análise de um especialista experiente é fundamental para correta interpretação e entendimento dos riscos e suas consequências.

Planejamento da resposta ao risco é o tratamento dado às etapas e às ações para minimizar os efeitos do risco negativo e para aproveitar melhor os riscos positivos. Todo risco priorizado deve ter uma ou mais ações planejadas para eliminar, mitigar, transferir (na ISO 31000 é usado o conceito de compartilhar) ou aceitar. Cada ação de resposta deve ter um responsável por executá-la e monitorá-la.

Monitoramento e controle das respostas ao risco é o acompanhamento dos resultados. Sempre que um risco se tornar fato real, o controle realimentará os processos para novos riscos, em função das mudanças ocorridas. Novos riscos podem ser identificados neste processo.

Conclusão

O cenário atual apresenta grandes desafios, com muitas mudanças e maior complexidade. Executar os projetos, lançar produtos e serviços, inovar e mudar processos sem a utilização do gerenciamento de risco é viver "apagando incêndio", atrasando projetos, extrapolando seus custos, gerando perdas. O gerenciamento de risco é a melhor forma para antecipar ações, reduzir efeitos negativos, ampliar os efeitos positivos e finalizar os projetos com sucesso. Nem todo risco é identificado, mas a experiência aumenta a capacidade da equipe na identificação, no monitoramento e nas ações para mitigação. O gerenciamento de risco é um trabalho de equipe multidisciplinar, matricial, e será o diferencial de sucesso nas organizações.

Gerenciar projetos é assunto para líderes

Liderança é a capacidade de uma comunidade humana configurar seu futuro e, especificamente, sustentar os processos de mudança significativos, necessários para que isso aconteça. É o processo de conduzir um grupo de pessoas, transformando-o em uma equipe que gera resultados. É a habilidade de motivar e influenciar os liderados, de forma ética e positiva, para que contribuam voluntariamente e com entusiasmo para se alcançar os objetivos da equipe e da organização.

Quando a liderança deixa de dizer às pessoas o que fazer, elas começam a enxergar seu papel no processo e passam a querer voluntariamente agir. A única postura do líder é a de elaborar uma visão que os liderados sejam capazes de adotar como realmente sua. Em um cenário complexo e democrático, a verdadeira liderança exige fatores e dimensões de visão, confiança, interesse em ouvir, autenticidade, integridade, esperança e, especialmente, atenção às verdadeiras necessidades dos liderados. Sem esses fatores, a probabilidade de superar a contínua resistência às mudanças será nada mais que zero. O fator necessário para orientar mudanças efetivas não é uma teoria de contingência, mas uma nova filosofia de liderança, a qual será sempre e definitivamente focalizada no engajamento de corações e mentes dos liderados por meio da inclusão e da participação.

A sobrevivência de uma empresa requer de seus executivos ações rápidas, objetivas e consistentes. Todas as oportunidades devem ser aproveitadas e novos espaços precisam ser criados. O sucesso da organização é o resultado de suas lideranças e da aplicação de práticas gerenciais que a conduzam, com eficiência e eficácia, no sentido de atingir os resultados esperados. O gerenciamento de projetos é o caminho para transformar ideias em algo que dê às empresas desenvolvimento de forma sustentável, considerando-se o cenário competitivo atual.

Atualmente, o profissional responsável por conduzir os projetos recebe a atribuição de gerente de projeto. Entretanto, é vital observar quão importante é esta função, independent do seu título, uma vez que esse cargo ainda não é formalmente reconhecido por várias organizações.

Mas, independent de nomes ou cargos, saber o perfil necessário ao gerente de projeto para o melhor desempenho de suas atribuições é fundamental na construção de uma organização de alto desempenho. Esse profissional deve ter, pelo menos, três competências: técnica, na área de atuação e de gestão. A segunda competência está relacionada ao tipo de negócio ou projetos envolvidos, como engenharia, tecnologia da informação, e a competência de gestão, ligada ao comportamental, que requer habilidades e atitudes que tornam o gerente de projeto um líder.

Todas as competências são importantes, mas a que leva à liderança é a que traz melhores resultados para a organização e para o profissional. O gerente de projetos não é um "tocador" de cronogramas, muito menos um herói realizador. Ele precisa ser o líder de uma transformação, conduzindo uma equipe a desenvolver, coordenadamente, um conjunto de tarefas executadas de forma eficiente para a obtenção do sucesso, não só para a organização, mas também para seus clientes e todos os envolvidos no projeto.

A liderança é o resultado de habilidades do gestor em entender as causas e os objetivos, de atitudes em motivar e colaborar, de atribuir a si responsabilidades e de realizar alianças com equipe, pares e outras partes interessadas em um objetivo convergente.

Um estudo realizado por uma consultoria norte-americana em recursos humanos revelou as 25 empresas que mais bem formam líderes no mundo. O primeiro lugar apontado pela pesquisa é da IBM, que possui um dos mais abrangentes programas de formação de gerentes de projetos e de líderes, requerendo que todos os executivos tenham certificação em gerenciamento de projetos.

A IBM é uma das poucas empresas norte-americanas que se manteve inabalável perante a crise financeira recente. É uma das *Top of Mind* do Estudo de *Benchmarking* em Gerenciamento de Projetos, coordenado pelo PMI Regional Rio de Janeiro (www.pmirio.org.br). A General Electric também é uma das principais em liderança, com programas de formação e certificação de gerentes de projetos. A NASA, uma das maiores referências em gerenciamento de projetos, possui um programa específico para formação de gerentes de projeto líderes.

Este modelo propaga-se por todos os níveis hierárquicos, mostrando um novo caminho para o profissional em gerenciamento de projetos. Steve Dobbs, presidente da Fluor Corporation, sentenciou que sua empresa passou pela crise graças ao gerenciamento de projetos, que alavanca os resultados na bonança e alinha o rumo em momentos desfavoráveis. Ser gerente de projetos é uma opção para grandes realizações, mas exigirá muito esforço e desenvolvimento de seu perfil para alcançar o sucesso pessoal e da organização.

Projetos: só os sustentáveis

O termo "sustentável" vem do latim *sustentare*, que significa sustentar, defender, favorecer, apoiar, conservar e cuidar. O conceito tornou-se um princípio segundo o qual o uso de recursos visando satisfazer certas necessidades presentes não pode comprometer a satisfação das necessidades de gerações futuras. Um empreendimento é considerado sustentável se for ecologicamente correto, economicamente viável, socialmente justo e culturalmente aceito.

O conceito de sustentabilidade começou a ser delineado na Conferência das Nações Unidas sobre o Meio Ambiente Humano (*United Nations Conference on the Human Environment* – UNCHE), realizada em Estocolmo de 5 a 16 de junho de 1972, a primeira conferência das Nações Unidas sobre o meio ambiente. A Conferência de Estocolmo lançou as bases das ações ambientais internacionalmente, chamando todos os países especialmente para questões relacionadas à degradação ambiental e à poluição, que não se limita às fronteiras políticas, mas afeta nações, regiões e povos, localizados muito além do seu ponto de origem. A Declaração de Estocolmo, que se traduziu em um Plano de Ação, define princípios de preservação e melhoria do ambiente natural, destacando a necessidade de apoio financeiro e assistência técnica a comunidades e países mais pobres.

O conceito de sustentabilidade está intimamente relacionado com o da responsabilidade social das empresas. Além disso, este conceito normalmente adquire contornos de vantagem competitiva. Segundo Michael Porter, professor da Escola de Negócios de Harvard, "normalmente as companhias têm uma estratégia econômica e uma estratégia de responsabilidade social, quando o que deveriam ter é uma estratégia só". Uma consciência sustentável, por parte das empresas, pode significar uma vantagem competitiva, se integrar uma estratégia única da organização.

Sustentabilidade Empresarial refere-se a uma forma de conduzir as atividades empresariais. Ser, pensar, decidir e agir de forma sustentável requer processo de entendimento, negociação e integração construtiva entre todos os agentes de relacionamento de uma empresa ao olhar dos princípios e valores da própria empresa e de sua ética.

As empresas devem inserir em sua atuação elementos que considerem o equilíbrio nas relações com diversos grupos de interesse, demonstrando que os sistemas econômicos, sociais e ambientais estão integrados e que não podem implementar estratégias que contemplem somente uma dessas dimensões. Há alguns anos, iniciou-se uma tendência mundial de os investidores procurarem empresas socialmente responsáveis, sustentáveis e rentáveis para aplicar seus recursos. Com isso, índices de sustentabilidade foram criados em escala global para avaliar várias dimensões das relações da empresa com a sociedade, o meio ambiente e os provedores de capital para a empresa.

A realização da estratégia é por meio de projetos, conforme Dinsmore (2012). Dessa forma, o gerenciamento e os produtos dos projetos também precisam estar aderentes aos requisitos para uma organização sustentável.

O projeto sustentável é, então, aquele que gera retorno para a empresa e seus clientes (internos ou externos) sem causar impactos negativos (ou causando impactos positivos) às outras partes interessadas.

A sustentabilidade de um projeto se apresenta em quatro aspectos: ambiental, social, cultural, econômico. Alguns pontos, dentro desses aspectos, devem ser considerados:

Ambiental

- reciclagem de lixo;
- reaproveitamento da água;
- evitar desperdício de energia;
- não poluir o ar.

Social

- a equipe do projeto recebe salário justo;
- as condições e segurança no projeto são adequadas;
- o projeto incentiva iniciativas sociais em torno do produto criado;
- a comunidade recebe benefícios dos produtos do projeto.

Cultural

- projetos multiculturais respeitam as diferenças das partes interessadas;
- as atividades do projeto são adequadas à região em que ocorrem.

Econômica

- o projeto trará lucro e resultados positivos de forma legal;
- as negociações com os fornecedores são feitas de forma justa;
- os clientes internos ou externos recebem o valor pelo qual estão pagando ou são enganados com falsas promessas e expectativas;
- as atividades do projeto são conduzidas de forma ética.

A avaliação e a condução de projetos devem considerar os aspectos e parâmetros que influenciam os resultados de cada uma das diferentes etapas que derivam de cada fase do ciclo de processos de gerenciamento dos projetos. A construção de um modelo de gerenciamento de projetos que leve em conta o desenvolvimento sustentável, dentro do conjunto de aspectos específicos das diretrizes estratégicas da empresa, terá como resultados a contribuição positiva para os resultados globais da organização, não apenas financeiro.

Grande parte das empresas deve entender que os temas tratados sobre a sustentabilidade são relevantes, e virão para a pauta estratégica do negócio por necessidade e pressão interna e/ou externa. Afinal, é esperado das organizações que incorporem em sua visão a perspectiva da sustentabilidade como eixo central de sua estratégia de sobrevivência e crescimento; que incorporem em suas atitudes e práticas de gestão novas perspectivas de análise e tomada de decisão; que considerem e integrem equilibradamente os aspectos econômicos, sociais, culturais e ambientais; que, baseadas nessas mudanças, possam apresentar resultados significativos em termos de impactos produzidos no contexto socioambiental em que atuam, minimizando impactos negativos e potencializando impactos positivos, de forma contínua e progressiva; que sejam agentes multiplicadores desta perspectiva de desenvolvimento em toda sua cadeia, influenciando e fortalecendo suas relações com as partes interessadas. Ser sustentável traz benefícios a todos. O modelo de gerenciamento de projeto deve estabelecer que projetos são sustentáveis.

Referências

ABNT – Associação Brasileira de Normas Técnicas (http://www.abnt.org.br)
AGUIAR, S. Formas de organização e enredamento para ações sociopolíticas. *Informação & Informação*. Universidade Estadual de Londrina, v. 12, Edição especial, 2007. Disponível em: <http://www2.uel.br/revistas/informacao/viewissue.php?id=39>. Consultado em: 8 jan. 2008.
AGUIAR, S. Redes sociais e tecnologias digitais de informação e comunicação no Brasil (1996-2006). Relatório de pesquisa. Rio de Janeiro: Nupef, 2006. Disponível em: <http://www.nupef.org.br/pub_redessociais.htm>. Consultado em: 18 fev. 2008.
———. Produção compartilhada e socialização do conhecimento em rede: uma abordagem exploratória. *II Seminário Nacional do Programa de Pós-Graduação em Educação da UFF – Produção do Conhecimento e Educação: História, Utopias*. Niterói: UFF, 2002. Disponível em: <http://www.rits.org.br/redes_teste/rd_tmes_mar2006.cfm>.
ALMEIDA, F. *O bom negócio da sustentabilidade*. Rio de Janeiro: Nova Fronteira, 2002.
AMBROZEWICZ, P. H. L. *Qualidade na indústria da construção*. São Paulo: Senai, 2003.
Australian/New Zealand Standard AS/NZS 4360:2004 (2004). *Risk management*. Homebush NSW 2140, Australia/Wellington 6001, New Zealand: Standards Australia/Standards New Zealand.
BARALDI, P. *Gerenciamento de riscos empresariais*. 2. ed. revista e ampliada. Rio de Janeiro: Elsevier (Editora Campus), 2005.
BERNSTEIN, P. *Desafio aos Deuses – uma breve história do risco*. Rio de Janeiro: Ed. Campus, 2001.
BOYD, D.; ELLISON, N. B. Social network sites: definition, history, and scholarship. *Journal of Computer-Mediated Communication*, v. 13, n. 1, art. 11, 2007. Disponível em: <http://jcmc.indiana.edu/vol13/issue1/boyd.ellison.html>.
CONFERÊNCIA INTERNACIONAL DO INSTITUTO ETHOS 2006. *Gestão de projetos para sustentabilidade*. Disponível em: <http://www.ethos1.org.br>.
COSO – Committee of Sponsoring Organizations of the Treadway Commission (<www.coso.org>).
DELOITTE. In the Dark – What boards and executives don't know about the health of their businesses. *A Survey by Deloitte in Cooperation with the Economist Intelligence Unit*, out. 2004.

DINSMORE, P. C.; CAVALIERI, A. *Como se tornar um profissional em gerenciamento de projetos*, 4. ed. Rio de Janeiro: QualityMark, 2012.
DINSMORE, P. et al. *Projetos brasileiros: casos reais de gerenciamento*. Rio de Janeiro: Brasport, 2007.
DINSMORE, P. C. *Transformando estratégias empresariais em resultados através da gerência por projetos*. Rio de Janeiro: QualityMark, 1999.
DINSMORE, P. C.; COOKE-DAVIS, T. *The Right Projects Done Right!* San Francisco, CA: Jossey-Bass, 2006.
DURO, J. *Decidir ou não decidir: o processo decisório*. Rio de Janeiro: QualityMark, 1998.
FRAME, J. D. *Project Management Competence: Building Key Skills for Individuals, Teams, and Organizations*. San Francisco: Jossey-Bass Publishers, 1999.
GRANOVETTER, M. The strength of weak ties: a network theory revisited. *Sociological Theory*, v.1, 1983, p. 201-233. Disponível em: <http://www.si.umich.edu/~rfrost/courses/SI110/readings/In_Out_and_Beyond/Granovetter.pdf>. Acesso em: 16/6/2011.
IBGC – Instituto Brasileiro de Governança Corporativa. *Guia de orientação para o gerenciamento de riscos corporativos*. São Paulo: IBGC, 2010.
ISO – International Organization for Standardization (<www.iso.ch>).
JORION, P. *Value at Risk. The New Benchmark for Managing Financial Risk*. 2. ed. Nova York: MacGraw-Hill, 2000.
KERZNER, H. *Applied Project Management Best Practices on Implementation*. Nova Jersey, USA: John Wiley & Sons, 2000.
LINACK, J.; STAMPS, J. *Rede de informações*. São Paulo: Makron Books, 1993.
MASLOW, A. H. *Toward a Psychology of Being*. Nova York: Van Nostand, 1968.
MCGREGOR, D. *The Human Side of Enterprise*. Nova York: McGraw-Hill, 1960.
NBR ISO 14001. *Sistemas de gestão ambiental: especificação e diretrizes para uso*. Rio de Janeiro: ABNT, 1996.
PMI. *Um guia do conjunto de conhecimentos em gerenciamento de projetos*. 4. ed. Pennsylvania: Project Management Institute, 2008.
PMI. *Project Management Institute* (<www.pmi.org>).
PMI Rio. (<www.pmirio.org.br>).
Project Management Institute (PMI). *A guide to the project management body of knowledge (PMBOK®)*. Newtown Square, PA, US: PMI, 2008.
RODRIGUES, R. (http://qualiblog.wordpress.com/).
SOTILLE, M. A. et al. *Gerenciamento do escopo em projetos*. Rio de Janeiro: Fundação Getúlio Vargas, 2006.

SOUZA, Q.; QUANDT, C. Metodologia de análise de redes sociais. In: DUARTE, F.; QUANDT, C.; SOUZA, Q. (Orgs.). *O tempo das redes*. São Paulo: Perspectiva, 2008.
XAVIER, C. M. da S. *Gerenciamento de projetos: como definir e controlar o escopo do projeto*. São Paulo: Saraiva, 2008.
VANCA, P. *Gestão de riscos corporativos, suporte à reputação e gestão do negócio*. São Paulo: IBGC, 2003.
VERMA; VIJAY K. *Managing the Project Team*. PMI Project Management Institute, 1995.
WSSN – World Standards Services Network (<www.wssn.net>).

Glossário de verbetes comuns à Gestão Empresarial

Adhocracia: Sistema temporário variável e adaptativo, organizado em torno de problemas a serem resolvidos por grupo de pessoas com habilidade e profissões diversas e complementares. Constitui-se em uma opção à tradicional departamentalização das organizações.
Administração estratégica: Processo pelo qual a liderança de uma organização desenvolve ações e metas para o cumprimento de sua missão e as acompanha pela comparação do desempenho da força de trabalho e seus processos, com padrões preestabelecidos. O mesmo que gestão estratégica.
Atividade: Conjunto de procedimentos ou ações desenvolvido para transformar recursos em produtos ou serviços.
Board: Conselho diretor.
Brainstorm **(tempestade cerebral):** Exercício em grupo usado para estimular a discussão sobre determinado assunto. Consiste em soltar ideias, palavras, frases, sons, de maneira livre e desordenada com a finalidade de sistematizar as ideias.
Branding: Diferenciação de um bem ou serviço pela atribuição de uma marca e/ou nome identificativo. Tem normalmente associado o conceito de garantia de qualidade e os consumidores tendem a assumir as marcas como pontos de referência.
Break-even **(ponto de equilíbrio):** Denominação dada ao estudo, nas empresas, principalmente na área da contabilidade, em que o total das receitas é igual ao total das despesas. Neste ponto o resultado, ou lucro final, é igual a zero.
Briefing: Conjunto de informações, de coleta de dados, passado em uma reunião para o desenvolvimento de um trabalho, documento, sendo muito utilizado como base do processo de planejamento.
BSC (*balanced scorecard*): Metodologia para tradução das estratégias da empresa em objetivos para suas áreas e em planos de ação para seus empregados; tradução da estratégia em tarefas cotidianas e em um processo contínuo ao longo do ano.
Budget: Termo utilizado para definir a verba disponível para uma determinada campanha ou período.
Business case **(BC):** Ferramenta que capta o raciocínio para iniciar um projeto ou tarefa. Muitas vezes é apresentada em um documento bem estruturado, mas pode

também, por vezes, vir na forma de um argumento curto ou uma apresentação. A lógica do *business case* é que, sempre que os recursos, tais como dinheiro ou esforço, são consumidos, eles devem sê-lo em prol de uma necessidade de negócio específica.
Business plan: Plano integrado de negócios, produzido pela área de marketing com base nas estratégias da empresa.
Cadeia de valor: Modelo desenvolvido por Michael Porter, que corresponde ao conjunto de atividades desenvolvidas por uma empresa, desde a concepção do produto até o pós-venda.
Canal de distribuição: Caminho percorrido pelo produto, da fábrica ao consumidor final. As empresas podem possuir apenas um canal de distribuição ou seguir uma estratégia multicanal.
***Cash-cow* (BCG):** Considerado um dos quadrantes que compõem a matriz BCG (*Boston Consulting Group*). Esta classificação corresponde às empresas com elevada quota de mercado em setores de crescimento reduzido.
Certificação: Modo pelo qual uma terceira parte dá garantia escrita de que um produto, processo ou serviço está em conformidade com os requisitos especificados.
CEO (*Chief Executive Officer*): Cargo mais alto da empresa. É chamado também de presidente, principal executivo, diretor-geral, entre outros. Quando existe um presidente e um CEO, o primeiro é mais forte.
CFO (*Chief Financial Officer*): Nome mais sofisticado para diretor de finanças.
Ciclo de vida do produto: Conceito que descreve a presença de um produto ou serviço no mercado segundo uma evolução em quatro fases – introdução; crescimento; maturidade; e declínio. Em cada momento, a fase neste processo determina a taxa de crescimento das vendas, a rentabilidade e as linhas gerais da estratégia a adotar.
CIO (*Chief Information Officer*): Responsável pelo planejamento e pela estratégia por trás da tecnologia.
***Coaching*:** Sessões de aconselhamento feitas por um consultor de carreira que acompanha e se envolve no desenvolvimento contínuo do profissional. Serve para promover mudanças de comportamento no funcionário, para que ele atinja novos objetivos.
Competência: Atributos pessoais e capacidade demonstrados para aplicar conhecimento e habilidades com atitude.
Competências essenciais: Habilidades específicas desenvolvidas pela empresa que a tornam superior aos seus concorrentes em algumas atividades.
Conformidade: Atendimento a um requisito.
Controle: Monitoração e avaliação do processo para assegurar seu funcionamento adequado.
***Core business*:** Expressão que define o negócio central de dada empresa.

Core competences: Descrevem os pontos fortes e conhecimentos que permitem a uma empresa ser mais competitiva.
CRM *(Consumer Relationship Management):* Gerenciamento das relações com o cliente.
CTO *(Chief Technology Officer):* O CTO comanda a infraestrutura da área de tecnologia, enquanto o CIO está à frente da estratégia.
Desempenho: Resultado das ações empreendidas pelos gestores de uma empresa na busca de sua eficácia organizacional.
Diferenciação: Processo de distinção de determinado produto de forma que o torne mais atraente e identificável por parte do consumidor, utilizando as quatro variáveis clássicas – preço, produto, promoção e ponto de venda.
Diversificação: Estratégia empresarial com a qual se pretende a produção de produtos distintos em diferentes mercados.
Downsizing: Redução no número de funcionários da empresa.
Dumping: É uma prática comercial, geralmente desleal, que consiste em uma ou mais empresas venderem seus produtos por preços extraordinariamente baixos (muitas vezes com preços de venda inferiores ao de produção) por um tempo, visando prejudicar e eliminar a concorrência local, passando, então, a dominar o mercado e impondo preços altos.
E-learning: Aprendizagem realizada pela internet; ensino ou formação a distância.
Economias de escala: Vantagens de custos resultantes da dimensão da organização e/ou do equipamento de produção envolvido. Quanto maior for a organização, ou o nível de produção, mais baixo será o custo unitário por produto.
Eficácia: Extensão na qual as atividades planejadas são realizadas e os resultados são alcançados.
Eficácia organizacional: Capacidade de cumprimento da missão da empresa.
Eficiência: Capacidade de produzir um efeito; rendimento; relação entre o resultado alcançado e os recursos usados.
Elicitação: Técnica de obtenção de dados com os usuários detentores das informações, principalmente para a construção de um sistema ou um produto ou, ainda, para melhorar um processo de trabalho.
Empowerment: Termo surgido nos anos 1980 que se refere às situações em que os chefes devem decidir um pouco menos e os subordinados um pouco mais.
Endomarketing: Área diretamente ligada à comunicação interna, que alia técnicas de marketing a conceitos de recursos humanos; marketing de divulgação realizado dentro do ambiente organizacional, visando divulgação, convencimento e adesão a uma ideia, plano ou iniciativa pelo corpo de empregados.
Escala Likert: É um tipo de escala de resposta psicométrica usada habitualmente em questionários, e é a escala mais usada em pesquisas de opinião. Ao responderem

a um questionário baseado nesta escala, os perguntados especificam seu nível de concordância com uma afirmação, normalmente em cinco níveis.

Estratégia: Conjunto de ações políticas, econômicas e logísticas para atingir objetivos estabelecidos, definidos por análise criteriosa (oportunidades e ameaças) do meio ambiente.

Estratégia competitiva: Definição de metas e objetivos, com base nos recursos disponíveis, das condições ambientais e da busca de posição lucrativa sustentável no longo prazo.

Estrutura organizacional: Conjunto de responsabilidades, autoridades e relação entre pessoas.

Expertise: Conhecimento técnico.

Fatores críticos de sucesso (FCS): Atributos de um produto, serviço ou negócio que, quando bem trabalhados, garantem seu sucesso com o cliente e com o mercado. Por exemplo: flexibilidade, custo, qualidade, prazo e localização.

Fee: Importância paga por uma tarefa.

Feedback: É uma conversa particular entre o líder e o liderado, com caráter de avaliação, sobre os acertos e erros do liderado. O tema do bate-papo é o comportamento do subordinado.

Folder: Folheto, peça dobrada.

Follow-up: Dar prosseguimento a uma discussão ou debate, retomando temas para atingir soluções. Também pode significar revisão das tarefas que foram geradas após uma reunião ou auditoria.

FTE (*full-time* equivalente): Número de empregados ajustado pela jornada integral. Um estagiário que trabalhe meio expediente equivale a 0,5 FTE.

Fulfillment: Tempo que decorre entre o lançamento de uma ordem de pedido até a recepção do respectivo produto.

Gestão: Atividades coordenadas para dirigir e controlar uma organização.

Gestão estratégica: Processo contínuo de desenvolvimento do negócio da empresa, por meio do estabelecimento de diretrizes, formulação, implementação e controle de ações em direção ao cumprimento de seus objetivos. O mesmo que administração estratégica.

Headcount: Número de pessoas que trabalham em determinada equipe ou empresa.

Indicadores de desempenho ou *key performance indicators*: Medida de referência utilizada para permitir que o produto de um trabalho possa ser rastreado e avaliado pela comparação com um padrão.

Infraestrutura: Sistema de instalações, equipamentos e serviços necessários para a operação de uma organização.

Inovação: Efeito causado na introdução de um novo paradigma (tecnológico, comportamental ou processual).

Insight: Percepção, estalo. Momento em que novas ideias surgem.
ISO (*International Organization for Standardization* – Organização internacional de padronização): Rede dos institutos nacionais de normas de 146 países, composta por um membro de cada país, com uma secretaria central localizada em Genebra/Suíça, que coordena a rede. Trata-se de organização não governamental, com membros dos setores governamental e privado.
ITU: Sigla de *International Telecommunications Union*, refere-se a um órgão ligado à Organização das Nações Unidas (ONU) responsável por determinar um conjunto de normas e especificações internacionais para a área de telecomunicações.
ITU-T (ITU *Telecommunication Standardization Sector*): Seção de padronização da área de telecomunicações do ITU.
Joint venture: Associação de empresas para explorar determinado negócio. De caráter não definitivo, nenhuma das empresas participantes perde sua personalidade jurídica.
Kick-off: Dar o primeiro passo, começar.
Know-how: Conhecimento.
Logomarca: Desenho característico que identifica uma instituição, uma empresa ou um produto.
Market share: Participação de mercado.
Markup: Valor percentual ou absoluto para indicar quanto do preço do produto está acima do seu custo de produção e distribuição.
Medição: Uso de uma métrica para atribuir um valor (que pode ser um número ou categoria), obtido de uma escala, a um atributo de uma entidade.
Melhoria contínua: Atividade recorrente para aumentar a capacidade de atender requisitos.
Merchandising: Ferramenta de marketing, formada pelo conjunto de técnicas responsáveis pela informação e apresentação destacada dos produtos no ponto de venda, de maneira tal que acelere sua rotatividade, com sistemática dinâmica.
Meritocracia: Sistema de recompensa e/ou promoção fundamentado no mérito pessoal.
Meta estratégica: Objetivo maior aspirado pela organização.
Método, metodologia: Conjunto de técnicas e processos utilizados para alcançar um objetivo. Nesta obra, a palavra metodologia é utilizada de forma coloquial, como sinônimo de método. Em sua definição original, metodologia é o estudo científico dos métodos.
Milestone: Ou marco, é uma técnica de gerência de projetos que permite o teste da funcionalidade de um novo produto ao longo do projeto, não é uma atividade nem possui duração. O termo é uma expressão inglesa (referente a um marco quilométrico) utilizada como designação de um ponto de controle em um cronograma,

pela definição de pontos de checagem ou marcos de desenvolvimento. Representa a conclusão de um conjunto de tarefas ou fase, passiva de aprovação e formalização por parte do cliente.

Missão: Propósito maior de um empreendimento, relacionado ao atendimento das necessidades de seus clientes, mediante a produção e comercialização de bens e serviços.

Não conformidade: Não atendimento de um requisito especificado.

On the job training: Treinamento na própria área de trabalho; aprendendo com a prática.

Operação: Conjunto de ações realizadas para obtenção de utilidades na forma de um bem ou serviço.

Organização: Grupo de instalações e pessoas com um conjunto de responsabilidades, autoridades ou relações.

Outsourcing: Terceirização.

Paradigma: Um exemplo que serve como modelo; padrão; concepção de ciência, dentro da qual se insere um fenômeno observado.

Perfil psicográfico: Medida operacional sobre o estilo de vida das pessoas. Recebe desde a década de 1960 uma atenção considerável por quem investiga o comportamento de consumo. Sua definição mais genérica descreve-o como sendo toda a medida ou análise que traz para a superfície aquilo que a pessoa pensa, sente e faz.

Player: Empresa que está desempenhando algum papel em algum mercado ou negociação.

Portfólio: Conjunto de produtos de uma empresa ou de trabalhos já realizados.

Planejamento: Ferramenta administrativa que possibilita perceber a realidade, avaliar os caminhos, construir um referencial futuro, estruturando o trâmite adequado e reavaliando todo o processo.

PMO (*Project management office* – escritório de gerenciamento de projeto): O gerente deste escritório tem sua função associada a esta sigla, sendo também chamado de PMO (*Project management officer*).

Press release: Texto com informações para a imprensa.

Procedimento: Forma especificada de executar uma atividade ou um processo.

Processo: Conjunto de atividades inter-relacionadas ou interativas que transforma insumos (entradas) em produtos (saídas).

Produto: Resultado de um processo.

Projeto: É um esforço temporário empreendido para criar um produto, serviço ou resultado exclusivo. Os projetos e as operações diferem, principalmente, pelo fato de que os projetos são temporários e exclusivos, enquanto as operações são contínuas e repetitivas.

Prospect: Identificação de cliente potencial.

Qualidade: Grau no qual um conjunto de características inerentes satisfaz a requisitos.
Reengenharia: Mudança nos processos internos de uma empresa.
Responsabilidade social: Atuação e consciência do papel das empresas como agentes sociais no desenvolvimento do ser humano e da comunidade na qual estão inseridas.
Sinergia: Ação positiva e simultânea de um grupo de pessoas na realização de uma atividade.
Sistema: Conjunto de elementos inter-relacionados ou interativos.
Sistema de controle de medição: Conjunto de elementos inter-relacionados ou interativos necessários para alcançar a comprovação metrológica e controle contínuo dos processos.
Sistema de gestão: Sistema para estabelecer políticas e objetivos e atingir estes objetivos.
Skill: Habilidade.
Stakeholder: Em português, parte interessada ou interveniente. Termo usado em diversas áreas, como administração e arquitetura de software, referente às partes interessadas que devem estar de acordo com as práticas de governança corporativa executadas pela empresa; pessoas interessadas no desempenho dos negócios de uma organização na qual tenham comprometido recursos próprios ou de terceiros: acionistas, empregados, clientes, fornecedores, parceiros, governo, sindicatos, comunidade local etc.
T&D: Área de recursos humanos responsável pelo treinamento e desenvolvimento das pessoas numa organização.
Turnover: Rotatividade de funcionários dentro de uma empresa, medida pela média de pessoal que se mantém fixa na companhia.
Vantagem competitiva: Atributos por meio dos quais as organizações se credenciam a enfrentar os desafios competitivos de seu ambiente.
VPL (valor presente líquido): Fórmula matemático-financeira capaz de determinar o valor presente de pagamentos futuros descontados a uma taxa de juros apropriada, menos o custo do investimento inicial.
Work Breakdown Structure **(WBS) Estrutura Analítica de Projetos – EAP:** É uma ferramenta de decomposição do trabalho do projeto em partes manejáveis. É estruturada em árvore exaustiva, hierárquica (do mais geral para o mais específico), orientada às entregas (*deliverables*) que precisam ser feitas para completar um projeto.
Workshop: Treinamento em grupo de acordo com a técnica dominada pelo instrutor, que visa ao aprendizado de novas práticas para o trabalho.
5W e 2H: Detalhamento de determinada atividade que precisa ser desenvolvida. O que tem de ser feito (what); Por quem tem de ser feito? (why); Quem vai fazer? (who); Quando vai fazer? (when); Onde será feito? (where); Como vai fazê-la? (how); Quanto custa para fazê-la? (how much).

Conhecendo os autores

Walter Gassenferth

Mestre em Administração pelo IBMEC-RJ, em 2005, e Engenheiro de Telecomunicações, formado pela Universidade Federal Fluminense em 1980. Atuou durante 24 anos como executivo em grandes operadoras de telecomunicações (Telemar, Embratel e TIM), acumulou experiência nas áreas de gestão estratégica, controle gerencial e gestão de processos. Completou curso de extensão em engenharia de software, pela PUC-RJ em 1984, e MBA em gestão de negócios pelo IBMEC-RJ em 2003.

Atualmente é sócio diretor da Quântica Consultoria Empresarial. Faz parte do corpo docente dos MBAs em gerenciamento de projetos, gestão empresarial, gestão de pessoas, gestão financeira, controladoria e auditoria e gestão de negócios em petróleo e gás da FGV; dos MBAs e CBAs em Finanças e Gestão de Negócios do IBMEC; e dos programas de desenvolvimento gerencial da Fundação Dom Cabral.

Autor do livro *Métodos Quantitativos com Excel*. Participou dos livros *Handbook of Business Practices and Growth in Emerging Markets* e *Handbook of Research on Business Social Networking: Organizational, Managerial, and Technological Dimensions* e de 24 artigos científicos sobre os temas: pesquisa operacional aplicada, ferramentas de gestão estratégica, clima e cultura organizacional, controle gerencial, processos corporativos, trabalho em equipe e estruturação das organizações, publicados nos congressos do IFORS (*International Federation of Operational Research Societies*), da GBATA (*Global Business And Technology Association*), e da IAMOT (*International Association for Management Of Technology*), e nas revistas *ADM Made* (da Universidade Estácio de Sá), *Engevista* (da Universidade Federal Fluminense), *RAM* (da Universidade Presbiteriana Mackenzie) e *Contabilidade Vista & Revista* (da Universidade Federal de Minas Gerais); é também revisor do *Computer Science Journal*, da Elsevier Publishing.

Maria Augusta Soares Machado

Doutora em Engenharia Elétrica pela Pontifícia Universidade Católica do Rio de Janeiro (2000), possui graduação em Matemática pela Universidade Santa Úrsula (1972), mestrado em Matemática pela Universidade Federal Fluminense (1975) e pós-doutorado pela Pontifícia Universidade Católica do Rio de Janeiro (2003). Atualmente é professora adjunta das Faculdades Ibmec.

Tem diversas obras publicadas nas áreas de ciências exatas, além de 39 artigos publicados em revistas e 101 em congressos nacionais e internacionais. É do comitê científico das revistas *Pesquisa Naval, RESI – Revista Eletrônica de Sistemas de Informação, CONTEXTUS, Revista de Administração de Empresas, Gestão e Produção, Cadernos IME, BM&F, Revista Brasileira de Estatística, Revista Gepros, Brazilian Journal of Operations & Production Management, University Mauritius Research Journal, Journal of Hydroinformatics, Revista Produção on Line* e do livro *Business Social Networking: Organizational, Managerial, and Technological Dimensions.*

É do comitê científico dos seguintes congressos: SEGET, SIMPEP, IBIMA, Encontro de Engenharia de Produção, SIMPOI, SOBRAPO, OPTIMA, Excelência em Gestão e Produção e ANGRAD. É coordenadora de projetos de P&D. Tem experiência na área de matemática, com ênfase em matemática aplicada.

Walther Krause

Mestre em administração – IAG PUC/RJ; MBA IAG Management – PUC/RJ; pós-graduação em gestão de sistemas de informações – Estácio de Sá; didática de ensino superior – Estácio de Sá; engenheiro mecânico – UFRJ.

É gerente executivo de governança corporativa da Embratel; foi gerente de garantia da qualidade de software da Informaker; foi gerente de tecnologia de informações da IESA. Foi presidente do Project Management Institute, regional Rio de Janeiro.

É professor da FGV Management no curso MBA em Gerenciamento de Projetos e do IAG/PUC no curso Master em Gerenciamento de Projetos, em que orienta os TCCs (trabalhos de conclusão dos MBAs). Coordena a Comissão CEE-93 da ABNT, para o desenvolvimento de normas aplicadas ao gerenciamento de portfólio, programas e projetos; publicou artigos nas revistas *MundoPM* e *Developers Magazine* e no *Jornal do Commercio* e *Jornal do Brasil*. É coautor do livro *Como se tornar um profissional em gerenciamento de projetos*. Apresentou trabalhos nos congressos do Project Management Institute, Risk Summit, Portfolio Summit, PMO Summit, Cicomgraf, Infoimage, COMDEX e Telecom Forum.

Impresso por